やわらかアカデミズム
〈わかる〉シリーズ

よくわかる
地域包括ケア

隅田好美/藤井博志/黒田研二
[編著]

ミネルヴァ書房

はじめに

■よくわかる地域包括ケア

　「地域包括ケア」およびそれを地域で実現する仕組みである「地域包括ケアシステム」が目指しているのは，人々が介護を必要とする状態になっても住み慣れた地域で自分らしい人生を最期まで続けていけるようにすること，そのための新たな地域社会づくりです。地域包括ケアは，本人や家族を中心として保健予防，医療，看護，介護，リハビリテーション，生活支援，住まいなど，さまざまな領域の人々の協働によって担われます。

　この本の特徴は，保健・医療・福祉の多彩な分野の専門職が執筆していることです。また，この本は，さまざまな専門職を目指している人に活用していただくことを考えて編集しています。そのため，各テーマについて医療分野の執筆者は福祉を学んでいる人が理解できるように，福祉分野の執筆者は医療を学んでいる人が理解できるようにというコンセプトで執筆しています。

　地域包括ケアの重要なキーワードは「医療・介護の連携」「多職種連携」です。地域で多様なニーズをもつ人を支えるためには，まず，それぞれの読者の専門分野の視点から，しっかりと課題を捉える必要があります。しかし，各専門職が別々に支援していたのでは限界があります。多様なニーズをもつ人を地域で支えるためには，医療と介護が連携し，継続的に支援する体制を構築することが重要です。また，保健・医療・福祉の多職種が連携するためには，他の専門職の専門性を理解することが大切です。この本を通して，ご自分とは異なる専門職の視点を理解してほしいと考えています。そして，ご自分の専門分野の支援の幅を広げてください。

　この本は大きく2部に分けることができます。IからVIIは地域包括ケアの制度や，支援のための基本的な知識や理論について説明しています。支援が必要な人やその家族の課題，それを解決するための支援を考えるだけではなく，それらの課題を解決するための地域づくりや制度・政策まで，幅広い視野で考えください。

　VIIIからXIは，代表的な疾患や状態を取り上げ，それらの状態にある人を支えるための地域包括ケアについて説明しています。各疾患を支援するための制度や医学的知識，看護やケア，地域づくりについて記載しています。福祉を学んでいる人は医学的な知識や看護やケアを，医療を学んでいる人は制度や地域づくりについて知った後に，ご自分の専門的な視点で支援を考えてください。他の専門職の視点を知ることで，課題や支援を考えるための視野が広がっていきます。

このやわらかアカデミズム・〈わかる〉シリーズは，一つのテーマを2ページまたは4ページで記載し，それぞれのテーマごとに完結した内容になっています。最初から通読するだけではなく，必要なところを読むという利用方法もあります。実践現場で悩んだときには，自分とは異なる専門職の視点で執筆された内容に目を通してみてください。何か考えるヒントが見えてくるかもしれません。

2018年1月

編著者一同

もくじ

■よくわかる地域包括ケア

はじめに

I　地域包括ケアとは何か

1　地域包括ケアについて …………… 2

2　地域包括ケアが必要となる背景… 4

3　地域包括ケアの政策の変遷 ……… 6

4　医療政策の変遷と課題 ………… 8

5　介護政策の変遷と課題 ………… 10

6　医療と介護の一体化 …………… 12

7　地域医療体制の構築と
　　地域包括ケア ………………… 14

8　保健・医療・福祉が追求する価値
　　………………………………… 16

9　地域包括ケアの概念の広がり …18

II　地域包括ケアと地域福祉

1　地域福祉の考え方と地域包括ケア
　　………………………………… 20

2　地域包括ケアにおける地域づくりと
　　地域福祉 ……………………… 22

3　社会福祉協議会と地域包括支援
　　センターの連携 ……………… 24

4　住民主体の小地域福祉活動の展開
　　………………………………… 26

5　ネットワーキングと社会資源開発
　　………………………………… 28

6　地域包括ケアシステムと
　　地域包括支援体制づくり ……… 30

7　当事者組織活動と居場所づくり…32

8　地域密着型サービス・地域共生ケア
　　と地域福祉 …………………… 34

9　災害時における地域包括ケア体制
　　………………………………… 36

III　地域包括ケアを支える制度

1　地域支援事業 ………………… 38

2　介護予防・日常生活支援総合事業
　　………………………………… 40

3　包括的支援事業 ……………… 42

4　任意事業 ……………………… 44

5　地域包括支援センター ………… 46

6　介護保険と地域包括ケア ……… 48

7　福祉用具・住宅改修支援事業 … 50

8　高齢者の住まいの現状と政策 … 52

9　特定施設入居者生活介護 ……… 54

10　成年後見制度と
　　日常生活自立支援事業 ………… 56

11　高齢者虐待と高齢者虐待防止法
　　………………………………… 58

iii

IV　社会福祉の基本理念と生活支援

1　福祉の基本理念──ノーマライゼーション・インテグレーション ‥‥60

2　福祉の基本理念──エンパワメント・ストレングス ‥‥‥62

3　福祉の基本理念──自立支援 ‥‥64

4　ソーシャルワークの援助過程と生活支援 ‥‥‥‥‥‥66

5　利用者本位の支援 ‥‥‥‥‥‥68

V　地域包括ケアを支える専門職

1　保健・医療・福祉の各専門職の連携 ‥‥‥‥‥‥‥‥‥‥70

2　医師・看護師・保健師の役割 ‥‥72

3　歯科医師・歯科衛生士の役割 ‥‥74

4　理学療法士・作業療法士・言語聴覚士の役割 ‥‥‥‥‥‥‥‥76

5　社会福祉士・精神保健福祉士の役割 ‥‥‥‥‥‥‥‥‥‥78

6　介護福祉士・その他の介護職 ‥‥80

7　介護支援専門員（ケアマネジャー）‥‥‥‥‥‥‥‥‥‥82

8　管理栄養士・薬剤師 ‥‥‥‥‥84

VI　在宅療養生活と医療・介護

1　地域包括ケアにおける医療の役割 ‥‥‥‥‥‥‥‥‥‥86

2　在宅生活を支える医療サービス‥88

3　在宅生活を支える介護サービス‥90

4　病院と地域の連携における地域連携室の役割 ‥‥‥‥‥92

5　在宅療養者の緊急時の対応 ‥‥‥94

6　食べることを支える多職種連携（NST）‥‥‥‥‥‥‥‥96

7　エンドオブライフ・ケア ‥‥‥98

8　情報の共有と仕組み ‥‥‥‥‥100

9　個人情報の保護 ‥‥‥‥‥‥102

VII　保健予防と介護予防

1　介護予防の概念 ‥‥‥‥‥‥104

2　介護予防の医学的知識とケアの視点 ‥‥‥‥‥‥‥‥‥‥106

3　フレイル・ロコモ・サルコペニアと介護予防 ‥‥‥‥‥‥108

4　介護予防と歯科保健 ‥‥‥‥110

5　介護予防と地域保健活動 ‥‥‥112

VIII　認知症の人を支える地域包括ケア

1　地域包括ケアの実践（多角的視点からの課題抽出と支援）‥‥‥‥114

2　認知症の人が主体的に生きるための支援 ‥‥‥‥‥‥‥‥116

3　認知症の人を支えるための政策 118

4　認知症の医学的知識の概要 ‥‥120

5　認知症の人へのケア ‥‥‥‥122

6　認知症初期支援と重度化の予防‥124

7 認知症の人の生活支援 ………… 126

8 認知症の人を支えるための
地域づくり ………………… 128

9 認知症予防のための地域づくり
（専門職と行政の連携）……… 130

10 認知症予防のための地域づくり
（住民への啓発）…………… 132

11 認知症の人への支援事例 ……… 134

IX　脳卒中の人を支える地域包括ケア

1 急性期から慢性期へ，
病院から在宅への支援 ……… 138

2 脳卒中の医学的知識の概要 …… 140

3 脳卒中の人へのケア ………… 142

4 摂食嚥下の医学的知識の概要 ‥ 144

5 摂食嚥下の機能が低下した人
へのケア …………………… 146

6 継続的なリハビリテーション ‥ 148

7 脳卒中の人への退院支援と
多職種連携 ………………… 150

8 脳卒中による片麻痺の人への
支援事例 …………………… 152

X　難病の人を支える地域包括ケア

1 医療処置が必要な人への支援 ‥ 156

2 難病の人を支えるための政策 ‥ 158

3 難病の医療的知識の概要 ……… 160

4 医療処置が必要な人のケア …… 162

5 リハビリテーションと
コミュニケーション支援 ……… 164

6 誤嚥性肺炎の予防と口腔ケア ‥ 166

7 地域における難病のための相談
窓口 ………………………… 168

8 医療処置が必要な人の退院支援
（在宅生活の構築と連携）……… 170

9 難病支援の地域包括ケア体制の構築
と緊急時の支援体制 ………… 172

10 医療処置が必要な人を支える
多職種連携と地域づくり ……… 174

11 難病の人のための就労支援
（行政との連携）…………… 176

12 ALS（人工呼吸器装着者）への
支援事例 …………………… 178

XI　がんの人を支える地域包括ケア

1 がんとともに生きるための支援 182

2 がんの人を支えるための政策 ‥ 184

3 がんの医学的知識の概要 ……… 186

4 がんの人へのケア …………… 188

5 がんの人へのリハビリテーション
………………………… 190

6 がん治療と生活支援 ………… 192

7 在宅エンドオブライフ・ケアを
支える地域連携体制の構築 …… 194

8 がん終末期の支援事例 ………… 196

さくいん ………………………… 200

やわらかアカデミズム・〈わかる〉シリーズ

よくわかる
地域包括ケア

Ⅰ　地域包括ケアとは何か

地域包括ケアについて

「地域包括ケア」とそれを地域で実現する仕組みである「地域包括ケアシステム」とは何を意味しているのか，これまで出されたさまざまな文書をもとにひも解いてみましょう。最近に至るまでに，その「定義」は次第に拡大してきていることがわかります。

❶『2015年の高齢者介護』にみる地域包括ケアシステム

地域包括ケアの意味を探るには，まずは2003年6月に出された高齢者介護研究会報告書「2015年の高齢者介護〜高齢者の尊厳を支えるケアの確立に向けて〜」に遡るのが適切でしょう。そこには「在宅サービスを複合化・多機能化していくことや，新たな「住まい」の形を用意すること，施設サービスの機能を地域に展開して在宅サービスと施設サービスの隙間を埋めること，施設において個別ケアを実現していくこと」とともに「個々の高齢者の状況やその変化に応じて，介護サービスを中核に，医療サービスをはじめとする様々な支援が継続的かつ包括的に提供される仕組みが必要」と書かれています。「支援の継続性」としては，例えば入院から在宅生活への移行に際して医療や看護のサービスが途切れることなく提供されることが必要ですし，「支援の包括性」としては，医療と介護，さらにさまざまな生活支援のサービスが包括的に確保されることが必要です。

同報告書に基づき，2005年の介護保険法の改正が準備され，2006年4月から地域包括支援センターが創設されました。地域包括ケアを進めるためさまざまな機関・団体のコーディネートを行う機能も，地域包括支援センターとその設置主体である市町村に期待されることとなりました。

❷ 地域包括ケア研究会報告書と2011年介護保険法改正

地域包括ケアに関する議論は，2011年の介護保険法の改正に先立って出された「2009年度地域包括ケア研究会報告書」においても展開されています。そこには，「地域包括ケアシステムは，ニーズに応じた住宅が提供されることを基本とした上で，生活上の安全・安心・健康を確保するために，医療や介護のみならず，福祉サービスを含めた様々な生活支援サービスが日常生活の場（日常生活圏域）で適切に提供できるような地域での体制」であり，「日常生活圏域は，おおむね30分以内に必要なサービスが提供される圏域として，具体的には中学

▶1　厚生労働省および国立社会保障・人口問題研究所がネットで報告書を公開している。PDFは以下から入手できる。高齢者の地域ケアのあり方を考える際の重要な文献である。http://www.ipss.go.jp/publication/j/shiryou/no.13/data/shiryou/syakaifukushi/965.pdf（2017年12月22日閲覧）

▶2　平成27年度老人保健事業推進費等補助金老人保健健康増進等事業として実施されたもの。以下のURLからPDFを入手できる。http://www.murc.jp/uploads/2016/05/koukai_160509_c1.pdf（2017年12月22日閲覧）

校区を基本とする」と書かれています。

2011年の介護保険法改正の目的を厚生労働省は「高齢者が住み慣れた地域で自立した生活を営めるよう，医療，介護，予防，住まい，日常支援サービスが切れ目なく提供される『地域包括ケアシステム』の構築に向けた取組を進める」と説明していました。地域包括ケアには，①医療，②介護，③予防，④住まい，⑤生活支援という5つの要素を含むことが必要だと考えられています。

図Ⅰ-1 進化する地域包括ケアシステムの「植木鉢」

出所：三菱UFJリサーチ＆コンサルティング（2015）『2015年度地域包括ケア研究会報告書』。

ところで前述の地域包括ケア研究会報告書は，2008年度から毎年度報告書を出してきましたが，2015年度に出された報告書「地域包括ケアシステムと地域マネジメント」には，図Ⅰ-1のような図を載せています。左側は2012年度，右側は2015年度のものです。この間に鉢の受け皿は「本人・家族の選択」から「本人の選択」に変わり，土の部分は「介護予防・生活支援」と一体化され，葉の部分は専門職による支援サービスが3つあげられていますが，「保健・福祉」が一体となっています。この研究会の中でも議論が深化してきたことがわかります。

③ 地域包括支援センター運営マニュアルにみる地域包括ケア

2011年に出された「地域包括支援センター運営マニュアル」には次のように書かれています。「地域包括ケアとは，地域住民が住み慣れた地域で安心して尊厳あるその人らしい生活を継続することができるように，介護保険制度による公的サービスのみならず，その他のフォーマルやインフォーマルな多様な社会資源を本人が活用できるように，包括的および継続的に支援することです」。

介護保険や医療およびその他の社会福祉サービスなどは制度化されたフォーマルな社会資源ですが，近隣の人々の支え合いや地域のボランティアの活動などはインフォーマルな社会資源です。ここでは，自助や互助といったインフォーマルな支援も，地域包括ケアの要素として重視していることに注目しましょう。

④ 2017年介護保険法等の改正に伴う「地域包括ケアシステム」の拡大

2017年の国会で成立した介護保険法，社会福祉法，障害者総合支援法等改正に伴い，これまで高齢者を中心に考えられてきた「地域包括ケアシステム」の対象を障害者等に拡大する方向が，障害福祉計画の基本指針の中で述べられています。なお本書では主に介護保険制度の中で構想されてきた地域包括ケアシステムを念頭においています。

（黒田研二）

▶3 PDFは，以下から入手できる。http://www.mhlw.go.jp/file/06-Seisakujouhou-12400000-Hokenkyoku/0000126435.pdf（2017年12月22日閲覧）

▶4 PDFは以下から入手できる。http://www.mhlw.go.jp/stf/shingi/2r98520000026b0a-att/2r98520000026b5k.pdf（2017年12月22日閲覧）

▶5 2017年6月2日に公布された「地域包括ケアシステムの強化のための介護保険法等の一部を改正する法律」に基づき，介護保険法，社会福祉法，障害者総合支援法，児童福祉法等が同時に改正された。

▶6 厚生労働省から出された「平成30年度に向けた障害福祉計画及び障害児福祉計画に係る基本指針の見直し」には，「精神障害に対応した地域包括ケアシステムの構築」が見直しのポイントの一つとしてあげられている。

Ⅰ 地域包括ケアとは何か

地域包括ケアが必要となる背景

現在進行しつつある地域社会の変貌は，さまざまな課題を生み出しています。人口構成が変化し少子高齢化が進む中，高齢者の単独世帯や夫婦世帯が増加するとともに，医療や介護を要する人々は増大しています。また，地域の人々のつながりは希薄化し，孤立した人々も増加しています。こうした変化に対抗して，地域包括ケアは，人々が介護を必要とする状態になっても，住み慣れた地域で自分らしい暮らしを人生の最期まで続けていけるように，新たな地域社会の構築を目指しています。

① 人口の高齢化とそれに伴う保健医療福祉のニーズの変化

▶1 国立社会保障・人口問題研究所による2017（平成29）年推計のうちの出生中位・死亡中位推計による。

日本の人口の将来推計によると，65歳以上の高齢者数は2015年の3,387万人が，2042年には3,935万人とピークを迎えると予測されています。また，75歳以上の高齢者人口の全人口に占める割合も増加していき，団塊の世代がすべて75歳以上となる2025年には2,180万人，2055年には2,446万人（全人口の25.1％）になる見込みです。医療や介護の必要性はとくに75歳以上の後期高齢者において高いので，人口の高齢化に伴い，地域の医療や介護のニーズそのものが今後増大していくことは避けられません。

今後の医療と介護のニーズの変化に対応していくためには，要介護状態になるのをできるだけ先送りして予防すること，生活機能が低下してきてもできるだけ自立した生活を継続できるようにすること，要介護状態が重度になっても人々との交流や愉しみのある生活を継続できるようにすることが重要です。地域包括ケアを進めていく上で，介護予防，自立支援，尊厳の重視がキーワードとなります。介護が必要になった場合に，医療や介護サービスなどフォーマル（制度的）なケアを適切に利用することが重要となりますが，家族などインフォーマルな支援が果たす役割も大切なものです。しかし，高齢者の家族の形も変化してきており，今後も継続して65歳以上の単独世帯や夫婦のみの世帯が増加していくことが予想されています。一方，地域の人々のつながりが希薄化し，相互の支え合いは衰退してきていることが指摘されています。家族を超えて，人々が相互に支え合う仕組みを地域社会に作り出してくことが課題となっています。

② 要支援・要介護状態になる原因疾患

要介護等状態になる原因疾患について，2016（平成28）年の「**国民生活基礎**

調査[2]」によると，それまで要介護等の原因疾患の１位であった脳血管疾患（脳卒中）に代わって，認知症が１位になったことが示されています。認知症18％，脳血管疾患17％，高齢による衰弱13％の順で，上位３位までで要介護等状態の約５割を占めています（表Ⅰ-１）。

表Ⅰ-１　要支援・要介護状態になる原因疾患（平成28年）

(%)

要介護度	第１位		第２位		第３位	
総　数	認知症	18.0	脳血管疾患（脳卒中）	16.6	高齢による衰弱	13.3
要支援者	関節疾患	17.2	高齢による衰弱	16.2	骨折・転倒	15.2
要支援1	関節疾患	20.0	高齢による衰弱	18.4	脳血管疾患（脳卒中）	11.5
要支援2	骨折・転倒	18.4	関節疾患	14.7	脳血管疾患（脳卒中）	14.6
要介護者	認知症	24.8	脳血管疾患（脳卒中）	18.4	高齢による衰弱	12.1
要介護1	認知症	24.8	高齢による衰弱	13.6	脳血管疾患（脳卒中）	11.9
要介護2	認知症	22.8	脳血管疾患（脳卒中）	17.9	高齢による衰弱	13.3
要介護3	認知症	30.3	脳血管疾患（脳卒中）	19.8	高齢による衰弱	12.8
要介護4	認知症	25.4	脳血管疾患（脳卒中）	23.1	骨折・転倒	12.0
要介護5	脳血管疾患（脳卒中）	30.8	認知症	20.4	骨折・転倒	10.2

注：熊本県を除いたもの。
出所：厚生労働省（2017）「平成28年国民生活基礎調査」。

2001（平成13）年の同調査では，脳血管疾患28％，高齢による衰弱16％，骨折・転倒12％，認知症11％の順でした。この間に要介護者の年齢も高齢化しており，脳血管疾患の予防が進んだこともあいまって，認知症の割合が高まってきたと考えられます。認知症，脳血管疾患，骨折といった疾患とそれに伴う障害には，医療と介護の両面からの支援が必要ですし，予防の方策を普及させていくことも大切です。地域包括ケアのアプローチが重要だといえます。

❸ 社会保障の財源と効率的な制度運営の必要性

人口高齢化が進むのに伴い医療と介護のニーズは今後も増大していきますが，社会保障の費用や財源には限度があります。**国民医療費[3]**として公費（税），保険料，患者負担などの財源をもとに，2015年度には総額で約40兆円がつぎ込まれています。2000年度は30兆円でしたから15年間に1.3倍に増加しました。

介護保険の給付費の総額は2015年度に約９兆4,000億円であり，制度発足の2000年度の３兆6,000億円からみると2.6倍の増加です。医療保険や介護保険などの社会保障制度の主要な財源は，税と保険料です。今後の医療と介護のニーズの増大に対応して税や保険料の納付額を増大させていくことが必要となっています。また，医療制度や介護保険制度の運営をできるだけ効率的なものにしつつ，利用者のニーズの変化に適合できるものにしていかなければなりません。

そのためには，疾病予防や介護予防の取組みをさらに推進すること，地域において医療と介護のニーズに効率的に適合できるようにサービスシステムを再構築することが必要になっています。地域包括ケアシステムを実現していくことは，今後の医療と介護のニーズの変化に適合できる医療と介護のサービスシステムの再構築の一環であると位置づけることもできるでしょう。

（黒田研二）

▷2　国民生活基礎調査
厚生労働省が毎年実施しているもので，世帯の構成，保健，医療，福祉，年金，就業，所得などの国民生活の基礎的な事項を調査している。

▷3　国民医療費
当該年度内の医療機関等における保険診療の対象となり得る傷病の治療に要した費用を推計したもので，医科診療や歯科診療にかかる診療費，薬局調剤医療費，入院時食事・生活医療費，訪問看護医療費等が含まれる。

I 地域包括ケアとは何か

地域包括ケアの政策の変遷

　地域包括ケアを構成する医療，介護，予防，住まい，生活支援の5つの要素について，それぞれどのような政策が講じられてきているかを概観します。地域包括ケアは，まだシステムとして確立されたものではありません。地域ごとに創意工夫をしながら，これらを総合化する仕組みを作り上げていかなければなりません。

1 地域包括ケアに関わる医療政策の動向

　医療提供の仕組みを地域の医療ニーズとその変化に対応させていくには，さまざまな医療施設の機能を明らかにし，それを計画的に運用していくとともに，医療機関どうしの連携を強化していくことが必要です。そのために医療法では，都道府県に医療計画の策定を義務づけています。医療計画の策定は1985年の医療法改正において定められたものですが，その後も医療法の改正が重ねられ，また診療報酬制度の改定もあいまって，次第に医療施設の機能分化やその連携のための施策が強化されてきました。また在宅医療の推進も課題となってきました。地域における医療提供施設間の連携体制を構築するとともに，地域包括ケアを進めるには，医療と介護の連携は欠かせません。

2 介護政策の動向

　介護保険制度の発足以前は，高齢者の介護のための政策は，老人福祉法による施策（特別養護老人ホームおよびホームヘルプサービス，デイサービス，ショートステイ等の在宅サービス，在宅介護支援センターなど），老人保健法に基づく施策（老人医療制度，医療等以外の保健事業，老人保健施設や老人訪問看護），医療によるその他の対応（老人病院※1，療養型病床群※2，訪問診療等の在宅医療），というように制度が分立していました。1997年に介護保険法が成立し，2000年4月から介護保険制度が施行されました。介護保険制度の創設により，高齢者の介護に関わる施策は統合され，多くは介護保険制度から介護報酬として費用が支払われる仕組みに変わりました。介護保険制度にはその後も改定が重ねられています。介護保険制度では，要介護状態あるいは要支援状態と認定されると，介護サービス・介護予防サービスの給付を受けることができますが，そのサービスの種類も増えてきました。また保険者である市町村は，サービスの給付以外にも，地域支援事業としてさまざまな事業に取り組むことになりました。

※1　介護保険制度発足に伴い2003年までに老人病院は廃止され，その役割は療養型病院に引きつがれている。

※2　1992年の医療法改正で特定機能病院とともに制度化されたが，2000年の医療法改正で廃止され，代わって療養病床が定められた。

③ 疾病予防，介護予防の政策

1983年に施行された老人保健法は，疾病予防とくに生活習慣病予防のための施策として，市町村が行う保健事業の中に健康教育，健康相談，健康診査という事業を定めていました。老人保健法は2006年に「高齢者の医療の確保に関する法律」に改定され，2008年度から，市町村が行ってきた健康診査や健康相談は，医療保険者が行う特定健康診査および特定保健指導へと変更されました。

また，老人福祉の事業として2000年以降市町村の一般財源で取り組まれるようになった介護予防の事業は，2005年の介護保険法改正により，2006年4月からは地域支援事業の中の介護予防事業へと組み変えられることになりました。

④ 高齢者の住まいに関する政策

老人福祉法では高齢者の入所施設として，特別養護老人ホーム（＝介護保険法の介護老人福祉施設），養護老人ホーム，軽費老人ホームという福祉施設を定めています。また，福祉施設ではありませんが有料老人ホームを規定しています。1980年代に，バリアフリー化された公的住宅に生活相談員（ライフサポートアドバイザー）を配置するシルバーハウジングの政策が開始されました。2001年には，高齢者が安心して生活できる居住環境を実現することを目的として，「高齢者の居住の安定確保に関する法律（高齢者住まい法）」が成立しました。この法律に基づき国土交通大臣および厚生労働大臣は，高齢者の居住の安定の確保に関する基本的な方針を定め，都道府県は，住宅部局と福祉部局が共同で，高齢者に対する賃貸住宅および老人ホームの供給の目標を含む高齢者居住安定確保計画を定めることになっています。2011年の高齢者住まい法の改正では「**サービス付き高齢者向け住宅**」の登録制度が創設されました。

▶3　サービス付き高齢者向け住宅
⇨ Ⅲ-8 参照

⑤ 生活支援に関連する政策

介護保険制度の中の訪問介護では，掃除や食事の支度などの家事や買い物を支援するサービスが実施されていますが，それ以外にも，市町村あるいは社会福祉協議会が行う福祉サービスとして配食サービス，緊急通報装置の貸与事業，日常生活自立支援事業等のさまざまな取組みがあります。

シルバー人材センター，住民参加型のボランティア団体，NPO法人や生活協同組合も，独自に生活支援のさまざまな取組みを行っていますし，民間企業の宅配サービス等も増えてきました。こうした社会資源を地域に適切に拡充していくために，2014年の介護保険法改正では，生活支援サービスの体制整備を推進するため，市町村に生活支援コーディネーター（地域支え合い推進員）を配置し，さまざまな活動主体の協議体を作り出していく事業が，地域支援事業の中に盛り込まれました。

(黒田研二)

▶4　シルバー人材センター
「高年齢者等の雇用の安定等に関する法律」に定められた地域ごとに1つずつ設置されている高年齢者の自主的な団体（公益法人）で，臨時的・短期的または軽易な業務を提供する。家事援助，育児などのサービスを行うこともある。

Ⅰ　地域包括ケアとは何か

医療政策の変遷と課題

　地域包括ケアシステムの構築に関する施策と並行して，地域医療体制の再構築の動きが進んでいます。ここでは，地域医療連携が目指すものを確認し，医療施設の機能の分化と連携を推進する政策の動向に目を向けます。

❶ 地域医療連携が目指すもの

　長寿社会が実現するとともに地域の医療ニーズも変化してきました。医療の高度化，専門分化が進む一方で，慢性疾患や難病を抱える人々，疾患とともに障害を有する人々が増えてきました。高齢者の病気の特性として，複数の病気を合併することが多いこと，慢性疾患が多く病気と付き合いながら生活を営むことを目指す必要があること，老化に伴う心身機能の低下が加わってADLの障害を伴うことが多いことなどをあげることができます。こうした医療ニーズの変化に対応できる医療体制が求められています。そのためには，医療施設の機能の分化を図り，一定の地域の中で，さまざまな医療ニーズに対応できるよう，医療施設間の連携体制を整えていくことが必要となります。そのために，地域に医療圏域を設定し，その圏域内で生じる医療ニーズに対応できるような地域医療連携体制を構築することが求められています。

❷ 医療法の改正にみる医療政策の変遷

　計画的に地域医療連携体制を再構築していくために，1985年の医療法改正によって，都道府県が医療計画を策定することが定められました。医療計画では，二次医療圏の設定と二次医療圏ごとの基準病床数（初期には必要病床数と呼んでいた）の設定が求められます。

　医療法は，その後何度も改正が重ねられ，医療施設機能の分化と連携を促進する政策が進められています（表Ⅰ-2）。1992年には特定機能病院，1997年には地域医療支援病院が規定されました。特定機能病院は，厚生労働大臣が指定するもので，大学医学部の附属病院などの高度先進医療を提供する病院です。地域医療支援病院は，200床以上を備え，救急医療を行い，他の医療施設と連携して地域医療の支援を行う病院で，都道府県知事が指定します。2000年の改正では，精神病床や結核病床など特殊な病床以外の病院病床を，一般病床と療養病床に区分することになりました。2014年の改正では，さらに一般病床と療養病床を4つの病床機能（高度急性期，急性期，回復期，慢性期）に再区分する病

▶1　ADL
日常生活動作（activities of daily living）を意味し，寝返り，起立，歩行，更衣，整容，排泄，入浴，食事摂取など，毎日生活のために行う基本的動作を指している。

▶2　二次医療圏
一般的な入院医療の必要性に対応できる範囲。一次医療圏は市区町村の範囲を想定しており，一般の傷病の外来・在宅医療に対応できる範囲，三次医療圏は，北海道以外は都府県に相当し，高度先進医療に対応できる範囲。

I-4　医療政策の変遷と課題

表I-2　医療施設機能の分化と連携の促進に関する医療法改正の流れ

法改正の年次	医療施設機能の分化と連携に関する改正内容
第一次改正　1985（昭和60）年	都道府県による医療計画の策定の義務化 （医療圏の設定，必要病床数の算定）
第二次改正　1992（平成4）年	特定機能病院，療養型病床群の制度化
第三次改正　1997（平成9）年	地域医療支援病院の制度化 医療計画における必要的記載事項の追加
第四次改正　2000（平成12）年	病院の病床を一般病床と療養病床に区分
第五次改正　2006（平成18）年	医療計画の見直しを通じた医療機能の分化・連携のさらなる推進 （4疾病・5事業，その後，5疾病・5事業・在宅医療に関する 記載）
第六次改正　2014（平成16）年	病床機能報告制度の創設 医療計画のもとに地域医療構想の策定の義務化

床機能報告制度が盛り込まれました。

　こうした医療施設の機能分化とともに，医療施設間の連携を推進するために，医療計画に記載する事項も拡充が図られてきました。とくに5疾病（がん，脳卒中，急性心筋梗塞，糖尿病，精神疾患）と5事業（救急医療，災害時医療，へき地医療，周産期医療，小児医療）および在宅医療については，具体的な医療連携体制の計画や達成すべき目標を記載することになっています。

③ 地域医療構想と在宅医療の推進

　2014年の医療法の改正では，各医療機関が，病棟単位にその病床機能を4つの区分の中から都道府県に報告する病床機能報告制度が創設されましたが，あわせて，地域医療構想の策定が都道府県に義務づけられました。二次医療圏ごとに，地域の医療ニーズの将来推計および病床機能報告制度により報告された情報等を活用し，医療計画の一部として地域医療構想を策定するものです。地域医療構想は3年ごとに見直されます（医療計画は6年ごと）。地域医療構想に示された病床の各機能別必要量に向けて，医療機関による自主的な取組みや医療機関相互の協議を通じて病床数を収斂させていくことが課題です。

　在宅医療を提供する主治医（診療所医師が中心）と病院との連携（病診連携という）の体制を作ることも課題です。在宅医療の提供体制の整備は，患者の生活の場である日常生活圏域での整備が必要であることから，市町村が主体となって，地域の医師会，歯科医師会，薬剤師会および看護協会等と協働して推進することとなります。市町村は，介護保険法の地域支援事業の中に位置づけられた「在宅医療・介護連携推進事業」を通じて，地域包括ケアの重要な要素である医療と介護の連携の推進を図ることになります。　　　　　　（黒田研二）

Ⅰ　地域包括ケアとは何か

介護政策の変遷と課題

　日本の介護政策は，1997年に成立した介護保険法（制度の主要な部分は2000年4月に施行）により大きく進展しました。介護保険制度開始以前と以後とに分けて，介護政策の流れを理解しましょう。

1　介護保険制度の発足までの政策

　1963（昭和38）年に制定された老人福祉法により，社会福祉の政策として高齢者介護の施策が開始されました。はじめは特別養護老人ホームおよびホームヘルプサービス（当時は老人家庭奉仕員派遣事業）が主なものでした。その後の老人福祉法改正で，70歳以上の人（および65歳以上の寝たきり者）の医療費の支払いを無料化する老人医療費支給制度が成立し，1973年1月に開始されました。しかし，高齢者の介護を支える福祉政策が未整備の状態で老人医療費が無料化されたことにより，高齢者の**社会的入院**が急速に増加し，国民医療費の急増が社会問題化しました。1970年代後半には，デイサービス，ショートステイ等の在宅福祉サービスが開始されましたが，老人の社会的入院はその後も増大していき，医療法改正（1985年）により医療計画が策定され実施される1989年まで，病院病床数の増加が続きました。

　老人医療費無料化の制度は10年間で廃止され，1983年2月からは，新たに制定された老人保健法に基づき，市町村を実施主体とする老人保健制度（老人医療および医療以外の保健事業）が発足しました。その後，老人保健法には改正が重ねられ，老人保健施設（1986年開始）や老人訪問看護制度（1992年開始）が追加されました。1980年代後半には，福祉制度改革や介護政策のあり方に関する議論が活発化し，1989年12月には高齢者保健福祉推進10か年戦略（ゴールドプラン）が政府から打ち出されました。この計画を具体化するには保健福祉政策の法的整備が必要であり，1990年には老人福祉法等の福祉八法改正が成立し，①在宅福祉サービスの積極的推進，②在宅福祉サービスと施設サービスの実施主体の市町村への一元化，③市町村・都道府県による老人保健福祉計画策定の義務化が図られました。

　1990年代には，ゴールドプランと老人保健福祉計画に基づき，ホームヘルプ，デイサービス，ショートステイ等の在宅福祉サービス，特別養護老人ホームや老人保健施設等の施設サービスの拡充が進みました。ゴールドプランの目標量は1994年暮れに上方修正され（新ゴールドプラン），高齢者保健福祉の基盤整備

▶1　社会的入院
入院が必要ない状態であっても，入院に代わる適切な社会的支援が整備されていないために，長期入院が続く状態を意味している。老人医療や精神医療で問題となることが多い。

I-5 介護政策の変遷と課題

表 I-3 サービス提供体制に関する介護保険制度の改正の流れ	
法律改正の年次	改正内容
2005（平成17）年 （施行は2006年4月）	・地域密着型サービスの創設（小規模多機能型居宅介護，認知症対応型共同生活介護など6種類のサービスを含む） ・新予防給付の開始（対象を要支援1と2の2段階とし，サービス内容を見直す） ・地域支援事業の創設（介護予防事業，包括的支援事業，任意事業を含む） ・地域包括支援センターの創設（介護予防支援と4種類の包括的支援事業を実施）
2011（平成23）年 （施行は2012年4月）	・地域密着型サービスの拡大（定期巡回・随時対応型訪問介護看護，複合型サービス） ・地域支援事業の中に介護予防・日常生活支援総合事業を創設（実施は任意）
2014（平成26）年 （施行は2015年4月）	・地域支援事業の中に新しい介護予防・日常生活支援総合事業を創設（すべての市町村で2017年4月までに実施。それに伴い要支援1・2を対象とする訪問および通所のサービスも新総合事業に移行する） ・地域支援事業の中の包括的支援事業の拡大再編（これまでの地域包括支援センターにおける業務のほかに，地域ケア会議，在宅医療・介護連携，認知症対策，生活支援サービス体制整備の業務を追加）
2017（平成29）年 （施行は2018年4月）	・共生型サービスの創設（介護保険と障害福祉の両制度に共生型サービスを新たに位置づける）

注：上記の表は保険料徴収，利用者負担，事業者の業務管理等の改正内容は含んでいない。

はさらに加速されました。1994年から，ゴールドプランの計画期間が終わる2000年以降の介護政策をどう方向づけるかという観点からの議論が活発化し，介護保険制度の創設に向けた準備がなされ，1997年の暮れには介護保険法が国会で成立しました。

❷ 介護保険制度の発足とその後の改正

　2000年4月から介護保険制度が発足しました。介護保険制度は，市町村が保険者となる新たな社会保険の仕組みであり，65歳以上の人（第1号被保険者）と，40歳以上64歳までの医療保険加入者（第2号被保険者）が収める保険料と税を組み合わせた財源により，要介護・要支援状態の認定を受けた人に，さまざまな居宅サービスや施設サービスの給付を行う制度です。

　介護保険制度は，その後も改定が重ねられていきました（表 I-3）。2006年度から市町村が地域支援事業を実施することになり，地域包括支援センターが開設されました。また給付サービスには，居宅サービス，施設サービスに加えて地域密着型サービス（小規模多機能型居宅介護，認知症対応型共同生活介護等が含まれる）という新たなカテゴリーが加わりました。2012年度には定期巡回・随時対応型訪問介護看護などの新たなサービスも開始されました。2014年の法改正では地域支援事業の拡充が図られ，2015年度からの3年間にすべての市町村で介護予防・日常生活支援総合事業を開始することになりました。

（黒田研二）

▷2　地域支援事業については，⇨ Ⅲ-1 参照

11

I 地域包括ケアとは何か

医療と介護の一体化

　医療を提供する仕組みである医療保険制度と介護を提供する仕組みである介護保険制度は，それぞれ別の制度に分かれています。また医療や介護に従事するさまざまな専門職は，それぞれの養成教育の中で独自の支援方法や技術を身に付けていきます。しかし療養をしている生活者にとっては，医療と介護は一体的に必要となるものですから，支援を提供する側は，医療と介護のチームを形成しながら，制度の垣根を越えて連携することが求められています。

1 医療と介護の連携を推進するための方策

　認知症，脳卒中，骨粗しょう症に起因する骨折など，介護が必要な状態をもたらすさまざまな疾患は，それぞれの治療や重度化防止のために医療を必要としています。こうした疾患や障害をもつ療養者には，医療と介護が一体化された支援を届けることが必要になってきます。

　療養者にとって必要な医療と介護のサービスを一体的に提供するためには，医療と介護の従事者が療養者ごとにチームを作り，一定の支援計画（ケアプラン）のもとに，役割を分担しながら連携していくことが重要となります。在宅の療養者にそのようなケアを届けるチームを，誰がどのような方法で組織するのでしょうか。

　介護保険で要介護認定を受けている場合には，居宅介護支援事業所の介護支援専門員（ケアマネジャー）▷1がサービス担当者会議を招集して，チームとして話し合ってケアプランを立て，情報を共有しながら支援を行います。医療側の支援の中心になるのは主治医（かかりつけ医）です。医療と介護が一体化した支援を行うには，介護支援専門員と主治医の連携が基本となります。

　入院治療を受けている療養者が在宅に復帰する際に，切れ目なく在宅医療や介護につなげるためには，退院する前に**退院調整会議**▷2を開催して，病院の医療スタッフと地域で医療と介護を提供するスタッフのチームが協議をしながら，在宅への移行が円滑にできるように支援計画を立てることが重要になってきます。そうした支援計画を立てるために，**地域医療連携室**▷3や**退院調整看護師**▷4を配置する病院が多くなってきました。

　介護保険を利用していない場合や複雑な支援ニーズをもつ療養者に対しては，**地域包括支援センター**▷5が支援のコーディネーターの役割を担うことがあります。その場合，関係者があつまって協議ができるように，地域ケア会議を招集する

▷1　介護支援専門員については，⇒ V-7 参照

▷2　**退院調整会議**
退院前カンファレンスなどと呼ばれることもある。
⇒ V-1 参照

▷3　**地域医療連携室**
診療報酬制度において「退院支援加算」「退院時共同指導料」「介護支援連携指導料」「地域連携診療計画管理料」「地域連携診療計画退院時指導料」など地域医療連携や医療と介護の連携を評価する項目が設定されており，こうした連携を進めるための部署や職員を配置するところが増えている。

▷4　**退院調整看護師**
退院支援看護師と呼ばれることもある。

▷5　**地域包括支援センター**
⇒ II-3 参照

Ⅰ-6 医療と介護の一体化

表Ⅰ-4 在宅医療・介護連携推進事業に含まれる8項目の取組み

項　目	内　容
㋐地域の医療・介護の資源の把握	地域の医療施設や介護施設・事業所等の分布, 在宅医療機能を含め各施設の機能を把握し, 結果を関係者間で共有
㋑在宅医療・介護連携の課題抽出と対応策の検討	地域の医療・介護関係者が参画する会議を開催し, 在宅医療・介護連携の現状把握, 課題の抽出, 対応策を検討
㋒切れ目のない在宅医療と介護の提供体制の構築推進	在宅療養者のバックベッドの確保, 入院医療から在宅医療・ケアへの円滑な移行など在宅医療・介護サービスの提供体制の構築を推進
㋓医療・介護関係者の情報共有の支援	情報共有シート, 地域連携パス等の活用により, 医療・介護関係者の情報共有を支援。自宅での看取り, 急変時の情報共有にも活用
㋔在宅医療・介護関係者に関する相談支援	医療・介護関係者の連携を支援するコーディネータの配置等による, 在宅医療・介護連携に関する相談窓口の設置・運営
㋕医療・介護関係者の研修	地域の医療・介護関係者が事例検討を行うグループワーク等を通じて, 多職種連携の実際を習得
㋖地域住民への普及啓発	地域住民を対象にしたシンポジウム等の開催, パンフレット, チラシ, 広報, HP等を活用した, 在宅医療・介護サービスに関する普及啓発
㋗在宅医療・介護連携に関する関係市区町村の連携	同一の医療圏内にある市区町村や隣接する市町村などが連携して, 広域で対応が必要な事項について検討

ことになるでしょう。

　個々の療養者に医療と介護が一体化した支援を届けるためには, サービス担当者会議, 退院調整会議, 地域ケア会議などを通じて, さまざまな職種のサービス担当者が話し合い, 情報を共有しながら, 療養者の同意を得てチームとして対応をしていかなければなりません。

❷ 在宅医療・介護連携推進事業

　在宅ケアでは, 医療と介護の従事者がチームとして支援を行う際に, それぞれが所属する機関が異なることはよくあります。多機関・多職種が連携していくためには, 普段からお互いが「顔の見える関係」を維持し, 相互の役割をよく認識し合っていることが重要です。介護保険制度の地域支援事業の中には, こうした連携の基盤を地域の中で醸成していくために, 在宅医療・介護連携推進事業が組み込まれています。

　この事業を推進するために厚生労働省がまとめた「手引き」[6] には, 表Ⅰ-4にあげる8つの取組み項目, すなわち㋐地域の医療・介護の資源の把握, ㋑在宅医療・介護連携の課題抽出と対応策の検討, ㋒切れ目のない在宅医療と介護の提供体制の構築推進, ㋓医療・介護関係者の情報共有の支援, ㋔在宅医療・介護関係者に関する相談支援, ㋕医療・介護関係者の研修, ㋖地域住民への普及啓発, ㋗在宅医療・介護連携に関する関係市区町村の連携が示されています。市町村は, 地区医師会等の医療専門職団体や地域包括支援センターなどの関係者と協働して, これらの取組みを推進しています。　　　　　　　　（黒田研二）

▶6　厚生労働省老健局老人保健課がまとめた『在宅医療・介護連携推進事業の手引き Ver.2（案）』が公表されている。URL は, http://www.mhlw.go.jp/file/05-Shingikai-12301000-Roukenkyoku-Soumuka/tebiki_3.pdf（2017年12月28日閲覧）

Ⅰ 地域包括ケアとは何か

地域医療体制の構築と地域包括ケア

地域医療体制と地域包括ケアシステムは，それぞれ地域のニーズに応えられる医療やケアの仕組みづくりの概念ですが，それぞれが独自の圏域概念を含んでいます。在宅医療の機能とともにそれらの圏域について考えてみます。

1 在宅医療とケアを進めるための地域医療連携

医療を提供する形態として入院医療，外来医療がありますが，それ以外に，医療従事者が患者の居宅等を訪問して医療を提供する形態を在宅医療と呼んでいます。医療計画には，在宅医療を進めるために達成すべき数値目標や施策等を記載することになっています。厚生労働省が都道府県による医療計画策定のために出した「在宅医療の体制構築に係る指針」では，在宅医療を進める連携体制の中で4つの機能を実現できるよう，関係機関の役割の分担や連携を充実・強化することを求めています（図Ⅰ-2）。

第一は，退院支援の機能です。入院医療機関と在宅医療に関わる機関の円滑な連携により，切れ目のない継続的な医療体制を確保することが目指されます。第二は，日常の生活の場における療養支援の機能です。患者の疾患，重症度に応じた医療，緩和ケアを含む医療が，患者が住み慣れたところでできる限り生活が継続できるように，多職種協働により，継続的，包括的に提供されます。第三は，急変時の対応機能です。在宅療養者の病状の急変時に対応できるよう，在宅医療を担う病院・診療所や訪問看護事業所と，入院機能を有する病院・診療所との円滑な連携による診療体制を確保することが含まれます。第四は，看取りの機能です。住み慣れた自宅や介護施設等，患者が望む場所での看取りを

▷1 厚生労働省医政局地域医療計画課長通知（平成29年7月31日）「疾病・事業及び在宅医療に係る医療体制について」132-142。

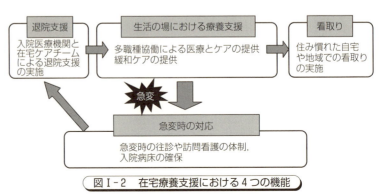

図Ⅰ-2 在宅療養支援における4つの機能

出所：厚生労働省（2017）「在宅医療の体制構築に係る指針」より筆者作成。

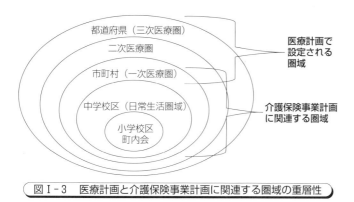

図Ⅰ-3　医療計画と介護保険事業計画に関連する圏域の重層性

行うことができる体制を確保することが目指されます。

　こうした在宅医療の体制整備を含む地域医療体制の構築に関連して、医療提供における圏域設定の考え方（一次医療圏、二次医療圏、三次医療圏）も理解しておきましょう。都道府県が策定する医療計画では、一般的な疾病の外来治療を提供する一次医療圏として、市町村の範囲を想定しています。一般的な入院治療をカバーできる圏域が二次医療圏であり、複数の市町村を含む場合が多いです。三次医療圏は、二次医療圏ではカバーできない高度な医療を提供する圏域を想定しており、北海道以外では都府県が相当します。

　一次医療圏に相当する市町村の範囲で外来医療を提供できる体制を整備することが求められますが、高齢者の在宅医療は、次に述べるさらに身近な日常生活圏域で提供されることが理想だといえるでしょう。

2　地域包括ケアシステムにおける圏域の考え方と地域医療体制

　市町村が策定する介護保険事業計画においても、圏域の考え方が盛り込まれています。市町村の中に中学校区を基準とする日常生活圏域を設定し、地域密着型サービスの整備は日常生活圏域を単位として行うことになっています。また、高齢者を対象とする地域包括ケアシステムの構築も、日常生活圏域を単位に考えていくことが重要です。住民が主体となって取り組む活動は、さらに生活に密着した小学校区、あるいは町内会といった範囲で営まれることが多いので、日常生活圏域の中にもさらに身近な圏域を設定していくことが必要です。

　地域医療体制や地域包括ケアシステムにおけるこうした圏域の考え方を整理すると図Ⅰ-3のようになります。地域医療体制と地域包括ケアシステムは、重なりながら相互に連携していくことが重要だといえるでしょう。

（黒田研二）

I　地域包括ケアとは何か

保健・医療・福祉が追求する価値

保健・医療・福祉はそれぞれが異なった制度のもとで，異なった原理により営まれていると捉えられがちです。しかし「地域包括ケアシステム」という考え方は，保健・医療・福祉を，相互に連携し，協働して共通の目標に向かって活動する一連の営みと捉えています。それでは，保健・医療・福祉に共通する目標とは何でしょうか。

1 追求する価値を自覚することの重要性

保健・医療・福祉の領域で仕事をする者は，自分たちが何を目指しているのか，自分たちが追求している価値とは何なのだろうかと自らに問いかけることが重要です。保健・医療・介護・福祉の領域で仕事をする者同士が協働していくためには，「共通の目標」を自覚していることが必要となります。その共通の目標とは，人々の「QOL（Quality of Life：生活の質）の保持・向上」にほかなりません。英語の「ライフ」には，生活という意味のほかにも，生命，人生といった意味が含まれています。いのちと生活，一人ひとりの人生に目を向けて，それをよりよいものにしていくことが，私たち保健・医療・介護・福祉に携わる者に共通の目標であり，目指すべき価値だといえるでしょう。

2 保健・医療が追求する価値

関連する法律をもとに，さらに考察を深めます。医療法では，その理念を次のように定めています（第1条の2）。「医療は，生命の尊重と個人の尊厳の保持を旨とし，医師，歯科医師，薬剤師，看護師その他の医療の担い手と医療を受ける者との信頼関係に基づき…（中略）…，その内容は，単に治療のみならず，疾病の予防のための措置及びリハビリテーションを含む良質かつ適切なものでなければならない」。医療は，単に治療を提供するだけでなく，保健予防，リハビリテーション，さらに**終末期医療（ターミナルケア）**までを含むものです。「生命の尊重と個人の尊厳の保持を旨とする」という医療の理念は，日本国憲法の第13条が規定する「個人として尊重される権利，生命，自由および幸福追求に対する権利」を踏まえたものです。また，生存権を規定した憲法第25条の第2項「国は，すべての生活部面について，社会福祉，社会保障及び公衆衛生の向上及び増進に努めなければならない」に述べられている公衆衛生とは，保健・医療の政策全般を含むことにも注意を向けましょう。

▶1　終末期医療（ターミナルケア）
エンドオブライフ・ケアとも呼ぶ。⇨Ⅵ-7，Ⅺ-7，Ⅺ-8 参照

③ 社会福祉が追求する価値

　次に，社会福祉の分野でどのように理念が定められているかを，社会福祉法についてみてみましょう。第3条に「福祉サービスは，個人の尊厳の保持を旨とし，その内容は，福祉サービスの利用者が心身ともに健やかに育成され，又はその有する能力に応じ自立した日常生活を営むことができるように支援するものとして，良質かつ適切なものでなければならない」と述べています。「個人の尊厳の保持」は医療法とも共通していますし，社会福祉が目指すものが，憲法の第13条（幸福追求権），第25条（生存権）といった基本的人権の保障であることも確認しておきましょう。

　また，社会福祉法は第4条第1項で「地域住民，社会福祉を目的とする事業を経営する者及び社会福祉に関する活動を行う者は，相互に協力し，福祉サービスを必要とする地域住民が地域社会を構成する一員として日常生活を営み，社会，経済，文化その他あらゆる分野の活動に参加する機会が与えられるように，地域福祉の推進に努めなければならない」と定めて，福祉サービスを必要とする人々の**社会的包摂**[*2]ないしノーマライゼーションを推進することを目指しています。

④ 介護保険法が定める目的

　介護保険法の第1条には，介護保険の目的として，要介護状態の人が「尊厳を保持し，その有する能力に応じ自立した日常生活を営むことができるよう，必要な保健医療サービス及び福祉サービスに係る給付を行う」と述べています。介護保険法においても，社会福祉法と同様に「尊厳」「自立」といった価値が志向されていることに注目しましょう。

　ここで自立という概念を考えてみます。辞書には「他の援助や支配を受けず自分の力で身を立てること」といった意味が述べられています。日常生活の自立，社会生活の自立，経済的自立というように，生活領域によってさらに自立を区分する考え方もあります。「自立」にはさまざまな意味が含まれているのですが，要介護状態の人の自立支援を考えるときには，次の2つの考え方が重要となります。一つは，意思決定の自立です。自分で自分の生活を望ましいものにしていく，そのような選択を自由に行う力を意味しています。判断能力が低下している人の支援では，その人の意思決定を支援する[*3]という考え方が重要となります。その人固有の価値観や好みを尊重することが必要です。第二に，エンパワメント[*4]を通じた自立支援です。その人のもつ力，強み，可能性に注目し，それらをその人とともに最大限に発揮できるよう工夫します。そのためには，その人のもつ長所や隠れた能力に目を向けることが大切です。また生活環境を改善していくことも視野に入れることが重要です。

（黒田研二）

▶2　社会的包摂
ソーシャル・インクルージョン（social inclusion）のことであり，社会的排除の反対の概念。社会的に弱い立場にある人々をも含め市民一人ひとりを，排除や摩擦，孤独や孤立から援護し，社会の一員として取り込み，支え合う考え方のこと。「地域共生社会」と類似の概念。⇨ IV-1 参照

▶3　厚生労働省社会・援護局障害保健福祉部長より，2017年3月31日付で「障害福祉サービスの利用等にあたっての意思決定支援ガイドラインについて」が出されている。厚生労働省のホームページ内の URL は以下のとおり。http://www.mhlw.go.jp/file/06-Seisakujouhou-12200000-Shakaiengokyokushougaihokenfukushibu/0000159854.pdf（2017年12月28日閲覧）

▶4　エンパワメントについては，⇨ IV-2 参照

Ⅰ 地域包括ケアとは何か

地域包括ケアの概念の広がり

　当初，介護保険制度に関連して高齢者を主な対象に考えられた地域包括ケアシステムは，対象領域を限定せず，障害福祉・就労支援・生活困窮者支援・子育て支援などの分野とも協働して地域づくりを目指すというように，その概念が広がってきました。それを政策として，あるいは地域の実践としてどう実現するかという点では，まだ発展途上にあるといえます。

1 対象を高齢者に限定しない地域包括ケアシステム

　2013年8月，社会保障制度改革国民会議は，税と社会保障の一体改革の方向性についての最終報告書をとりまとめました[1]。国民会議は，2012年11月に内閣府に設置されたもので，医療・介護・年金・少子化対策の4分野ごとの改革案を提出し，その後それらは医療・介護・少子化対策などの制度改正へとつながっていきました。この報告書は，「地域づくりとしての医療・介護・福祉・子育て」という項目において，医療機能の分化・連携や地域包括ケアシステムの構築など医療・介護の提供体制の再構築の必要性を取り上げ，次のように述べています。「過度な病院頼みから抜け出し，QOLの維持・向上を目標として，住み慣れた地域で人生の最後まで，自分らしい暮らしを続けることができる仕組みとするためには，病院・病床や施設の持っている機能を，地域の生活の中で確保することが必要となる。すなわち，医療サービスや介護サービスだけ（で）なく，住まいや移動，食事，見守りなど生活全般にわたる支援を併せて考える必要があり，このためには，コンパクトシティ化を図るなど住まいや移動等のハード面の整備や，サービスの有機的な連携といったソフト面の整備を含めた，人口減少社会における新しいまちづくりの問題として，医療・介護のサービス提供体制を考えていくことが不可欠である」。

　このように「新しいまちづくり」の一環として医療・介護のサービス提供体制を再構築し，地域包括ケアシステムを確立することが構想されています。また，住民主体のサービスやボランティア活動など，地域の人々の間のインフォーマルな助け合いを「互助」と位置づけ，人生と生活の質を豊かにする「互助」の重要性を強調しています。そして，地域包括ケアシステム，地域ごとに形成されるサービスのネットワークが，高齢者介護のみならず，子ども・子育て支援，障害者福祉，困窮者支援にも貴重な社会資源となると述べています。このように内閣府での議論では，当時より高齢者に限定されない地域包括

▶1　「社会保障制度改革国民会議報告書〜確かな社会保障を将来世代に伝えるための道筋〜」は以下のURLから入手できる。
https://www.kantei.go.jp/jp/singi/kokuminkaigi/pdf/houkokusyo.pdf（2017年12月28日閲覧）

ケアシステムに言及されていたのですが，厚生労働省の施策としてそれが取り
上げられるのは2015年になってからです。

② 地域包括支援体制の構想

　厚生労働省は，省内の部局を横断する「新たな福祉サービスのあり方検討プ
ロジェクトチーム」を組織し，そこでの議論をまとめて，対象を高齢者に限定
しない地域包括支援体制の実現に向けた構想，「誰もが支え合う地域の構築に
向けた福祉サービスの実現——新たな時代に対応した福祉の提供ビジョン」[2]を
2015年9月に発表しました。そこでは，「全世代・全対象型地域包括支援体制」
の実現が不可欠であると述べ，高齢者介護・障害者福祉・子育て支援・生活困
窮者等の支援を別々に提供する方法のほかに，複数分野の支援を総合的に提供
する方法を検討するとして，2つの方向性を述べています。

　一つは，支援対象が複合的ニーズを有する場合に，関係機関や関係者がサー
ビスを総合的に提供できるような連携のシステムを構築することで，もう一つ
は，複合的福祉サービスを総合的に提供できる仕組みを作り出し，それを地域
づくりの拠点としても機能させるというものです。いずれにしても，福祉サー
ビスだけでなく，医療，就労支援，教育，司法，地域振興など他分野とも協働
していくことを強調し，「それは「『福祉』から発想するのではなく，『地域』
から発想することで可能となる。このように，新しい地域包括支援体制は，地
域をフィールドとした新しいまちづくりをめざすものである」と述べています。

③ 「我が事・丸ごと」地域共生社会の実現

　厚生労働省は，翌2016年6月には省内に「『我が事・丸ごと』地域共生社会
実現本部」を設置し，2017年2月に「当面の改革工程」を発表しました。そこ
では，「制度・分野ごとの『縦割り』や「支え手」「受け手」という関係を超え
て，地域住民や地域の多様な主体が『我が事』として参画し，人と人，人と資
源が世代や分野を超えて『丸ごと』つながることで，住民一人ひとりの暮らし
と生きがい，地域をともに創っていく社会」を目指すこと，2017年の介護保険
法・社会福祉法等の改正で，市町村による包括的支援体制の制度化や共生型
サービスの創設を図ること，2018年に行われる介護報酬・障害報酬改定で共生
型サービスの具体的報酬単価を設定し，また，生活困窮者自立支援制度の見直
し強化を進めることなどが述べられています。

　地域共生社会と地域包括ケアシステムの関係について，地域包括ケア研究会
報告書[4]は，「地域共生社会」とは，今後，日本社会全体で実現していこうとす
る社会全体のイメージやビジョンを示すものであり，高齢者分野を出発点とし
て改善を重ねてきた「地域包括ケアシステム」は「地域共生社会」を実現する
ための「システム」「仕組み」である，とまとめています。　　　　（黒田研二）

▷2　厚生労働省のホーム
ページから入手できる。
http://www.mhlw.go.jp/
file/05-Shingikai-12201000
-Shakaiengokyokushougai
hokenfukushibu-Kikakuka/
bijon.pdf（2017年12月28日
閲覧）

▷3　厚生労働省のホーム
ページから入手できる。
http://www.mhlw.go.jp/
stf/houdou/0000150538.html
（2917年12月28日閲覧）

▷4　「地域包括ケア研究
会報告書——2040年に向け
た挑戦」（2017年3月）は，
以下から入手できる。
http://www.murc.jp/sp/
1509/houkatsu/houkatsu_
01/h28_01.pdf（2017年12
月27日閲覧）

Ⅱ 地域包括ケアと地域福祉

1 地域福祉の考え方と地域包括ケア

　地域包括ケアは，医療・介護・予防・住まい方・生活支援の5つの要素が地域を基盤として展開されるケアだといえます。そのため，その基盤としての地域づくりが重視されています。一方，地域を基盤とした社会福祉の考え方を地域福祉と呼び，地域包括ケアとの関連性を理解しておく必要があります。

1 介護保険制度と地域福祉の推進

　日本の社会福祉は，戦後からの措置を中心とする社会福祉のあり方から，介護保険法施行と同年（2000年）に公布・一部施行された社会福祉法において転換しました。この点について，本法の目的を規定している第1条（目的）によれば，「福祉サービスの利用者の利益の保護及び地域における社会福祉の推進を図る」と述べられています。すなわち，前者は，介護保険制度に象徴される利用契約制度における利用者保護という新たな課題であり，後者では，社会福祉を地域福祉として進めていくことが規定されたといえます。このように，2000年以降の社会福祉では，介護保険制度と地域福祉の両者のあり方が問われてきたといえます。

　また，「地域包括ケアシステムの強化のための介護保険法等の一部を改正する法律」（平成29年法律第52号，2017年6月）では，社会福祉法において，地域福祉推進の理念や地域福祉計画についての強化が図られました。[▷1]

2 地域福祉と地域包括ケアの関係

　地域福祉に関する社会福祉法上の規定は社会福祉法第4条で述べられていますが[▷2]，理論や実践上では多様な幅をもった定義や実践が展開されています。地域福祉は日本で生まれた社会福祉の理論で，その最初の理論は，岡村重夫によって提示されました[▷3]。この地域福祉理論によると，地域福祉とは「コミュニティケア」「地域組織化活動」「予防的社会福祉」から構成されるとしています。

　現代の視点から解説すると，「コミュニティケア」とは，住み慣れた場所でその人らしく暮らせるための支援の総体であり，一般には，在宅ケア・サービスとともに入所施設の社会化や地域化が含まれます。また，QOLの観点からは家族，近隣，友人をはじめとした社会関係の形成や社会参加が重視されます。したがって，Care by the community といわれるように，コミュニティケアは専門的な在宅ケア・サービスとともに地域の参加が不可欠であるとされてい

▷1　改正の内容として，新たに次の3点が位置づけられている。①多様で複合的な地域生活課題についての住民，関係機関による連携，②包括的な支援体制づくり，③市町村地域福祉計画を福祉各分野の上位計画的に位置づける。

▷2　社会福祉法第4条第1項（地域福祉の推進）「地域住民，社会福祉を目的とする事業を経営する者及び社会福祉に関する活動を行う者（以下，「地域住民等」という。）は，相互に協力し，福祉サービスを必要とする地域住民が地域社会を構成する一員として日常生活を営み，社会，経済，文化その他あらゆる分野の活動に参加する機会が確保されるように，地域福祉の推進に努めなければならない。」

▷3　岡村重夫（2009）『地域福祉論（新装版）』光生館。

ます。

「地域組織化活動」は地域共生社会を形成する上でのコミュニティ形成やその中でも要援護者が尊厳のある生活ができるための**福祉コミュニティ**を形成する活動です。この福祉コミュニティを形成する地域援助技術はコミュニティオーガニゼーションやコミュニティワークと呼ばれています。

「予防的社会福祉」とは，前述の2つの取組みが充実することによって可能となる早期発見・早期対応をはじめとした，事後的でない予防的な社会福祉のあり方を意味します。公衆衛生での第二次・第三次予防と同様の考え方であり，可能であれば，第一次予防にもアプローチする考え方です。これらの地域福祉の特性は，地域という生活の場が問題の発生の場であり解決の場であるという特性を反映したものであり，地域包括ケアと多くの共通点をもっています。

一方，地域福祉は日本の社会福祉の法的な枠組みである高齢，障害，児童というたて割りの属性別・分野別福祉ではなく，それらすべてに，「地域の暮らし・生活」という横串しをさし，かつ他の領域と広く連携する横断的な社会福祉のあり方です。地域は家族はもとよりすべての属性の人々が暮らす場といえます。したがって，その生活実態に対応する地域福祉は必然的に制度の狭間の問題やその漏れを防ぐ総合相談支援や家族のような属性を越えた関係性の中でケアを実践する共生ケアのような取組みを発展させてきています。

以上のように，地域福祉は地域包括ケアを，地域福祉の構成要件として高齢者のコミュニティケアとして位置づける一方で，地域包括ケアを介護保険制度としての高齢者介護に限定される施策から社会福祉の他分野やまちづくり領域にまでつなげる媒介機能を果たします。

さらに，地域包括ケアをすすめる上での地域福祉の特性は次の点にあります。地域福祉が地域共生社会や福祉コミュニティを形成するために，制度内の福祉制度の実践や施策以上に，地域住民や当事者本人などによるボランタリズムという自発的な社会福祉の実践や開発的な実践を重視していることです。したがって，現在の地域包括ケアシステムが目指している地域づくりや社会資源開発の機能は，地域福祉と関連することによって，より広がりのある実践として展開することが期待できます。

(藤井博志)

▶4　福祉コミュニティ
福祉当事者を中心に共感者や代弁者，関係専門機関等からなる福祉的なコミュニティ。当事者参加とともに当事者のニーズから社会福祉計画の策定や社会資源開発の機能などをもつ共同体。

▶5　平野隆之編 (2006)『共生ケアの営みと支援——富山型「このゆびとーまれ」調査から』全国コミュニティライフサポートセンター。

Ⅱ　地域包括ケアと地域福祉

地域包括ケアにおける地域づくりと地域福祉

　地域包括ケアの基盤制度となる介護保険制度を，その「地域」をキーワードに変遷を概観します。その上で，地域福祉の視点から，地域包括ケアにおける地域づくりの考え方の整理を行います。

１　「地域」というキーワードからみた介護保険制度改正の変遷

　介護保険制度改正において，「地域」という用語が登場するのは，大きくは2005（平成17）年と2014（平成26）年改正の2つの制度改正においてです。

　第一の改正である2005年改正における「地域」との関係においては，地域密着型サービスと地域包括支援センターの創設，その整備・連携圏域である日常生活圏域の設定，市町村による介護予防事業や包括的支援事業などの「地域支援事業」の実施などの地域包括ケア体制が目指されました。

　日常生活圏域の設定とその圏域における地域密着型サービスや地域包括支援センターの整備は，要介護高齢者への支援を，サービス提供者と利用者という点と点をつなぐ線としての支援から，地域を生活・介護空間として捉え，地域住民や専門職の連携・ネットワークに基づく面としての支援への転換を目標としました。地域福祉やコミュニティケアの考え方に大幅に近づけた制度改革であったといえます。また，それは，介護予防事業などの地域支援事業に地域住民の参加を期待するものであったといえるでしょう。

　第二の改正である2014（平成26）年改正は，2011（平成23）年改正をへて改正されました。2011年改正ではその改正目的に「地域包括ケアシステム」の実現を述べ，予防給付と生活支援サービスの総合的な取組みである「介護予防・日常生活支援総合事業」が地域支援事業の一環として実施されるようになりました。

　2014年改正における「地域」というキーワードとの関係は，新しい地域支援事業として「新しい総合事業」と「生活支援体制整備事業」が創設されたことです。とくに，その目的を「サービスづくり」ではなく「地域づくり」としています。また，介護予防事業は社会参加と一体的に取り組むことが強調されています。

２　介護保険制度における「地域づくり」

○地域づくりの背景

▷1　日常生活圏域
介護保険法の2005（平成17）年度改正により設定が義務づけられた。身近な生活圏域に多様なサービス拠点と地域住民の参加による公共空間を形成することにより，地域での継続的な生活が可能となる基盤としての整備圏域。地域密着型サービスの整備域として，およそ中学校区圏域がイメージされる。一方，地域福祉における日常生活圏域は，住民の協働活動としての小地域福祉活動の圏域を想定し，広くてもおよそ小学校区域までを想定している。

▷2　介護予防・日常生活支援総合事業については，⇨Ⅲ-2 参照

このように介護保険制度改正において「地域づくり」が強調される背景には，日本における急激な社会状況の変化に伴う家族や地域関係の希薄化，そして高齢者の**社会的孤立**の問題が背景にあります。高齢者の加齢に伴う日々の生活の営みに関わる困り事とは，庭や家の掃除ができない，ふすまが開けられない，買い物やゴミ出しに困るなどの，日々の生活の中で起こる微細な事柄です。これらは定型的なサービスとして提供しにくい領域です。これらの支援は，家族や近隣地域などの気遣いや，見守りの延長としてのちょっとした支えや助け合いに類するものです。また，このような支え合う関係の延長に社会参加があり，その関わりが，「達者で長生きしたい」という介護予防や健康づくりの意欲につながることを期待するものです。介護保険制度における「地域づくり」とは，このような支え合う関係づくりを社会参加と介護予防とを併せて進め，その先に住民による助け合いとしての生活支援活動を期待するものです。その意味で「サービスづくり」ではなく「地域づくり」が強調されています。すなわち，住民の地域づくりへの自発性や主体性への支援が重視されます。

◯地域づくりと生活支援体制整備事業

この地域づくりを進める事業として包括的支援事業に生活支援体制整備事業が創設されました。この事業は，生活支援コーディネーター（地域支え合い推進員）と協議体を設置するものです。生活支援コーディネーターは主として「ネットワーキング」「社会資源開発」「ニーズとサービスのマッチング」が期待されています。生活支援コーディネーターという名称からは，サービスコーディネーターのような印象を受けますが，その別称のとおり，「地域支え合い推進」という地域づくりを進めるコミュニティワーカーとしての実践が期待されています。

また，協議体とは，地域の関係者が地域づくりを進める協議・協働の場である会議体や組織を指します。生活支援コーディネーターと地域づくりを進めるための地域関係者の連携の場や主体として期待されています。この制度では第1層（全自治体域），第2層（およそ日常生活圏域），第3層（より身近な圏域での助け合いの場）という3層の圏域設定がされます。この1層・2層に生活支援コーディネーターが設置され，各圏域の機能に応じた協議体の組織化が進められます。

③ 地域福祉と生活支援体制整備事業

このように，自治体域を重層的な圏域に分け，その圏域に応じた地域住民等の関係者の協議の場づくりと協働促進の考え方と方法は，コミュニティワークなどの地域福祉の実践とまったく同様の方法です。したがって，生活支援体制整備事業には，地域福祉における地域組織化に基づく地域づくりが求められます。

（藤井博志）

▷3　社会的孤立
社会・経済的な要因により，家族や友人，近隣，交流や仕事の場，行政機関等との社会関係が結べない状況。具体的には，困ったときに助けを求められない状況などをいう。

▷4　吉田昌司監修(2016)『生活支援コーディネーター養成テキスト』全国コミュニティライフサポートセンター。

Ⅱ 地域包括ケアと地域福祉

社会福祉協議会と地域包括支援センターの連携

　地域包括ケアに関わる地域の機関として，行政や関係機関，専門職のネットワークを形成して地域住民と協働し，個別の課題解決を進める**地域包括支援センター**▽1と，生活の主体者である当事者や地域住民の側を支援して，この仕組みへの参画を促して推進する**社会福祉協議会**▽2（以下社協）の2つがあげられます。

　この両者が，地域包括ケアの実現に向けて相互に連携しながら，具体的にどのような役割を果たしていくべきかをみてみることにしましょう。

1 地域福祉を推進する機関としての社会福祉協議会と地域包括ケア

　社協の中で，直接地域包括ケアの推進に取り組むのは，市区町村社協になります。市区町村社協の事業として，介護サービスを提供することや，制度で対応できない課題に対応する総合相談支援（**コミュニティソーシャルワーク**▽3）がクローズアップされています。しかし，地域福祉を推進するという組織の目的に照らすと，住民が地域の福祉課題を発見・共有し，その解決に向けた取組みを主体的に進めていくことを支援するのが社協の重要かつ固有の事業だといえます。そしてこれは地域包括ケアの推進においても同様で，地域福祉の視点からみて，当事者も含めた住民の主体的な参加・参画を支援することが，市区町村社協の重要な役割といえます。そのために，地域福祉の推進を担当する職員（地区担当職員，**コミュニティワーカー**▽4）は，地域に出向き，福祉活動の組織化を支援し，話し合いの場を作り，専門職との協働をはたらきかけるなど，さまざまな形で住民の活動を活性化する取組みを行っています。

　地域包括ケアは，専門機関や専門職による取組みが中心で，足りない部分を住民が補うというふうにみられがちです。しかし，地域福祉の視点でみれば，まず，地域での生活継続に向けた住民の主体的な営みがあり，その上で住民だけでは対応が難しい部分を，専門機関や専門職との連携・協働で対応していくというのがあるべき姿だといえます。

2 地域包括ケアを推進する機関としての地域包括支援センターと地域福祉

　日常生活圏域ごとに，高齢者分野での地域包括ケアを推進するための機関として，高齢者とその介護者を主な対象として包括的な相談支援を行い，解決に向けたコーディネートをして，地域での生活の継続を支援するのが地域包括支援センターの役割です。そして，その取組みの一環として，担当地域のさまざ

▽1 **地域包括支援センター**
2006年の介護保険法改正により，高齢者およびその家族等の相談に応じる機関として導入され，日常生活圏域（おおむね中学校区）ごとに設置された。社会福祉士，保健師，主任ケアマネジャーの3職種が配置され，高齢者の総合相談を受けることとあわせ，介護予防の推進，包括的継続的なケアマネジメントを推進するための多職種との連携・協働，ケアマネジャーの支援，困難事例の対応等を行う。⇒Ⅲ-5参照

▽2 **社会福祉協議会**
社会福祉法によって地域福祉を推進することを目的とする組織として規定された民間の福祉団体で，国，都道府県，市区町村におかれている。住民主体の理念に基づいて地域の福祉課題の解決に取り組み，だれもが安心して暮らすことのできる地域社会の実現を図る。具体的な事業として，地域福祉の推進を図ることを目的とする事業の企画・実施，それに関する調査・普及・宣伝・連絡調整・助成，社会福祉に関する住民参加の援助等を行っている。

まな専門機関・団体，専門職のネットワークを形成することが期待されています。地域ケア会議の開催や，受け持ち地域内のケアマネジャーや介護保険事業所と合同で研修を行ったりする等の活動です。また，地域住民に対しては，介護予防の啓発や認知症対応の普及や見守りのための人材養成等を行い，高齢者が住みなれた地域で暮らし続けられるようにする支援を行っています。

　また，地域包括支援センターは，もともと高齢者を対象として考えられた地域包括ケアの仕組みです。今後は，他分野との連携により，全世代対応型の包括的支援体制の中核機関として期待されています。対象を高齢者に限定せず，地域の生活課題に幅広く対応する第一次の総合相談窓口として相談を受け，かつ，解決に向けてより幅広いネットワークを構築することが望まれています。

③ 住民と専門職との協働の場づくり

　支援が必要な状況になっても，住みなれた地域で生きがいのある生活を続けられるようにするためには，身近な場所でケアやさまざまな支援が包括的に提供されることとともに，本人のもつこれまでの社会関係を切らない，または，新たな関係性を紡ぎなおすような取組みが必要となります。まさしく排除しないまちづくりです。これを実現するためには，地域組織化を進める社協と，専門職のネットワークづくりを進めていく地域包括支援センターが，双方の役割を十分理解した上で，密接に連携・協働しながら住民と専門職が協働する場づくりを進めていくことが必要となります。双方が異なるアプローチを連携しながら進めることで，「地域の福祉化」「福祉の地域化」という地域包括ケアに必要な双方向のアプローチが進むことになります。

　この協働の場づくりを進める際に，専門職側が注意すべきことを2点あげておきます。第一は，日常生活圏域の設定についてです。地域包括支援センターを中心とした専門職ネットワークは，おおむね中学校区を想定しています。しかし，生活者である住民が主体的に活動する圏域は，小学校区以下の範域である場合が多いと思われます。専門職は自分たちの圏域である中学校区域に住民を集めるのでなく，住民が主体となれる本来の日常生活圏に自ら出向く姿勢が必要です。第二は，住民との協働で対応を進める際の専門職としての役割です。それぞれの受け持ち範囲について責任をもって対応するということに加えて，支援の必要な場合は，現行の仕組みで対応できなくても投げ出さないことが必要です。

（佐藤寿一）

▶3　コミュニティソーシャルワーク
地域に焦点をあてたソーシャルワークで，地域において生活に何らかの支援を必要とする人や世帯に対して必要な支援（個別支援）を行うとともに，その人が暮らす地域の環境整備や住民のネットワーク化といった地域へのはたらきかけ（地域支援）を行い問題の解決を目指すことと合わせて，地域の福祉力の向上を図る。

▶4　コミュニティワーカー
地域福祉を推進する担い手で，ソーシャルワークの間接援助技術の一つであるコミュニティワークを用いて，地域の福祉課題の解決を住民にはたらきかけて側面的に援助する専門職である。社会福祉協議会の地域福祉担当職員や介護保険制度における生活支援コーディネーター等がこの役割を担っている。

II 地域包括ケアと地域福祉

住民主体の小地域福祉活動の展開

地域支援事業には，健康体操やふれあいいきいきサロン，見守り活動などの活動が想定されますが，これらの活動は地域住民の主体的な地域づくりの一環として実施されることが望ましいといえます。そのような住民主体の地域づくりを援助する方法をコミュニティワークと呼び，地域福祉ではこのような身近な地域での住民の自治的な福祉活動を小地域福祉活動と呼びます。

1 住民主体の考え方

小地域福祉活動を進める場合，住民主体という考え方を理解しておく必要があります。住民主体とは，住民が行うから住民主体と呼ぶのではなく，住民が自らの暮らしや地域をつくる権利主体であるという考え方です。個別支援における本人主体や地方自治における住民自治を援用した地域福祉の考え方です。このように，住民主体とは，関係者によって地域づくりを進める際に，「住民」を中核において外さないという考え方であり，この地域づくりには，行政や専門職も必要に応じて参加していくという考え方でもあります。

これらの地域住民の福祉のまちづくりの形成力を「地域の福祉力」と呼ぶ場合もあります。地域の福祉力の定義に定説はありませんが，そのエッセンスを要約すると，地域生活課題に対して，①早期に発見する力，②民主的に話し合える力，③協働して解決できる力，④地域の望ましい将来を計画できる力の集合的な地域力だといえます。

2 地域づくりの援助方法としてのコミュニティワーク

住民組織や民間団体の連携による地域福祉活動に関しては，戦後の占領下での福祉政策として，アメリカから社会福祉協議会という組織と，実践方法としてのコミュニティオーガニゼーションが輸入されました。その後，**保健福祉地区組織活動**の中で住民主体の活動が実践され，その実践が地域保健活動や小地域福祉活動として根づいていきました。日本においては，1970年後半頃から在宅要援護者の問題が重視されるに伴い，イギリスのコミュニティケアの考え方なども含まれたコミュニティワークと呼ばれるようになっています。いずれにせよ，その実践過程は，制度が及ばない地域の新しい課題に対して，関係者の組織化（主体の組織化）⇒関係者による問題把握と共有化（地域課題化）⇒活動計画の策定⇒実施⇒評価という過程を経ます。また，その過程では，課題解決

▷1 右田紀久惠は，住民主体を，権利主体，生活主体，生存主体という基本的人権を有した生活者としての包括的な主体認識として捉えている。右田紀久惠（2005）『自治型地域福祉の理論』ミネルヴァ書房。

▷2 保健福祉地区組織活動
国民年金，健康保険制度の確立を契機に予防的活動の普及のために，1959年に「保健福祉地区育成中央協議会」が設立され活動が進められた。カやハエをなくす活動，母子の健康を守る活動などが社会福祉協議会のコミュニティオーガニゼーションの実践として展開された。

▷3 コミュニティワークについては，藤井博志（2010）「地域支援・ソーシャルアクション」岩間伸之・白澤政和・福山和女編著『ソーシャルワークの理論と方法Ⅰ』ミネルヴァ書房。高森敬久・髙田真治・加納恵子・平野隆之（2003）『地域福祉援助技術論』相川書房，を参照のこと。

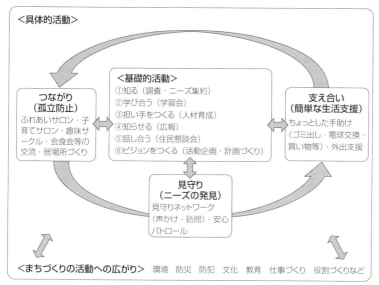

図Ⅱ-1 小地域福祉活動の枠組み

出所：奈良県社会福祉協議会（2012）「小地域福祉活動の推進方策」3。

を目的とするだけではなく，地域住民組織間の関係性を良好にしたり，地域の福祉力を高めたりすることを重視します。なお，関係者の組織化には，地縁組織を中心にした地域型コミュニティの組織化と当事者組織やボランティアグループなどのアソシエーション型コミュニティの組織化があり，小地域福祉活動は前者の地域型コミュニティの組織化を重視した活動です。

3 小地域福祉活動と地域支援事業

　小地域福祉活動は，住民の身近な生活圏域での自治的な福祉活動です。圏域としては，住民が地域の共同性に根ざした協働活動を行う圏域として，一般的には自治会域から地区・小学校区域ぐらいまでの圏域を想定しています。また，その活動は基礎的活動と具体的活動に分けられます（図Ⅱ-1）。通常，活動は図に示す具体的活動をイメージしますが，住民の主体形成や地域福祉の福祉力を高める観点から，コミュニティワークでは基礎的活動とその支援を重視します。

　このような小地域福祉活動の視点からみた地域支援事業への留意点は，地域支援事業では基礎的活動への支援の視点が抜けがちになることです。その場合，地域支援事業は地域住民の活動にはならず，地域包括支援センター事業として地域に持ち込むだけの活動に終始する実態が多く見受けられます。このことは，生活支援コーディネーターの活動や協議体の設立と運営支援においてももっとも留意すべき点といえます。

（藤井博志）

▷4　全社協地域福祉推進委員会小地域福祉活動に関する調査研究委員会（2007）「小地域福祉活動の推進に関する検討委員会報告書」において，近年の小地域福祉活動に関わる意義や課題を全般的に再整理している。

Ⅱ 地域包括ケアと地域福祉

ネットワーキングと社会資源開発

　地域包括ケアとして地域での継続的な生活を保障する条件づくりにおいて，社会資源の開発は不可欠な実践です。また，社会資源開発の方法は，ネットワークによる協働開発が重視されます。地域包括ケアでは地域ケア会議の場がネットワークの主要な場として想定されています。

1 社会資源開発の3つの領域

　社会資源とは，人が社会参加を通じて尊厳をもって暮らすという社会的ニーズを充足するための地域にあるあらゆるもの（ひと，もの，かね，しらせ，つながり，など）を指します。したがって，社会資源は狭く捉えるのではなく，地域にあるあらゆるものが，地域の共同性やネットワークなどによる連携によって福祉的な資源に転化されるという捉え方が重要です。要介護高齢者がデイサービスに通うことを選択する前に，地域の人々が集まる公民館に参加できる活動があることが地域生活では大切であるという社会資源の捉え方です。その観点から，社会資源の開発領域は，地域の共同性を高める「地域社会の開発」，多様な連携協働をすすめる**地域福祉としての重層的なネットワーク**の開発」，具体的な生活，介護の支援としての「地域ケア・サービスの開発」の3領域として捉えることができます。

2 ネットワークを重視した社会資源開発の方法

　社会資源開発には大別すれば4つの方法がとられます。1つめは行政の予算化による事業化，2つめは事業者などの民間組織による単独事業化です。この2つの方法がとられない場合は，3つめの方法として，当事者や住民，関係者によるボランタリズムや専門職や専門機関の社会福祉の価値観に基づく内発性に依拠したネットワークから社会資源を生み出すことになります。4つめは，もっとも厳しい要援護者の状況下で，その状況を改善することがネットワークだけでは困難な場合に，**ソーシャルアクション**という方法が採用されます。この4つの方法のうち，日常の実践では3つめのネットワークの方法が実質的かつ実践的だと思われます。仮に他の方法によって社会資源開発が行われたとしても，ネットワークの場での多様な主体の協議と協働が，開発から生み出される活動や事業に豊かな膨らみをもたらします。

▷1　地域福祉としての重層的なネットワーク
通常，個人支援レベルのソーシャルサポートネットワーク（ミクロ），活動者や実務者レベルの機関・団体間ネットワーク（メゾ），計画化，政策化を目的とした代表者レベルのネットワーク（マクロ）の3つのレベルのネットワークが想定される。藤井博志（2009）「コーディネーションとネットワーキング」社会福祉士養成講座編集委員会『相談援助の理論と方法Ⅱ』中央法規出版，73-95，を参照。

▷2　ソーシャルアクション
生活問題が社会の構造や制度等の社会構造に起因する場合に，政府や自治体，権力者および社会に対して運動的または協働的に解決するために働きかける社会福祉の方法。

Ⅱ-5　ネットワーキングと社会資源開発

表Ⅱ-1　地域ケア会議とネットワーク会議の相違点

比較項目	地域ケア会議 （定例会議型）	ネットワーク会議
①主　体	専門機関・専門職	住民活動者・当事者・地区社協等小地域福祉組織
②場／範域	専門機関の場／介護保険上の日常生活圏域	住民生活の場／小地域福祉活動圏域
③取り上げる課題	高齢者の介護・福祉課題	地域生活課題，主として，その地域課題化・開発課題
④施策／計画	介護保険事業計画プログラム	地域福祉計画プログラム
⑤担い手／参加者	相談支援ワーカー／当事者，住民，行政・専門機関，事業者	住民リーダー・社協などのコミュニティワーカー／当事者，住民，行政・専門機関，事業者
⑥主な方法	コーディネーション，ネットワーキング専門職間のチームアプローチ	ネットワーキング，当事者・住民・専門職間の協働
⑦評　価	専門職間による評価	住民参加による評価

出所：筆者作成。

③　開発の場としての協議のネットワークと地域ケア会議

　社会資源開発の前提には，関係者による地域生活課題の共有化のプロセスが必要です。この地域生活課題を共有する場は，行政・専門職間，行政・専門職と当事者・住民間，当事者・住民間の３つの協議の場が考えられます。また，そのメンバーは，協議の場が開催される圏域によって，実務者や活動者レベルのメンバーか代表者レベルのメンバーに分けられます。いずれの場合にも，創造的な協議がなされるネットワーキングと場の運営が大切です。

　地域包括ケアの推進においては，このような場として地域ケア会議が制度化されています。地域ケア会議は市町村が包括的・継続的ケアマネジメント事業の効果的な実施のために設置し，個別ケースの検討と地域課題の検討の両方を行うことを目的としています。したがって，地域包括ケアシステムにおける社会資源開発のためのネットワークの場として捉えることができます。

④　地域ケア会議と住民主導のネットワーク会議

　この地域ケア会議のうち，地域住民が参加した地域生活課題の検討の場の設置や運営に関して，地域福祉では地域包括支援センターなどの専門機関の主催ではなく，小地域福祉活動などを推進する住民の福祉組織が主催する考え方が強調されています。また，そのような会議を「ネットワーク会議」と呼んでいます（表Ⅱ-1）。

　このような住民主導のネットワーク会議は，通常，地域福祉計画や**地域福祉活動計画**によって設計され，場合によっては介護保険事業計画上の地域ケア会議の関連会議として位置づけられます。また，住民主導といっても，その会議運営は専門職が支援する場合が多く，この場合は，場の運営支援は社協などのコミュニティワーカーが行い，その会議から出てくる高齢者に関する課題への支援は地域包括支援センター職員が行うなど，社協と地域包括支援センターの協働と分担による地域への支援が考えられます。

（藤井博志）

▷3　介護保険法第115条の48による。「市町村は第115条の45第２項第３号に掲げる事業の効果的な実施のために，介護支援専門員，保健医療及び福祉に関する専門知識を有する者，民生委員その他の関係者，関係機関及び関係団体により構成される会議を置くように努めなければならない」。

▷4　地域ケア会議運営ハンドブック作成委員会編（2016）『地域ケア会議運営ハンドブック』長寿社会開発センターを参照。

▷5　**地域福祉活動計画**
社会福祉協議会などを中心として，当事者・地域住民組織，民間福祉関係者が参画して策定する地域福祉の計画。社会福祉協議会のコミュニティワークの一環としての計画として，小地域福祉活動を進める組織の地域計画を同時に策定する場合もある。行政が策定する地域福祉計画とは相補関係にある。

Ⅱ 地域包括ケアと地域福祉

6 地域包括ケアシステムと地域包括支援体制づくり

2015年9月に厚生労働省から提起された「新・福祉ビジョン」では、「全世代・全対象型地域包括支援体制」が提起されました。それに引き続き設置された「『我が事・丸ごと』地域共生社会実現本部地域力強化検討委員会」の検討を経て制定された、「地域包括ケアシステムの強化のための介護保険法等の一部を改正する法律」(2017年6月)では、包括的な支援体制とその推進のために地域福祉計画に関する新たな規定が追加されました。

1 地域包括支援体制と地域包括ケア

国が提起している全世代・全対象型地域包括支援体制の2つの制度の柱は、地域包括ケアシステムと**生活困窮者自立支援制度**です。

地域包括ケアシステムは、早期発見早期対応とQOLの実現を目的にした連携のための関係者によるネットワークと定義することができます。地域包括ケアシステムは、各分野の地域ケアシステムの中でも、その対象者数や財源の投下の割合、また、日常生活圏域というエリア設定とその中での地域ケア会議などの連携の仕組みは、他分野との統合化された地域ケアシステムを目指す中でも連携の基盤となるものです。

一方、少子高齢化、単身化、人口減少・過疎化と社会的孤立と**社会的排除**をキーワードとした社会状況は制度の狭間の問題を生み出し、それが全世代にわたって連鎖していることの問題が顕著になってきました。これへの対応として制度化された生活困窮者自立支援制度は、行政施策の横断化による生活困窮者層の把握と社会的孤立対策を通して、行政および関係機関の漏れのない総合相談支援体制と地域づくりの課題を顕在化させてきました。地域包括ケアとの関係をみても、社会との関係がうまく結べない貧困層の高齢者の相談が生活困窮者自立支援相談では一定の割合で存在します。この課題は、**8050問題**などの家族としての複合多問題だけでなく、一人の人生においても、幼児期、青年期、壮年期を経て人生の終末期までの連続した課題として捉えることができます。したがって、地域包括ケアからみても、全世代、全対象型の支援体制の必要性が明らかになってきています。社会福祉法においても、包括的な支援体制の整備として第106条の3に生活困窮者自立相談事業などの支援関係機関による解決のための体制整備を行うことが規定されています(平成30年4月施行)。

▶1 生活困窮者自立支援制度
2015(平成27)年施行。生活保護に至っていない生活困窮者に対して「第2のセーフティネット」として包括的な支援を目指すもの。生活困窮者の自立と尊厳の確保、生活困窮者支援を通じた地域づくりを目標とする。自立相談支援、居住確保支援、就労支援、緊急的な支援、家計相談支援、子ども支援等がある。

▶2 社会的排除
社会保障制度などの生活を保障する諸制度に結びつかず、社会、経済・政治・文化のあらゆる面で社会参加の機会から切り離され、社会の周辺部に追いやられている貧困状況。社会的包摂と対になる用語。

▶3 8050問題
「80歳の要介護高齢者と50歳の引きこもりの息子の世帯」というように、高齢化、家族の縮小化、貧困化などによって重複多問題にある世帯全体の状況を制度の狭間の問題として表現した用語。

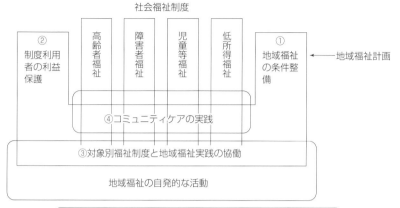

図Ⅱ-2 地域福祉計画の構成──社会福祉制度の関係から

出所:平野隆之(2008)『地域福祉推進の理論と方法』有斐閣,149。

2 地域福祉計画と地域包括ケア

　これらの横断的な施策を推進するための計画として地域福祉計画が位置づけられています。地域福祉計画は市町村地域福祉計画(社会福祉法第107条)とそれを広域の立場から補完する都道府県地域福祉支援計画(同第108条)からなり,努力義務としての任意計画です。市町村地域福祉計画の第一の要件として,「地域における高齢者の福祉,障害者の福祉,児童の福祉その他の福祉に関し,共通して取り組むべき事項」を計画することが規定されています。したがって,地域福祉計画は,各分野別計画の上位計画または共通基盤の計画として位置づけられます。また,市町村は地域福祉計画の策定にあたり地域住民等の意見を反映させるとともに,定期的に分析評価し必要となる場合は計画の変更を行うことなど,地域福祉計画運営においてPDCAサイクルによる進行管理が明記されています。

　なお地域福祉計画の領域は図Ⅱ-2として理解されます。①「地域福祉の条件整備」は日常生活圏域などの重層的な圏域設定やその圏域ごとの連携促進,②「制度利用者の利益の保護」は権利擁護支援に代表される取組み,③「対象別福祉制度と地域福祉実践の協働」は小地域福祉活動などの住民福祉活動と専門職・行政の協働促進やまちづくり関連領域との連携,④「コミュニティケアの実践」は制度の狭間への対応や地域共生ケアなどの横断的なコミュニティケアなどです。地域包括ケアはこの①から④までのどの領域においても関連しています。今後,地域福祉計画と介護保険事業計画・老人福祉計画の一層の連携が望まれます。

(藤井博志)

▷4　社会福祉法　第106条の3(包括的な支援体制の整備)1項には「市町村が次に掲げる事業の実施その他の各般の措置を通じ,地域住民等及び支援機関による,地域福祉の推進のための相互の協力が円滑に行われ,地域生活課題の解決に資する支援が包括的に提供される体制を整備するよう努めるものとする」と規定され,3項には生活困窮者自立支援事業その他の支援機関が一体的に連携する体制のための事業を行うことが規定されている。

▷5　PDCAサイクル
Plan(計画)-Do(実行)-Check(評価)-Act(改善)の4段階を繰り返す品質管理の業務改善サイクル。従来,行政計画においてはPlan(計画)-Do(実行)-See(評価)が使われていたが,事業の継続的向上の重視などから,PDCAの考え方が計画の進行管理に使用されるようになってきている。

Ⅱ　地域包括ケアと地域福祉

⑦ 当事者組織活動と居場所づくり

　地域包括ケアシステムは，地域ケア・サービスや生活基盤の提供体制づくりに着目されがちですが，それへの当事者・本人の参加が大切です。地域福祉ではその観点から当事者組織活動を重視してきました。地域包括ケアシステムが支援提供者中心の仕組みや連携に偏らないために，当事者・利用者の主体形成を支援し，多様な当事者活動を広げつつ，地域包括ケアシステムの形成に参画できる条件をつくることが大切です。

1 多様な当事者組織活動と地域包括ケアでの意義

　社会福祉でいう「当事者」という用語は，支援対象者としての要援護者ではなく，サービス利用契約時代における利用者・消費者概念を含んだ「問題に直面している市民」という本人の主体性を強調した主体概念として使われています。一般に当事者の多くはその問題状況の中で分断・孤立しています。このような状況に対して，分断・孤立状況から連帯に向けての取組みの一つとしての当事者組織づくりがあります。当事者組織はセルフヘルプグループと呼ばれ，アメリカでアルコールの依存症者の会から始まりました。福祉・医療制度の未発達や社会の偏見などの理由により，専門職や社会から理解されない苦しみに対して，集まってお互いの苦しみを分かち合い，苦しみから自らを解き放つというエンパワメント機能と，その先にある社会への偏見に対して訴えかけていくソーシャルアクション機能をもつとされています。

▷1　エンパワメントについては，⇨Ⅳ-2参照

▷2　ソーシャルアクション
⇨Ⅱ-5参照

　高齢者分野に関しては，1980年代以降に在宅福祉活動が取り組まれる頃から，社会福祉協議会が中心となって「独居老人の会」「寝たきり老人介護者の会」「認知症高齢者家族の会」づくりが進められました。この当事者組織活動はその組織を中心に実態調査や提言活動を行い，専門機関やボランティアのネットワークを進めるという社会的対策としてのソーシャルアクション志向が強い取組みでした。その一方で，当事者本人や当事者家族自身の活動は，そのニーズにそって多様な広がりをみせています。全国組織である「認知症の人と家族の会」（前身は「呆け老人をかかえる家族の会」）は有名です。近年では，男性介護者の会や若年性アルツハイマー本人の会，また，親の介護と子育ての両方に悩むダブルケアの悩みを抱える介護者の会，などが新たに生まれています。また，当事者や関係者の市民活動として，遠距離介護をテーマとするNPO法人「ぱおっこ」や高齢者の権利の視点からのマイケアプラン研究会などの活動もみら

れます。

② 当事者の会から「ふれあいいきいきサロン」へ

　このような当事者組織活動の広がりとともに，その会がもつ居場所としての機能を社会的孤立が進む地域社会の中で「小地域での仲間づくり活動」として広げる活動が「ふれあいいきいきサロン」として，全国社会福祉協議会によって提唱されました。その特徴は，①純粋に住民の自発的な活動であること，②一つの拠点での活動規模が小さいこと，③当事者とボランティアが協力して進めていること，などに特徴があるとされています。[3]このサロン活動の提唱によって，高齢者全般に対する社会的孤立対策の居場所づくり活動（**居場所機能**[4]）が発展してきています。

　近年，いきいきふれあいサロンは「おしゃべり型」と「喫茶（カフェ）型」の２つの形態が広がっています。「おしゃべり型」は場の提供だけで手軽に開催できますが，女性の高齢者が中心で男性が参加しづらいことや，一定の期間がたつと参加メンバーが固定化する傾向にあります。したがって，身近な地域に多様なサロンが必要です。「喫茶（カフェ）型」は自分の好きな時間帯にお茶を飲むことを目的に参加できることから，子どもや男性高齢者など地域の多様な層との共生型の交流の場として広がっています。とくに，男性高齢者の孤立化対策としての居場所づくりとして重要です。以上の居場所という考え方から，近年盛んな健康体操も健康づくりだけを目的としないで，社会参加・交流にも着目した場として体操終了後にサロン的な活動をするグループも増えています。

③ 新しい地域支援事業と居場所づくり

　新しい地域支援事業では，一般介護予防事業としてこれらの活動を広げる取組みが推奨されています。それと同時に，これらの活動がなるべく日常化するために，「週１回の通いの場」や常設型サロンとしての空き家活用の拠点の整備が各自治体で検討されはじめています。そのためには，従来からあった地域のつながりや日常生活の営みを，エンパワメント・ストレングス視点から地域の潜在力として再発見するためのフィールドワークを市民参加で行う必要があります。そのことを含めて，高齢者自身が仲間づくりや地域づくり活動として社会参加することが期待されています。

　以上に述べた活動の多くは地域福祉として実践されてきた取組みです。したがって，新しい地域支援事業として介護保険財源での基盤整備を行う際にも，地域福祉分野との連携のもとで進めることが不可欠だといえます。

（藤井博志）

▷3　全国社会福祉協議会（1995）「高齢者分野における小地域での仲間づくり活動に関する研究報告書」。

▷4　居場所機能
存在承認（あなたが来てくれないと寂しい）と役割創造（あなたが居ないと困る）という根源的な人間関係形成を促す「場」の機能。

Ⅱ 地域包括ケアと地域福祉

 地域密着型サービス・地域共生ケアと地域福祉

地域包括ケアを推進していく具体的なケアの方法として，地域密着型サービスや地域共生ケアと呼ばれる新たなケアの仕組みが生まれています。これらが，地域福祉からみてどのような意味をもつかをみることにしましょう。

1 地域の中で要支援者の生活を支えるケア

住みなれた地域で，これまでの関係性を維持し，自分らしく最後まで暮らすためには，日常生活圏ごとに必要な支援を，包括的一体的に提供する仕組みが必要です。1980年代中頃，心ある専門職や住民の手で，ケアを小規模化・多機能化し，対象を限定しないという方向性をもった**宅老所**と呼ばれる実践が生まれました。この制度の狭間を埋めるために生まれたケアは，1990年代には全国に波及し，ケア中心のものから居場所を中心としたものまで幅広い実践が行われました。これらが，介護保険の地域密着型サービスにつながり，また，対象を高齢者から障害者や子どもまで広げた宅老所「**このゆびとーまれ**」の実践が，「地域共生ケア」へとつながっていきます。

そして，地域での暮らしの継続を考える際に，ケアの小規模多機能化，対象拡大の動きとあわせて重要な点が，これらのケアへの住民参加です。住民の参画・参加を得て事業を行うことで，利用者と地域との関係性を保つことができ，孤立せずに生きがいや安心感をもって暮らすことが可能になるのです。

2 地域密着型サービスと地域福祉

高齢者介護研究会報告書「2015年の高齢者介護」（2003年）は，切れ目のないサービスを一体的・複合的に提供できる小規模・多機能サービス拠点を，生活圏域に整備することが必要であるとしました。この報告を受け，2006年の介護保険制度改正で地域密着型サービスが創設され，その中心的なサービスに**小規模多機能型居宅介護**が位置づけられました。これは，宅老所のなじみの関係を保ち本人に寄り添うケアを行うことが評価されたもので，対象は高齢者に限定されますが，日常生活圏を設定し，介護が必要な人に包括したケアを一元的に提供することが制度として可能になりました。

また，地域密着型サービスでは，「運営推進会議」を地域住民や地域を担当する専門職等ともつことを義務づけています。地域で提供されるケアに住民が参加していくための担保として，また，住民と専門職が地域課題の解決に向け

▷1 宅老所
家族介護者や心ある専門職，住民が，民家等を活用して，居場所となる「通い」の事業を中心に，「訪問」や「泊まり」等の要支援者の地域生活に必要なサービスを提供したもの。宅老所の名称は1991年福岡の「宅老所よりあい」が始まりである。

▷2 「このゆびとーまれ」
1993年に始まった代表的な宅老所で，高齢者だけでなく，障害者や子どもまで対象を広げた居場所づくりの実践を行った。これを受けて，富山県が県独自の施策「富山型デイサービス」を実施した。惣万佳代子（2004）『笑顔の大家族このゆびとーまれ』水書坊。

▷3 小規模多機能型居宅介護
利用者が可能な限り自立した日常生活を送ることができるよう，利用者の選択に応じて，居場所への「通い」を中心として「泊まり」や利用者宅への「訪問」を組み合わせ，家庭的な環境と地域住民との交流のもとで日常生活上の支援や機能訓練を行うもの。

Ⅱ-8 地域密着型サービス・地域共生ケアと地域福祉

て協働する場として大きなカギをもつ仕組みです。

③ 地域共生ケアと地域福祉

地域共生ケアは、上述したように宅老所の実践を基礎に地域の中に対象を制限しない居場所を提供し、そこで展開される多様な関係性をもとに、共に生きるコミュニティを形成していこうというものです。けれども、制度の縦割りの壁は厚く、制度上で対象を広げることはできませんでした。しかし、地域包括ケアの実現に向けて、制度に縛られずに必要な人に必要なサービスを提供するということが求められており、富山県をはじめいくつかの自治体で、対象を拡大する独自施策を行っています。また、国でも、2018年4月には**共生型サービス**[14]として、デイサービス、ホームヘルプサービス、ショートステイが、高齢者、障害者の枠を超えて相互利用できるようになりました。

地域共生ケアでもう一つ大切なことは、対象を限定しないでいろいろな人が一緒にいることによって生まれるさまざまな人間関係を、共に生きる新たなコミュニティとして形づくることの意義です。これこそが、排除しないで受け止める福祉のまちづくりにつながる地域福祉推進の取組みだといえます。

④ 地域包括ケアへの住民参加の意味

地域福祉として地域包括ケアを具体的に推進するこれらのケアをみたときに、生活の主体者である住民がこれらのケアに参加・参画していることが重要です。小規模多機能型居宅介護や地域共生ケアにおける居場所は、地域住民がいてこそ成り立つケアといえます。ケアの運営への関わりだけでなく、多様な社会関係をつなぐ役割としてそこに参加することで、地域の福祉課題に実際に触れ、共有し、解決を共に考えることになります。運営推進会議等の機会を活用して、住民が参画する機会を作ることで、専門職との協働を生み出す場とも、福祉と接する接点ともなります。そして、その場で地域の生活課題に向き合うことが、住民の主体形成に寄与することにもなります。地域包括ケアを住民主体で進めることで、地域の福祉力は向上し、だれもが最後まで住み続けられる地域づくりを実現していくことになるのです。

宝塚市社協の運営する地域密着型通所介護「**鹿塩の家**」[15]では、2005年設立当初から地域住民を中心とした運営委員会を月1回開催し、事業や利用者の状況を協議してきました。時間の経過に従って、地域の福祉課題や気になる人のことが協議されるようになり、対象を限定しない居場所づくり（相互保育やいきいきふれあいサロン）や見守り・支え合い活動が住民の手で実施されています。ケア拠点が住民の主体的な参画によって地域の福祉活動拠点、住民と福祉との接点となり、地域の力を高めている事例といえます。　　　　　　　（佐藤寿一）

▶4　共生型サービス
2017年介護保険法改正時に、社会保障審議会介護保険部会で議論を行い、ホームヘルプサービス、デイサービス、ショートステイ等について、高齢者、障害者が相互に利用できる「共生型サービス」を創設することが盛り込まれた。

▶5　鹿塩の家
宝塚市社協が運営する民家を活用した小規模デイサービスセンターで、地域密着型通所介護の事業を基盤に、制度にとらわれない利用者個々の状況に合わせたケアを住民と専門職が協働して行っている。藤井博志（2018）『改訂版 市民がつくる地域福祉のすすめ方』全国コミュニティライフサポートセンター。

Ⅱ　地域包括ケアと地域福祉

9 災害時における地域包括ケア体制

▷1　熊本県「熊本地震の概ね3か月間の対応に関する検証報告書」第2節1被害の概要と特徴（2017年3月31日公表）。

▷2　震災関連死
東日本大震災を受け，復興庁では「東日本大震災による負傷の悪化などにより死亡し，災害弔慰金の支給等に関する法律に基づき，当該災害弔慰金の支給対象となった者」と定義。避難所における既往症の悪化や仮設住宅等での孤立死等があげられる。

▷3　災害救助法
災害に対して国が地方公共団体，日本赤十字社その他の団体および国民の協力のもとに，応急的に，必要な救助を行い，被災者の保護と社会秩序の保全を図ることを目的とする。救助の内容は，避難所の設置，応急仮設住宅の供与，炊き出しその他による食品の給与，飲料水の供給等である。

▷4　被災者生活再建支援法
自然災害によりその生活基盤に著しい被害を受けた者に対し，都道府県が相互扶助の観点から拠出した基金を活用して被災者生活再建支援金を支給する。支援金は基礎支援金（上限100万円），加算支援金（上限200万円）からなる。

　2016年4月14日以降に発生した熊本地震により，熊本県では最大震度7を観測し，死傷者は約2,900人，約18万6,000棟の家屋が住宅被害を受けました（2017年2月末現在）。また，今回の地震では，自死（自殺）も含めて150人を超える人々が**震災関連死**と認定されました。先の東日本大震災ではじつに，約3,500人が震災関連死と認定され，その9割が66歳以上の高齢者であることがわかっていますが，当時，避難所や仮設住宅支援等において，いかに震災関連死を出さない運営・支援を行っていけるかが焦点となりました。

1 災害に関わる法律・制度

　大規模災害時に適用される法律として，発災後の応急期における応急救助に対応する主要な法律が，**災害救助法**です。また，1959年の伊勢湾台風を機に，国民の生命，身体および財産を災害から保護し，社会の秩序の維持と公共の福祉の確保に資することを目的として成立したのが災害対策基本法です。どちらの法律も被災者の生命と生活を守る法律として重要な役割を担っています。東日本大震災の教訓を受けて，災害対策基本法は2013年に一部改正が行われました。主な改正内容としては，①災害時の避難にとくに配慮を要する者の名簿の作成と関係機関間の個人情報共有（本人の同意が必要）の実施，②被災者が一定期間避難する生活環境等を確保した施設の指定，③平素からの減災の考え方等，災害対策の基本理念の明確化等が明記されました。また，1995年に発生した阪神・淡路大震災の教訓を踏まえて，1998年には特定非営利活動促進法，**被災者生活再建支援法**が相次いで成立しました。そのほか，被災者の生活再建を支援するため，災害弔慰金法（災害弔慰金，災害障害見舞金，災害援護資金貸付）や母子及び父子並びに寡婦福祉法（母子福祉資金，父子福祉資金，寡婦福祉資金），生活福祉資金制度（災害援護資金貸付）等が整備されています。

2 災害時に関連した諸計画・諸法・指針との関係性

　中央防災会議（会長：内閣総理大臣）にて策定され，各種防災計画の基幹となるのが，防災基本計画です。また，都道府県および市町村は，当該防災会議にて地域防災計画を策定することとなっています。2013年の災害対策基本法の一部改正では，地域コミュニティにおける共助による防災活動推進の観点から，市町村内の一定の地区の居住者および事業者が行う自発的な防災活動に関する

「地区防災計画」制度が新たに創設されました。

また，市町村地域福祉計画では，「地域における要援護者に係る情報の把握・共有及び安否確認方法等を市町村地域福祉計画に盛り込むこと」という厚生労働省通知が出され，各市町村単位での要援護者把握および安否確認体制の計画化および検討が行われることとなりました。[15]

高齢者，障害者等，要配慮者の避難誘導に関する指針としては，2006年に「災害時要援護者の避難支援ガイドライン」において，要配慮者の避難支援計画がはじめて明記されました。その後2013年には，内閣府より「避難行動要支援者の避難行動支援に関する取組指針」が発出され，名簿の作成や具体的な避難行動計画の策定の取組みが進められることとなりました。

③ 災害時における外部支援（医療・保健・福祉の連携）

災害発生後には，全国各地から被災地に向けて応援体制が組まれ，広域的な支援が行われることになります。主な災害時における外部支援組織としては，以下のようなものがありますが，被災地において，医療・保健・福祉等の専門職種間による連携のもとで被災者支援にあたっています。

DMAT（災害派遣医療チーム）　　DPAT（災害派遣精神医療チーム）
JRAT（大規模災害リハビリテーション支援関連団体協議会）
DCAT・DWAT（災害派遣福祉チーム）など[16]

また，外部支援を受け入れて被災地支援を行う仕組みとして，主に社会福祉協議会等が窓口となり災害ボランティアセンターが開設されます。2016年には，災害時の被災者支援活動が効果的に行われるよう，地域，分野，セクターを超えた関係者同士の連携の促進および支援環境の整備を図ることを目的に，全国災害ボランティア支援団体ネットワーク（JVOAD）が設立されました。

④ 避難生活期における要配慮者の支援体制

一般の指定避難所では受け入れが難しい要配慮者に対しては，病院・社会福祉施設等への緊急入院・入所対応に加えて，福祉避難所への入所が考えられます。[17]福祉避難所とは，要配慮者のために特別の配慮がなされた避難所のことであり，概ね10人の要援護者に1人の生活相談職員等が配置されることになっています。必要な備品等については，災害救助費から支弁されることとなっており，施設がバリアフリー化されているなど，要配慮者の利用に適した社会福祉施設や老人福祉センター等が想定されています。仮設住宅，復興住宅への移行期では，生活支援相談員等が配置され，日常的な生活支援が行われます。

このように災害時には，法制度，サービス・ボランティア活動等，包括的な支援体制により，被災地（被災者）支援にあたることとなります。

(後藤至功)

▶5　その他諸法・指針として，2016年より施行された障害者差別解消法では，内閣府より代表的な合理的配慮の例として，要約筆記，手話，点字など多様なコミュニケーション，わかりやすい表現を使って説明するなどの意思疎通の配慮等が明記された。また，2013年に作成された男女共同参画の視点からの防災・復興の取組指針等，各分野にわたり，防災・減災の推進が図られている。

▶6　DCAT（もしくはDWAT）
DC（W）AT は「Disaster Care (Welfare) Assistance Team」の略。災害派遣福祉チームと呼ばれ，避難所等を巡回しながら，専門知識を生かして要配慮者の支援にあたる。

▶7　東日本大震災等の災害の教訓を踏まえ，内閣府より「福祉避難所の確保・運営ガイドライン」（2016年）が提示された。福祉避難所は原則として，災害救助法が適用された場合に設置されることになる。

（参考文献）
内閣府（防災担当）(2014)「地区防災計画ガイドライン——地域防災力の向上と地域コミュニティの活性化に向けて」。

Ⅲ 地域包括ケアを支える制度

 地域支援事業

1 地域支援事業の目的

2005年の介護保険制度の改正で地域支援事業が創設され、要支援・要介護になるおそれのある高齢者を対象とした介護予防事業が介護保険制度に位置づけられました。創設時の地域支援事業の目的は、要介護状態又は要支援状態となることの予防と、要介護状態となっても可能な限り地域で自立した日常生活を営むことができるように支援することでした(「地域支援事業要綱」2006年)。2016年の実施要綱では目的に社会参加が追加され、「社会に参加しつつ、地域において自立した日常生活を営む」と変更されました。また、「多様な主体の参画」が明記され、「地域における包括的な相談及び支援体制、多様な主体の参画による日常生活の支援体制、在宅医療と介護の連携体制及び認知症高齢者への支援体制の構築」の一体的な推進が追加されました。

2 地域支援事業の業務内容の変遷

2005年の**要介護（要支援）認定者**は介護保険スタート時の1.9倍に増加し、その中でも特に軽度者(要支援、要介護1)が約84万人から200万人に増加しました。また、要介護状態になった原因の多くは、**廃用症候群**に関連する疾患でした。そのため、2005年の介護保険制度の改正は、保険給付の抑制が重要課題の一つでした。廃用症候群を対象にした予防対策として、新予防給付と地域支援事業が創設され、その中核機関として地域包括支援センターが創設されました。

地域支援事業創設時の事業内容は介護予防事業、包括的支援事業、任意事業でした。介護予防事業には全ての高齢者を対象とした一次予防(介護予防一般高齢者施策)事業と、要支援・要介護になる恐れのある人を対象とした二次予防(介護予防特定高齢者施策)がありました。この改正で介護保険の**要介護状態区分**が要支援1、2と、要介護1〜5の7段階に変更され、要支援者が介護予防給付、要介護者は介護給付の対象となりました(図Ⅲ-1)。

○介護予防・日常生活支援総合事業の創設

2010年「介護保険制度見直しに関する意見書」(以下「意見書(2010)」)では、要介護者のサービスが訪問介護の生活援助に多くの時間が割かれている現状を指摘しています。また、限られた財源の中で「効率的かつ重点的にサービスを提供する」という観点から、重度者や医療ニーズの高い要介護者に対するサー

▷1 厚生労働省老健局通知「地域支援事業の実施について」平成18年6月9日。
▷2 厚生労働省老健局通知『地域支援事業の実施について』の一部改正について」(平成29年6月28日)。
▷3 要介護(要支援)認定者
寝たきりや認知症等で常時介護を必要とする状態(要介護状態)や、家事や身支度等の日常生活に支援が必要であり、とくに介護予防サービスが効果的な状態(要支援状態)になった人。
▷4 廃用症候群
過度に安静にすることや、活動性が低下したことによる身体に生じたさまざまな状態を指す。とくに、介護が必要となった主な原因として、骨折・転倒、関節疾患(リウマチ等)、高齢による衰弱など、廃用症候群に関連する疾患が約40％であった(「国民生活基礎調査」2001年)。
▷5 地域支援事業創設時の事業内容
①介護予防事業(介護予防特定高齢者施策、介護予防一般高齢者施策)、②包括的支援事業(介護予防ケアマネジメント業務、総合相談支援業務、権利擁護業務、包括的・総合的ケアマネジメント支援事業)、③任意事業(介護給付等費用適正化事業、家族介護支援事業、その他の事業)。

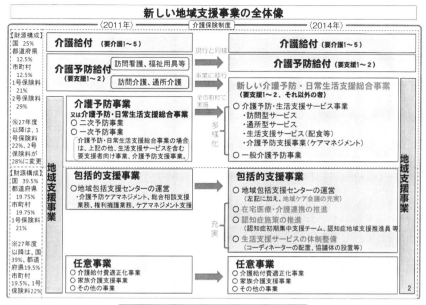

図Ⅲ-1　新しい地域支援事業の全体像

出所：厚生労働省老健局振興課（2015）「介護保険最新情報」Vol. 423より抜粋し筆者一部改変。

ビスを充実させる一方で，要支援者や軽度者に対する給付は効率化を進めるという方針を示しています。その1つとして介護予防や配食や見守りなどの生活支援サービスを，地域支援事業として市町村の判断により総合的に提供することが必要だと提言しています。また，介護保険の要支援と非該当を行き来する高齢者にサービスを切れ目なく提供するという観点から，予防給付と生活支援サービスの一体化が効率的であるとしています。

この意見書（2010）を踏まえ，2011年の介護保険法の改正で介護予防・日常生活支援総合事業が創設されました（図Ⅲ-1）。

○新しい介護予防・日常生活支援総合事業

2014年の「地域における医療及び介護の総合的な確保を推進するための関係法律の整備等に関する法律（医療介護総合確保推進法）」では，医療法や介護保険法等の19の関係法律が一括して改正されました。この改正で介護予防給付と介護予防・日常生活支援総合事業が見直され，新しい介護予防・日常生活支援総合事業となりました。また，地域包括ケアシステムの構築に向け，地域支援事業の充実が図られました（図Ⅲ-1）

独居や高齢者世帯には介護保険では対応困難な多様な生活ニーズがあり，生活支援の必要性が増しています。新しい介護予防・日常生活支援総合事業は，訪問介護と通所介護を地域支援事業に移行することで，効果的かつ効率的な支援が可能となる地域の支え合いの体制づくりの推進を目指しています。

（隅田好美）

▶6　要介護状態区分
身体上若しくは精神上の障害があるために継続して日常生活を営むのに支障があると見込まれる状態であって，支援の必要の程度に応じた区分である。介護保険スタート時は，要支援と要介護1〜5の6段階であった。

▶7　社会保障審議会介護保険部会（2010）「介護保険制度見直しに関する意見書」。

Ⅲ 地域包括ケアを支える制度

 # 介護予防・日常生活支援総合事業

1 介護予防・生活支援サービス事業と一般介護予防

　2014年の介護保険改正で予防給付（訪問介護・通所介護）が見直され，介護予防・日常生活支援総合事業（以下「総合事業」）に移行されました。総合事業には，介護予防・生活支援サービス事業と一般介護予防事業があります（図Ⅲ-2）。

　地域支援事業実施要綱(注1)（2017年）に記載されている，介護予防・生活支援サービス事業の目的は2つです。1つめは要支援者に対して要介護状態の軽減や悪化防止，地域における自立した日常生活の支援を実施することです。2つめは，「地域支え合いの体制づくり」の推進です。要支援者の多様な生活支援のニーズに対して，多様な主体によるサービスを充実することで，要支援者に対する効果的かつ効率的な支援を可能にする「地域支え合い体制づくり」(注2)を目指しています。「多様な主体」によるサービスには，従来の専門的なサービスに加え，住民主体の支援などの多様なサービスや一般介護予防事業，民間企業により提供される生活支援サービスなどがあります。

　一般介護予防事業の目的は，介護予防を推進するために「高齢者を年齢や心身の状況等によって分け隔てることなく，住民主体の通いの場を充実させ，人と人とのつながりを通じて，参加者や通いの場が継続的に拡大していくような地域づくりを推進する」ことと，「リハビリテーションに関する専門的知見を有する者を活かした自立支援に資する取組」の推進です。

　介護予防・生活支援サービス事業の対象は，介護保険の要支援者に相当する人です。介護保険の要介護認定を受ける場合と，**基本チェックリスト**(注3)を用いて判断する場合があります。一般介護予防事業の対象は，介護保険の第1号被保険者すべてとその支援のための活動に関わる人です。介護予防・生活支援サービス事業の対象となった要支援者へは，地域包括支援センターの相談員が介護予防ケアマネジメントを行い，ケアプランを作成します。要支援者に該当しない人は，一般介護予防事業につなげます(注4)。

2 新しい介護予防・日常生活支援総合事業の方針

　これまでの介護予防は，機能回復訓練へのアプローチに偏りがちでした。総合事業のガイドライン(注5)（2017年）では「『心身機能』『活動』『参加』のそれぞれ

▶1　厚生労働省老健局通知「『地域支援事業の実施について』の一部改正について」平成29年6月28日。

▶2　効率的なサービス提供として，具体的に費用の伸びが後期高齢者の伸び程度になることを目指す支援。（『介護予防・日常生活支援総合事業のガイドライン』平成29年4月1日）。

▶3　基本チェックリスト
相談窓口において，利用するべきサービス区分の振り分けに用いる。日常生活関連動作，運動器の機能，低栄養状態，口腔機能，閉じこもり，認知症，うつに関する25項目からなる。

▶4　⇨Ⅷ-1参照

▶5　厚生労働省通知「『介護予防・日常生活支援総合事業のガイドラインについて』の一部改正について」平成29年6月28日。

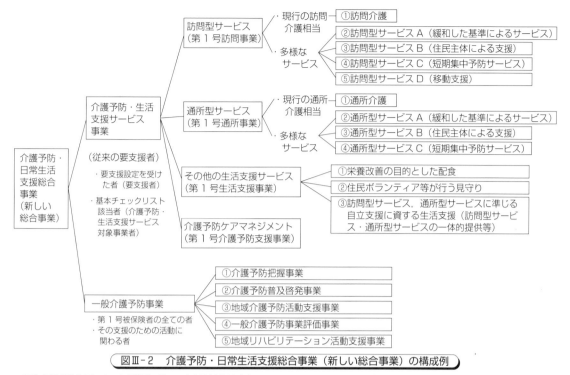

図Ⅲ-2　介護予防・日常生活支援総合事業（新しい総合事業）の構成例

出所：厚生労働省通知（2017）「『介護予防・日常生活支援総合事業のガイドラインについて』の一部改正について」平成29年6月28日より抜粋。

の要素にバランス良く働きかけることが重要」という考えに即した介護予防を推奨しています。とくに，「社会参加・社会的役割をもつことが生きがいや介護予防につながる」ことから，「元気な高齢者をはじめとした，地域の高齢者の活躍の場」を創出するなど，環境へのアプローチを重視しています。

サロンなど住民主体の集いの場では，元気な高齢者が支援の必要な高齢者を支えます。定年退職後に閉じこもりがちになる元気な高齢者にとって，生活支援の担い手として社会参加することや，社会的役割をもつことが生きがいとなり，住民同士の支え合いが介護予防にもつながります。そこで，ガイドラインには「支援をする側とされる側という画一的な関係性」ではなく，支援される側も自分の得意とすることを活かし，居場所での役割を果たすことが，生きがいにつながると記載されています。

また，独居や高齢者世帯のIADLが低下した高齢者には，電球の交換など介護保険では対応困難な多様なニーズがあります。総合事業は介護予防訪問介護だけではなく，ボランティアなどの地域の人材を活用した住民の互助による支え合いや，NPOや民間企業などの多様な主体により提供されます。このような多様なサービス提供者による「地域支え合い体制づくり」を構築するために，生活支援コーディネーター（地域支え合い推進員）が配置されました。

（隅田好美）

▷6　住民主体については，⇒ Ⅱ-4 ， Ⅱ-7 参照

▷7　IADL
⇒ Ⅸ-6 参照

▷8　地域支え合いについては，⇒ Ⅲ-3 参照

参考文献

厚生労働省通知「『介護予防・日常生活支援総合事業のガイドラインについて』の一部改正について」平成29年6月28日。

Ⅲ 地域包括ケアを支える制度

 ## 包括的支援事業

① 包括的支援事業の業務内容

　地域支援事業の一つである包括的支援事業の創設時の事業は，①介護予防ケアマネジメント業務，②総合相談支援業務，③権利擁護業務，④包括的・総合的ケアマネジメント支援事業でした。2014年の改正では，**地域包括支援セン**ター運営と社会保障充実分に関する事業に分類されました。社会保障充実分に関する事業として①在宅医療・介護連携推進事業，②生活支援体制整備事業，③認知症総合支援事業，④地域ケア会議推進事業が追加されました。地域支援事業実施要網（2017年）を中心に，社会保障充実分の事業をみていきましょう。

② 包括的支援事業（社会保障充実分）

○在宅医療・介護連携推進事業

　在宅医療・介護連携推進事業の目的は，「在宅医療と介護を一体的に提供するために，居宅に関する医療機関と介護サービス事業者などの関係者の連携を推進すること」です。退院支援，日常の療養支援，急変時の対応，看取りなど様々な場面での支援が求められています。2018年4月から図Ⅲ-3に示す(ア)から(ク)の8つの事業をすべての市町村で取り組むことになりました。

○生活支援体制整備事業

　独居や高齢世帯，認知症の人が増加したことで，生活支援ニーズが多様化しました。生活支援体制整備事業はNPO法人，民間企業，協同組合，ボランティア，社会福祉法人等と連携し，「多様な日常生活上の支援体制の充実・強化及び高齢者の社会参加の推進を一体的に図っていくこと」を目的としています。
　生活支援・介護予防サービス（生活支援サービス）の体制整備を推進するために生活支援コーディネーター（地域支え合い推進員）が配置されました。また，生活支援コーディネーターとサービス提供者の連携を強化するために協議体が設置されています。
　生活支援コーディネーターは市町村区域（第1層）と**日常生活圏域**（第2層）に配置されています。生活支援コーディネーターの活動範囲は第1層と第2層に加え，サービス提供主体の活動圏域（第3層）があります。生活支援コーディネータは資源開発，ネットワーク構築，地域の支援ニーズとサービス提供主体の活動のマッチング等を行います。資源開発には生活支援の担い手となる

▶1　地域包括支援センター
⇨Ⅱ-3参照

▶2　地域ケア会議については，⇨Ⅲ-5参照

▶3　厚生労働省老健局通知「『地域支援事業の実施について』の一部改正について」平成29年6月28日。

▶4　この協議体については，⇨Ⅱ-2参照

▶5　日常生活圏域
⇨Ⅱ-2参照

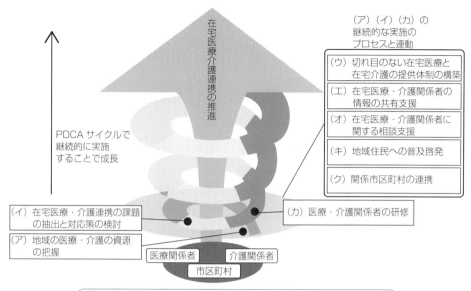

図Ⅲ-3　在宅医療・介護連携推進事業の8つの事業項目の進め方

出所：厚生労働省老健局老人保健課（2017）「在宅医療・介護連携推進事業の手引き Ver 2」より抜粋。

ボランティアを養成し，組織化することも含まれています。

○認知症総合支援事業

　認知症総合支援事業には，①認知症初期集中支援推進事業と②認知症地域支援・ケア向上事業があります。これらは2015年に策定された**認知症施策推進総合戦略（新オレンジプラン）**を推進するための施策です。新オレンジプランの7つの柱に沿って認知症施策が総合的に推進されています。7つの柱の一つに，「認知症の容態に応じた適時・適切な医療・介護等の提供」があります。本人主体の医療・介護を基本理念とし，発症予防や早期診断・早期対応から人生の最終段階まで，その時の容態にふさわしい場所で，医療・介護が提供される循環型の仕組みの実現を目指しています。

　早期診断・早期対応のための体制整備を行うための事業の一つが認知症初期集中支援推進事業です。「認知症初期集中支援チームを配置し，早期診断・早期対応に向けた支援体制を構築すること」を目的としています。医療・介護の専門職が認知症が疑われる人や認知症の人およびその家族を訪問し，必要な医療や介護の導入・調整や，家族支援などの初期の支援を包括的，集中的に行い，自立生活をサポートします。

　認知症の容態の変化に応じすべての期間を通じて，医療・介護等の有機的な連携を推進するための事業が認知症地域支援・ケア向上事業です。認知症地域支援・ケア向上事業は**認知症地域支援推進員**を中心として，地域における支援体制の構築と認知症ケアの向上を図ります。

（隅田好美）

▶6　認知症施策推進総合戦略（新オレンジプラン）
認知症の人の意思が尊重され，できる限り住み慣れた地域のよい環境で自分らしく暮らし続けることができる社会の実現を目指し，2013年にオレンジプランが，2015年に新オレンジプランが策定された。⇒Ⅷ-3参照

▶7　認知症地域支援推進員
医療機関や介護サービスおよび地域の支援機関の間の連携や認知症の人やその家族への相談支援を行う。

Ⅲ 地域包括ケアを支える制度

任意事業

1 任意事業の業務内容

任意事業とは地域の実情に応じて，市町村の判断で実施できる事業です。任意事業には①介護給付等費用適正化事業，②家族介護支援事業，③その他の事業があります。以下は，2017年の地域支援事業実施要網に沿って説明します。

◯介護給付等費用適正化事業

介護給付等費用適正化事業は，「利用者に適切なサービスを提供できる環境の整備」と「給付等に要する費用の適正化」を実施するための事業です。介護保険の不適切な給付の削減を目指して，各都道府県が介護給付適正化計画を策定し，2008年より実施されています。主要な事業として①認定調査状況チェック，②ケアプランの点検，③住宅改修等の点検，④医療情報との突合せ・縦覧点検，介護給付費通知があります。

◯家族介護支援事業

家族介護者を支援するための事業です。①介護知識・技術の習得や，サービスを適切に利用するための「介護教室の開催」，②認知症に関する広報・啓発活動，徘徊高齢者を早期発見する仕組みの構築，ボランティアによる見守りのための訪問などを行う「認知症高齢者見守り事業」，③家族の身体的・精神的・経済的負担の軽減を目的とした「家族介護継続支援事業」があります。

◯その他の事業

他の介護保険事業の運営の安定化や地域での自立した日常生活を支援するための事業です。①成年後見制度利用支援事業，②福祉用具・住宅改修支援事業，③認知症対応型共同生活介護事業所の家賃等助成事業，④認知症サポーター等養成事業，⑤重度のALS患者の入院におけるコミュニケーション支援事業，⑥地域自立生活支援事業があります。

2 成年後見制度利用支援事業

包括的支援事業（地域包括支援センターの運営）の権利擁護業務に成年後見制度の活用促進があります。認知症や精神障害，知的障害などにより判断能力が十分でない場合に，成年後見制度を利用します。成年後見制度には，法定後見制度と任意後見制度があります。法定後見制度は家庭裁判所によって選出された後見人等により，認知症等で判断能力が不十分な人に代わり財産を管理した

▷1 厚生労働省老健局通知「『地域支援事業の実施について』の一部改正について」平成29年6月28日。

▷2 福祉用具・住宅改修支援事業については，⇨ Ⅲ-7 参照

▷3 ALS（筋萎縮性側索硬化症）
運動神経系ニューロンが進行性に変性脱落する原因不明の疾患で，徐々に身体的機能が低下し，最終的には自分の意思で身体を動かすことができなくなる難病である。

▷4 成年後見制度については，⇨ Ⅲ-10 参照

り契約を結んだりします。任意後見人制度は本人に十分な判断能力があるうちに，自ら任意後見人を選択し事前の契約を結びます。家庭裁判所が選任する任意後見監督人は任意後見人の監査を行います。

任意事業の成年後見制度利用支援事業は，低所得の高齢者に係る成年後見制度の申立てに要する経費や成年後見人等の報酬の助成等を行う事業です。

③ 認知症に関連する事業

2015年に策定された認知症施策推進総合戦略（新オレンジプラン）を推進するための施策として，包括的支援事業に認知症総合支援事業があります。任意事業には認知症対応型共同生活介護事業所の家賃等助成事業，認知症サポーター等養成事業があります。認知症サポーター等養成事業は，新オレンジプランの「認知症への理解を深めるための普及・啓発の推進」の施策の一つです。認知症に対する正しい知識と理解をもち，地域や職域で認知症の人やその家族を支える認知症サポーターを養成する事業です。

▶5　認知症総合支援事業については，⇨Ⅲ-3 参照

④ 重度の ALS 患者の入院におけるコミュニケーション支援事業

重度の ALS 患者は，病状が進行するとコミュニケーションが困難になります。特別なコミュニケーション技術が必要な重度の ALS 患者が入院する場合，入院前から支援を行っているなど，その ALS 患者とのコミュニケーションについて熟知している支援者が，患者の負担により，その入院中に付き添いながらコミュニケーション支援を行います。

▶6　ALS 患者とのコミュニケーションについては，⇨Ⅹ-5 参照

▶7　保険医療機関及び保険医療養担当規則に11条の2に「保険医療機関は，その入院患者に対して，患者の負担により，当該保険医療機関の従業者以外の者による看護を受けさせてはならない」とある。その例外として行われている。

⑤ 地域自立生活支援事業

高齢者が地域で自立した生活を継続するために，①高齢者の安心な住まいの確保に資する事業，②介護サービスの質の向上に資する事業，③地域資源を活用したネットワーク形成に資する事業，④家庭内の事故等への対応の体制整備に資する事業があります。

高齢者の安心な住まいの確保に資する事業は，高齢者の円滑な入居を進められるよう住宅に関する情報提供や相談および助言を行ったり，不動産関係団体等との連携による入居支援等を行います。また，入居後も安否確認や生活支援を行うなど，高齢者の安心な住まいを確保するための事業です。　（隅田好美）

Ⅲ 地域包括ケアを支える制度

 地域包括支援センター

1 地域包括支援センターの目的と設置

　地域包括支援センターは，2006年に設置されました。介護保険法では，「地域住民の心身の健康の保持及び生活の安定のために必要な援助を行うことにより，その保健医療の向上及び福祉の増進を包括的に支援することを目的とする施設」（第115条の46）と定められ，地域包括ケアを一体的に実施する中核的機関としての役割を担っています。「地域包括支援センターの設置運営」（2016年）（以下，「設置運営」）に，詳細に方針が示されています。

　地域包括支援センターの設置主体は市町村（特別区，一部事務組織，広域連合党等を含む）です。地域包括支援センターには市町村が直接運営する直営型センターと，市町村がセンター業務（第1号介護予防支援事業，総合相談支援業務，権利擁護業務及び包括的・継続的ケアマネジメント業務）を委託する委託型センターがあります。また，機能により**基幹型センター**と**機能強化型センター**があります。管内に複数の地域包括支援センターがある市町村では，地域の課題や目標をセンター間で共有し，地域包括支援センター間の連携強化や役割分担を通じて，効果的で一体的な運営体制の構築を行います。さらに，市町村は地域包括支援センター運営協議会を設置し，各業務の評価等を行い適切，公正かつ中立な運営の確保を目指します。

　地域包括支援センターの人員配置は，介護保険の第1号被保険者の数がおおむね3,000人以上6,000人未満ごとに，保健師，社会福祉士および主任介護支援専門員（これらに準ずる者を含む）各1人です。地域包括支援センター以外の業務との兼業は基本的に認められていません。

2 地域包括支援センターの業務と機能

　「地域包括支援センター業務マニュアル」（2011年）では，地域包括支援センターに期待される機能として，①地域のネットワーク構築機能，②ワンストップサービス窓口機能，③権利擁護機能，④介護支援専門員支援機能の4つをあげています。ワンストップサービスとは，「どのようなサービスを利用してよいかわからない住民に対して，1か所で相談からサービスの調整に至る機能」をもつサービスです。

　「設置運営」（2016年）に記載されている業務内容は，①包括的支援事業，②

▷1　厚生労働省老健局通知「『包括地域支援センターの設置運営』の一部改正について」平成28年1月19日。

▷2　基幹型センター
地域の基幹的な役割を担い，地域包括支援センター間の相互調節や介護予防のケアマネジメントや地域ケア会議等の後方支援などの機能を有する。

▷3　機能強化型センター
権利擁護業務や認知症支援等の機能を強化し，当該分野において他のセンターを支援する機能を有する。

▷4　長寿社会開発センター（2011）「地域支援センター業務マニュアル」。

多職種協働による地域包括支援ネットワークの構築，③地域ケア会議の実施，
④指定介護予防支援，⑤その他（第1号介護予防支援事業〔居宅要支援被保険者に
係るものに限る〕，一般介護予防事業，任意事業）です。

　地域包括支援センターは地域住民の保健医療の向上および福祉の増進を包括
的に支援するために，これらの事業を一体的に実施します。

③ 地域ケア会議

　介護保険法に，地域保健支援センターの設置者は，介護サービス事業者，医
療機関，民生委員やその他の関係者との連携に努めなければならないと定めら
れています。多職種協働によるネットワーク構築の一つの手法が地域ケア会議
です。「地域ケア会議運営マニュアル」(2013年) では，地域ケア会議を個別
ケースの支援内容の検討を行い，その積み重ねを通し関係者の解決能力の向上
や地域支援ネットワークを構築するための有効な手法と位置づけています。

　地域ケア会議の目的は「医療，介護等の専門職をはじめ，民生委員，自治会
長，NPO法人，社会福祉法人，ボランティアなど地域の多様な関係者が適宜
協働し，介護支援専門員のケアマネジメント支援を通じて，介護等が必要な高
齢者の住み慣れた住まいでの生活を地域全体で支援していくこと」(「設置運営」
2016年) です。機能には①個別問題の解決，②地域包括支援ネットワークの構
築，③地域課題の発見，④地域づくり・資源開発，⑤政策の形成があります。
地域ケア会議で検討した個別ケースから地域の課題を見いだし，地域づくりや
資源開発，政策形成に結びつけます。

④ 権利擁護事業

　権利擁護事業の目的は，「高齢者が，地域において，安心して生活を行うこ
とができるよう，専門的・継続的な視点からの支援をおこなう」(「設置運営」
2016年) ことです。

　2015年度の高齢者虐待件数は，福祉施設などの職員による虐待が408件（相
談・通知件数1,640件），家族や親族などによる虐待が1万5,976件（相談・通知件
数2万6,688件）でした。虐待事例を把握した場合には，「高齢者虐待の防止，
高齢者の養護者に対する支援等に関する法律」(高齢者虐待防止法) に基づき，
速やかに高齢者を訪問して状況を確認し，適切な対応をとることが必要です。

(隅田好美)

▷5　地域ケア会議につい
ては，⇒ Ⅱ-5 参照

▷6　長寿社会開発セン
ター (2013)「地域ケア会
議運営マニュアル」。

▷7　厚生労働省老健局高
齢者支援課 (2017)「平成
27年度高齢者虐待の防止，
高齢者の養護者に対する支
援等に関する法律に基づく
対応状況等に関する調査結
果」。

Ⅲ 地域包括ケアを支える制度

介護保険と地域包括ケア

1 介護保険制度の概要

　高齢化の進展に伴い要介護高齢者が増加し，介護期間が長期化するなど介護ニーズが増大しました。一方，核家族化や介護する家族の高齢化など家族の介護力が低下したことで，高齢者の介護を社会全体で支える仕組みが必要となり，2000年に介護保険制度が導入されました。

○保険者と財源
　保険者は市町村（特別区も含む）です。介護保険の財源は税金が50％（国25％，都道府県12.5％，市町村12.5％）と保険料が50％です。利用者の自己負担は1割または2割（一定の所得を超える者）です。

○被保険者
　被保険者は第1号被保険者（65歳以上の者）と第2号被保険者（40歳以上65歳未満）です。第1号被保険者で要支援・要介護状態になった人は，介護保険のサービスが利用できます。第2号被保険者の利用は，**特定疾病**[1]が原因で要支援・要介護状態になった人に限定されています。

　保険料の徴収は，第1号被保険者は市町村が徴収します（原則年金から天引き）。第2号被保険者は医療保険者が医療保険と合わせて徴収します。

○介護保険の仕組み
　介護保険を利用する場合，市町村の窓口に要介護認定の申請を行います（図Ⅲ-4）。要介護度の認定は，訪問調査と医師の意見書によって行われます。申請後，認定調査員が自宅や病院等へ訪問し認定調査を行います。一次判定は認定調査の結果により，コンピュータで判定します。二次判定は介護認定審査会において一次審査の結果と医師の意見書等により判定します。判定結果は，自立（非該当），要支援1～2，要介護1～5となります。要介護度別に支給限度基準額が定められています。

○介護保険におけるサービスの利用
　介護保険のサービスには介護給付と予防給付があります。要介護度により利用できるサービスが異なります（図Ⅲ-4）。介護給付には施設サービスと居宅サービス，地域密着型サービスがあります。施設サービスには介護老人福祉施設（特別養護老人ホーム），介護老人保健施設，介護療養型医療施設[2]があります。居宅サービスには訪問サービス，通所サービス，短期入所サービスがあり，そ

▶1　**特定疾病**
心身の病的加齢現象との医学的関係があると考えられる疾病で，がん，関節リウマチ，筋萎縮性側索硬化症，初老期における認知症，脳血管疾患など16疾患が定められている。

▶2　2011年度末での廃止が決定され，2017年度末まで延長された。しかし，新施設への移行期間としてさらに6年間延期されることになった。新しい介護保険施設として「介護療養院」が定められた。

48

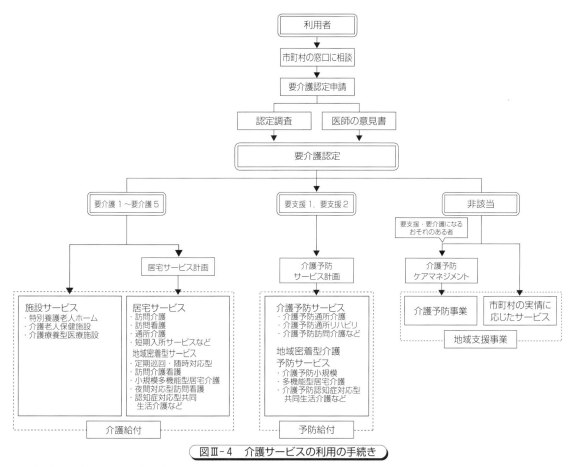

図Ⅲ-4 介護サービスの利用の手続き

出所：厚生労働省ホームページ「介護事業所・生活関連情報検索——介護サービス情報公表システム」より抜粋。http://www.kaigokensaku.mhlw.go.jp/commentary/flow_synthesis.html（2017年8月17日閲覧）

のほかに福祉用具貸与や住宅改修のサービスがあります。介護保険のサービスを利用するためには，居宅支援事業所の介護支援専門員（ケアマネジャー）がケアプランを作成します。

▷3 ケアプラン作成については，⇨ Ⅵ-3 参照

2 介護保険の改正と地域包括支援事業

介護保険制度は3年に一度見直されています。2005年の改正では介護予防が重視され，地域支援事業が創設されました。また，地域包括ケアや地域支援事業の中核的機関として地域包括支援センターが創設されました。2011年の改正では，地域包括ケアの推進が基本方針となり，2014年は地域包括ケアシステムの構築に向けた地域支援事業の充実を目指した改正となりました。2014年の改正では，在宅医療・介護連携の推進や認知症施策の推進，地域ケア会議の推進，生活支援サービスの充実・強化を目的とした事業が新たに包括的支援事業となりました。地域包括支援センターには，地域の実情にあった地域包括ケアシステムを構築していくことが求められています。

（隅田好美）

▷4 介護保険については，⇨ Ⅰ-5 ，Ⅱ-2 参照

Ⅲ 地域包括ケアを支える制度

 福祉用具・住宅改修支援事業

 福祉用具・介護予防福祉用具

　介護保険法において福祉用具は，「心身の機能が低下し日常生活を営むのに支障がある要介護者等の日常生活上の便宜を図るための用具及び要介護者等の機能訓練のための用具であって，要介護者等の日常生活の自立を助けるためのもの」（第8条第12項）として，居宅サービスに位置づけられています。福祉用具は要介護者の日常生活の自立を助けるだけではなく，介護者の負担軽減も図ります。

　福祉用具は，「利用者の身体状況や要介護度の変化，福祉用具の機能の向上に応じて，適時・適切な福祉用具を利用者に提供」できるように，貸与を原則としています。しかし，腰掛便座など貸与になじまない性質のものは，購入費が保険給付の対象となります（表Ⅲ-1）。

　福祉用具のサービス利用料または購入費の9割が支給されます。貸与の場合は他のサービスと組み合わせて，**支給限度基準額**の範囲内で利用することが可能です。購入の場合，同一種類の福祉用具は1年間で10万円が限度です。

　指定福祉用具貸与事業所は，**福祉用具専門相談員**を常勤で2名以上配置する必要があります。福祉用具専門相談員は，利用者毎に福祉用具貸与計画を作成します。また，福祉用具の利用料は事業者ごとに異なるため，福祉用具の価格情報の公開が求められています。

　介護予防福祉用具とは福祉用具のうち「介護予防に資するもの」として厚生労働大臣が定めています。車いすや特殊寝台，床ずれ防止用具等は，軽度者（要支援者や要介護1）が利用すると想定しにくい福祉用具とされています。しかし，軽度者も一定の条件に該当する場合には利用することができます。その際，リハビリテーション専門職との連携を行わず，「利用者ができないことを福祉用具で補う」形での提供は，自立支援を損ねる可能性があります。

2 住宅改修

　住宅改修は段差の解消や手すりの設置などを通して，高齢者の自立を支援する役割を担います。一方，個人資産の形成につながる面があり，小規模な改修に限定されています。住宅改修の種類には①手すりの取り付け，②段差の解消，③滑りの防止及び移動の円滑化等のための床又は通路面の材料の変更，④引き

▶1　第60回社会保障審議会介護保険部会（2017）参考資料「福祉用具・住宅改修」。

▶2　**支給限度基準額**
居宅サービス等区分ごとに定められた期間に利用できるサービスの限度額のこと。要介護区分ごとに定められている。

▶3　**福祉用具専門相談員**
介護が必要になった高齢者が福祉用具を利用する際に，本人の希望や心身の状況や環境等を踏まえ，専門的知識に基づいた福祉用具を選定し，使用方法等を含めて適合・助言を行う専門職。

▶4　主治医の意見を踏まえ，担当者会議等を開催してケアマネジャーが判断することができる。

▶5　▶1と同じ。

Ⅲ-7　福祉用具・住宅改修支援事業

表Ⅲ-1　介護保険における福祉用具

	福祉用具貸与	特定福祉用具販売
事業概要	福祉用具を指定事業者から貸与	入浴や排せつ等に用いる福祉用具（特定福祉用具）を指定事業者にて販売（償還払い）。
対象種目	・車いす ・車いす付属品 ・特殊寝台 ・特殊寝台付属品 ・床ずれ防止用具 ・体位変換器 ・手すり ・スロープ ・歩行器 ・歩行補助つえ ・認知症老人徘徊感知機器 ・移動用リフト（つり具の部分を除く） ・自動排泄処理装置（平成24年度追加分）	・腰掛便座 ・特殊尿器 ・入浴補助用具（入浴用いす，浴槽用手すり，浴槽内いす，入浴台，浴室内すのこ，浴槽内すのこ，入浴用介助ベルト） ・簡易浴槽 ・移動用リフトのつり具の部分
支給限度基準額	要支援，要介護度別の支給限度基準額の範囲内において，他のサービスと組み合わせ	10万円 ※要支援，要介護区分にかかわらず定額 ※同一支給限度額管理期間内（4/1～3/31の1年間）は，用途及び機能が著しく異なる場合，並びに破損や要介護状態の変化等の特別の事情がある場合を除き，同一種目につき1回のみ支給
給付割合	サービス利用料の9割	購入費の9割
給付額	現に要した費用（実勢価格）	現に要した費用（実勢価格）

出所：厚生労働省老健局高齢者支援課（2017）「平成27年度第1回介護保険福祉用具・住宅改修評価検討会に関する資料　資料2-1」より抜粋。

戸への扉の取替え（新設も含む），⑤洋式便座等への便器の取替え，⑥その他住宅改修に付帯して必要となる改修があります。[16]

　要介護者が自宅の改修を行う場合，実際の住宅改修費の9割相当が**償還払い**[17]で支払われます。支給限度基準額は20万円です。利用者の負担は1割（一定の所得以上の者は2割負担）のため，支給限度基準額の9割である18万円が上限となります。支給額は介護区分にかかわらず，一人生涯20万円までです。[18]しかし，要介護状態区分が3段階上昇したときや，転居した場合には再度20万円までの支給限度基準が設定されます。

　住宅改修を行う場合には，原則として事前申請が必要です。申請書類のうち「住宅改修が必要な理由書」を，介護支援専門員や地域包括支援センター担当職員，作業療法士，福祉住環境コーディネーター等が作成します。

　住宅改修は事業者に対する指導が難しいことや，事業者の技術や施行水準のバラツキが大きいという課題があります。

（隅田好美）

▶6　▶1と同じ。

▶7　償還払い
利用者がいったん費用の全額を支払い，その後，手続きをすることで払い戻される仕組みのこと。

▶8　▶1と同じ。

Ⅲ　地域包括ケアを支える制度

8 高齢者の住まいの現状と政策

1 多様化する高齢期の住まい

　地域包括ケアシステムは植物にたとえられています。医療・看護・介護という植物を育てていくためには生活支援や福祉サービスといった土壌が必要であり，さらに器としての住まいが必要になります。北欧等では「福祉は住宅に始まり住宅に終わる」といわれているように，住まいは生活を支える基盤です。

　介護保険制度以前における高齢期の住まいは，自宅（住宅）が中心であり，看取りの場は病院が主流でした。介護保険の制度化以降は，高齢者施設の居住環境の改善が進み，プライバシーの確保と個人領域の形成が可能なユニット型特別養護老人ホームや認知症高齢者グループホームが制度化されてきました。そのほかにも要介護認定の有無とは関係なく60歳以上の高齢者であれば利用できる**サービス付き高齢者向け住宅**など高齢者向け住宅の整備も進みつつあります。このように高齢期における住まいは多様化しており，心身状態だけではなく，高齢期というライフステージを見据えた住まい選びが重要となります。

2 入居基準からみた高齢者の住まいの分類

　図Ⅲ-5は入居基準別にみた高齢者の住まいの類型です。特別養護老人ホームは，主に要介護度3以上の人を対象としており，身体介護や認知症ケアの必要度が高い人が対象となります。次に要介護者以上の人しか利用できない施設として介護付き有料老人ホームを含む特定施設があります。ここでは軽度から重度の要介護高齢者までが生活できます。特別養護老人ホームと特定施設は，専ら要介護高齢者のみを対象としており，24時間体制で介護職員が常駐しています。随時の介助や見守りも可能です。さらに，日中時間帯は看護職員が常駐しており，ターミナルケアや痰の吸引などの医療ニーズにも対応できます。

　次に要介護になる前から利用できる住まいとして，住宅型有料老人ホーム，健康型有料老人ホーム，サービス付き高齢者向け住宅，**シルバーハウジング**があります。住宅型有料老人ホームと健康型有料老人ホームは老人福祉法により規定された施設であり，サービス付き高齢者向け住宅は高齢者住まい法により規定された60歳以上の高齢者を対象とした住宅です。シルバーハウジングについては，地方公共団体や都市再生機構，住宅供給公社が供給している60歳以上の人を対象とした公的賃貸住宅です。健康型有料老人ホームは要介護認定を受

▷1　サービス付き高齢者向け住宅
60歳以上の人がいる世帯が入居できる賃貸住宅。建物はバリアフリー構造で最低居住水準に基づいた面積・設備を備えている（緩和基準あり）。ソフト面では安否確認・生活相談サービスがついている。

▷2　シルバーハウジング
公営住宅，地方公共団体の供給する特定優良賃貸住宅等の入居資格を満たす60歳以上の高齢世帯が利用できるバリアフリー化された公的賃貸住宅。ソフト面では生活援助員（LSA：ライフサポートアドバイザー）が生活支援を行う。LSAは，シルバーハウジング等に配置され，生活援助員として日常の生活指導，安否確認，緊急時の対応，一時的な家事援助等を行う。LSAの費用は国，県，市町村，介護保険の第1号保険料から支払われる。

けていない人のみを対象としており、要介護になると退去する必要がありますが、住宅型有料老人ホームやサービス付き高齢者向け住宅では要介護という条件により退去する必要はありません。その一方でこれらの住まいでは、安否確認や生活相談を担う職員は配置されていますが、身体介護を行う介護職員は常駐していません。身体介護などの介護については外部の介護保険事業所を利用することになります。

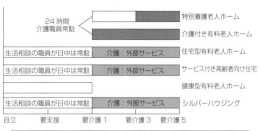

図Ⅲ-5　入居基準別にみた高齢者の住まいの類型

3　高齢期における住まいと環境移行

　自宅において高齢者は、長年住み続けてきた家やまちなどの環境と安定した関係を構築しています。転居の際には、これらの安定した環境から離れ、新しい環境に適応していかなければなりません。このような環境の変化を**環境移行**と呼びます。高齢者は環境移行による適応能力が低下しているため、自宅から施設への転居は大きな心身負担となります。このような状態を**危機的移行**と呼びます。危機的移行下では心理状態が不安定になり、無気力な状態や混乱した状態になることがあります。高齢期においては環境移行を少なくするとともに、環境移行を行う場合でも移行前後の環境の落差が小さくなるようにできるかぎりなじみの環境を維持していくことが望まれます。

　高齢期というライフステージを見据えた住まいの選び方には、心身機能や介護・看護・医療の必要度に合わせて複数回の転居を行う「階段モデル」と、転居時期は異なるものの一度転居するとそのまま住み続ける「居住継続モデル」があります。日本における高齢者の住まいは、「自立者・要介護者」という介護の必要度により区分され、介護が必要になると介護付きの施設に移るという「階段モデル」の傾向が強くなっています。しかし、環境移行の負荷を考えると「階段モデル」よりも「居住継続モデル」を確立していくことが重要です。図Ⅲ-5の施設類型に沿って考えると、住宅型有料老人ホームやサービス付き高齢者向け住宅では、要介護になっても住み続けることができる外部サービスを構築していくことが重要です。地域包括ケアシステムの進展により、小規模多機能型居宅介護や定期巡回随時対応型訪問介護看護など24時間365日型の在宅サービスが整備されています。これらの仕組みを活用することにより、住宅型有料老人ホーム等でも住み続けることが可能になります。

　また、環境への適応能力が低下する前に早めの住み替えを行うことで、新しい環境への適応が容易となります。新しい友人、便利のよい環境など積極的に生活を組み立てていくことで、高齢期というライフステージを前向きに捉えていくことができます。早めに住み替え、そこが終の棲家となる。そうすれば環境移行による負荷を抑えることができます。

(山口健太郎)

▶3　環境移行
ライフサイクルには結婚、転勤など、これまでの人間─環境システムから離れ、新たな関係を構築するステージがある。環境が変わり新たな環境を再構築する過程（プロセス）を環境移行という（山本多喜司・シーモア・ワップナー編著(1992)『人生移行の発達心理学』北大路書房）。

▶4　危機的移行
人間─環境システムの混乱状態が非常に強く経験され、環境の物理的、対人的、社会文化的側面に対して、従来用いてきた相互交流の様式が通用しないような状態のこと。事例として、突然自然災害に襲われたときや高齢者施設に転居するときなどがある（山本多喜司・シーモア・ワップナー編著(1992)『人生移行の発達心理学』北大路書房）。

参考文献
松岡洋子(2011)「エイジング・イン・プレイス(地域居住)と高齢者住宅──日本とデンマークの実証的比較研究」『新評論』。欧米の高齢者の住まいの仕組みが理解できるとともに、日本の高齢者の住まいの課題がみえてくる書籍である。

Ⅲ 地域包括ケアを支える制度

9 特定施設入居者生活介護

1 特定施設入居者生活介護について

　特定施設入居者生活介護（以下，特定施設）は，介護保険法第8条第11項において「居宅サービス」の一つとして位置づけられています。特定施設には，特定施設入居者生活介護と地域密着型特定施設入居者生活介護があり，地域密着型とは入居定員が29名以下の施設のことをいいます（同法第8条第21項）。

　特定施設の認可を受けることができる施設は，介護保険法第8条第11項に明記されている有料老人ホームと厚生労働省令で定める施設（養護老人ホーム，軽費老人ホームA型・B型，ケアハウス〔介護保険法施行規則第15条〕）です。有料老人ホームに該当するサービス付き高齢者向け住宅も，特定施設の対象となります。特定施設の認可を受けるためには，有料老人ホーム等の基準と特定施設の基準の両方を満たす必要があります。特定施設の供給量は各自治体が3年ごとに策定する介護保険事業計画の中で決められています。

　特定施設のわかりにくい点は，「有料老人ホームであり特定施設でもある」というように，1施設に2つの名称がついていることです。特定施設入居者生活介護とは，特別養護老人ホームと同様に24時間365日，介護職員が施設内に常駐しているケアの仕組みとして考えると理解しやすくなります。つまり，有料老人ホームというハードに，特定施設入居者生活介護というケアがついた施設が介護付き有料老人ホームとなります。

2 特定施設の基準

　特定施設の人員基準については，管理者，相談員，看護職員，介護職員，機能訓練指導員，計画作成担当者の配置が義務づけられています。看護職員と介護職員を合わせた職員配置（常勤換算法）は「利用者：看護職員・介護職員＝3：1」となり，常に介護職員が施設内に滞在しています。介護報酬は定額であり，要介護度別に費用が算出されます。利用者は介護報酬額の自己負担額を支払うことで利用することができます。

　建物に関する基準では，居室，食堂，機能訓練室，浴室，トイレ，一時介護室の設置が求められます。居室は個室（夫婦部屋は可）です。居室や食堂の広さは，「介護を行える適当な広さであること（居室）」となり，明確な数値設定はありません。有料老人ホームの場合には，有料老人ホームの基準にて個室面

▶1　介護保険法第8条第11項
「特定施設」とは，有料老人ホームその他厚生労働省令で定める施設であって，第21項に規定する地域密着型特定施設でないものをいい，「特定施設入居者生活介護」とは，特定施設に入居している要介護者について，当該特定施設が提供するサービスの内容，これを担当する者その他厚生労働省令で定める事項を定めた計画に基づき行われる入浴，排せつ，食事等の介護その他の日常生活上の世話であって厚生労働省令で定めるもの，機能訓練及び療養上の世話をいう。

▶2　介護保険法第8条第21項
「地域密着型特定施設入居者生活介護」とは，有料老人ホームその他第11項の厚生労働省令で定める施設であって，その入居者が要介護者，その配偶者その他厚生労働省令で定める者に限られるもの（以下「介護専用型特定施設」という。）のうち，その入居定員が29人以下であるものをいう。

積は13㎡以上とされており，これらの基準を満たす必要があります。建物については，特定施設ともとになる施設の両方の基準を参照する必要があります。

また，特別養護老人ホームではユニットケア型が推奨されていますが，特定施設ではユニットケア型に限定されていません。特定施設は，建物やケアについての自由度が高く，事業所ごとの創意工夫が行いやすくなっています。その反面，事業者間での質の差が大きくなるという部分もあります。特定施設を選ぶときには，建物やソフトの質についての十分な検討が必要となります。

❸ 介護付き有料老人ホーム

特定施設としてもっとも多く供給されているのが有料老人ホームです。有料老人ホームには，住宅型，健康型，介護付きの3種類があります。介護サービスの利用を想定していないのが健康型，一般の住宅と同じく在宅サービスを利用するのが住宅型，特定施設の認可を受けているのが介護付きとなります。

有料老人ホームの建物の契約形態には**利用権契約**と**賃貸借契約**があり，利用権方式を採用している施設の方が多くなります。賃貸借契約では，居住者の権利が保障されており管理者側の都合により退去や部屋移動を求めることはできません。その一方，利用権方式では施設管理者から部屋の移動を求められる場合があります。家賃やサービスの支払い方法には，前払い方式と月払い方式があります。前払い方式とは「終身にわたって受領する家賃又はサービス費用の全額（または一部）」を最初に支払う形式であり，全額前払いの場合にはその後の支払いが不要となります。

有料老人ホームは老人福祉法が制定される際に養老院から分化してできた施設です。低所得者向けの施設が（特別）養護老人ホーム，一定以上の所得の人向けが有料老人ホームというように経済性により分けられていました。介護保険の制度化前の特別養護老人ホームは措置制度に基づいており主に低所得の人を対象にしていましたが，制度化以降は誰でも利用できる施設となりました。特別養護老人ホームは有料老人ホームに比べて各種の補助制度があるため，特別養護老人ホームに多様な所得階層からの入居希望が増えるという状況が生じています。その一方，介護付き有料老人ホームは特別養護老人ホームに比べて制度上の自由度が高いことから，各事業所の独自の取組みによりハードとソフトの質を高めていくことができます。地域包括ケアではすべての高齢者が住み慣れた地域の中で住み続けることができる仕組みを目指しています。入居型の施設については，多様な所得階層の人々が選択できる施設が主に市町村レベルで整備されていくことが望ましいといえます。　　　　　　　　（山口健太郎）

▷3　利用権契約

「利用権とは，有料老人ホーム等の運営事業者と入居者との間でのみ有効な権利。入居時には入居契約という名称の契約が締結される。これに基づき，入居者はさまざまな生活支援等のサービスを受けながら原則として死亡するまでホームの居室と共用空間を利用することができる。」（一部筆者変更）（矢田尚子「有料老人ホームとサ高住の違い(2)」『国民生活』2016年1月，14-15頁〔https://warp.ndl.go.jp/info:ndljp/pid/9929862/www.kokusen.go.jp/wko/pdf/wko-201601_05.pdf，2022年9月26日閲覧〕）。

▷4　賃貸借契約

「賃貸借契約とは金銭を授受して物を貸し借りする契約である。契約が成立すると貸主は目的物を引き渡して借主に賃料を払うことで目的物を利用する権利（賃借権）を得る。この中でも不動産賃貸借に関しては，民法の特別法である借地借家法に基づき，借主の権利をより強化し居住の保護を図っている。」（一部筆者変更）（矢田尚子「有料老人ホームとサ高住の違い(2)」『国民生活』2016年1月，14-15頁〔https://warp.ndl.go.jp/info:ndljp/pid/9929862/www.kokusen.go.jp/wko/pdf/wko-201601_05.pdf，2022年9月26日閲覧〕）。

Ⅲ 地域包括ケアを支える制度

成年後見制度と日常生活自立支援事業

1 成年後見制度とは，日常生活自立支援事業とは

認知症や知的障害，精神障害等の理由により判断能力の不十分な人々は，売買・賃貸借などの法律行為を一人で行ったり，日常生活を営むことが困難になります。このような判断能力の不十分な人々の**権利を擁護**するための制度が，成年後見制度と日常生活自立支援事業です。

2 背　景

日本では戦後，福祉政策が発展・拡充してきました。その政策の中では要援護者は行政の**措置**による保護の対象と考えられており，自己決定や権利はあまり尊重されませんでした。やがて高度経済成長が終わり，福祉予算は抑制の方向へと変化していきました。また，家族形態が変わり単身者や高齢者のみの世帯が増加してきたこと，北欧から**ノーマライゼーション**の概念が入ってきたことなどから，制度の基盤となる考え方を変える必要が生じてきました。これらの社会の変化を受けて**社会福祉基礎構造改革**が行われ，福祉サービスは，利用者が事業者と直接契約し，サービスを選択する方式に改められました（原則として措置から契約へ転換）。しかし，判断能力の不十分な人々が自ら福祉サービスを契約して利用することは困難です。民法には明治時代より，判断能力の不十分な人々を保護する制度として禁治産制度が規定されていました。この制度は家の財産管理を中心としており，身上監護はあまり重視されていませんでした。また，禁治産・準禁治産の２類型しかなく障害が軽度の人は使いにくいことや，禁治産宣告が戸籍に記載されるため心理的抵抗が大きいことなど，硬直的でさまざまな問題点が指摘されていました。そこで，新しい考え方に基づいた成年後見制度や日常生活自立支援事業が整備されることになったのです。

3 成年後見制度の概要

成年後見制度は，任意後見制度と法定後見制度の２つに分けられます。任意後見制度は，将来判断能力が不十分になったときに備えて利用者が代理人を選任し，財産管理や身上監護の事務について代理人（任意後見人）に代理権を与える契約を結ぶ制度です。どのような事柄に代理権を与えるかは自分で決めることができます。契約内容は公正証書にする必要があります。将来，利用者の

▷1　権利擁護
判断能力の不十分な人々または判断能力があっても従属的な立場におかれている人々の立場に立って，それらの人々の権利行使を擁護し，ニーズの実現を支援することと捉えられている。
秋元美世・平田厚（2015）『社会福祉と権利擁護』有斐閣アルマ，73．

▷2　措置
行政が福祉サービスを決定し利用者に給付すること。養護老人ホームの入所など一部には措置制度が残っている。

▷3　ノーマライゼーション
1950年代後半にデンマークのバンク-ミケルセンが提唱した社会福祉の理念。障害があっても地域社会で健常者と同様の生活ができるように支援しようという考え方。⇨Ⅳ-1参照

▷4　社会福祉基礎構造改革
⇨Ⅳ-5参照

▷5　申立てができるのは本人，配偶者，４親等内の親族，任意後見受任者である。

▷6　被成年後見人等の資産状況を考慮した上で裁判所が決定する。通常の後見

表Ⅲ-2　法定後見制度の3類型

類　型	後見類型	保佐類型	補助類型
申立人	本人，配偶者，4親等内の親族，市区町村長，検察官		
対象となる人	判断力が全くない	時々判断力がない	判断力がない時もある
審判開始時に本人の同意	不要	不要	必要
成年後見人等に必ず付与される権限	財産管理についての包括的な代理権，取消権	特定の事項（＊1）についての同意権，取消権	
申立てにより成年後見人等に付与される権限		特定の事項（＊1）以外の行為についての同意権，取消権　特定の法律行為（＊2）についての代理権	特定の事項（＊1）の一部についての同意権，取消権　特定の法律行為（＊2）についての代理権

注：＊1　特定の事項とは民法第13条第1項に定める借金，訴訟行為，相続の承認や放棄，新築・改築などを指す。
　　　　　ただし，日用品の購入など日常生活に関する行為は除く。
　　＊2　民法第13条第1項に定められている行為に限定されない。
出所：最高裁判所（2017）「成年後見制度——詳しく知っていただくために」をもとに一部改変。

判断能力が低下したときに，申立人が家庭裁判所に任意後見監督人選任の申立てを行い，任意後見監督人が選任されたときから効力が生じます。一方，法定後見制度は判断能力が不十分な人々を支援する制度です。申立人が家庭裁判所に申立てを行い，家庭裁判所が成年後見人等を選任します。申立てする親族がいない場合や虐待の場合は市区町村長が申立てすることができます。本人に資力がなく申立費用や成年後見人等の報酬を支払えなくても，**成年後見制度利用支援事業**が活用できる場合があります。成年後見制度には後見，保佐，補助の3つの類型があります。成年後見人等にはそれぞれの類型に応じて代理権や取消権，同意権が付与されます（表Ⅲ-2）。成年後見人等の職務には財産管理と**身上監護**があります。ただし，食事介助のような事実行為は職務ではありません。

❹ 日常生活自立支援事業の概要

　日常生活自立支援事業は成年後見制度よりも簡便な手続きで判断能力が不十分な人々を支援する制度です。日常生活自立支援事業は判断力が不十分でも契約能力がある人を対象としており，本人が社会福祉協議会と契約することにより利用できます。契約能力は**「契約締結判定ガイドライン」**による確認と契約締結審査会による審査により判定されます。実施主体は都道府県・指定都市社会福祉協議会ですが，業務は市町村社会福祉協議会に委託しています。この制度で支援できる事柄は日常生活に必要な金銭管理，重要書類等の預かり，情報提供，契約の支援などです。支援は社会福祉協議会の専門員や生活支援員が担当します。費用は安価です。成年後見制度と異なり，専門員や生活支援員には取消権はありません。委任契約により代理権を設定する場合がありますが，日常生活の支援に必要な範囲に限られます。本人の判断能力が低下して契約に困難をきたすような場合は法定後見制度への移行を検討する必要があります。

(松下啓子)

事務を行った場合の報酬（これを「基本報酬」と呼ぶ）のめやすとなる金額は月額2万円とされている。東京家庭裁判所立川支部（2013）「成年後見人等の報酬額のめやす」。

▷7　成年後見制度利用支援事業
資産がない人でも制度が利用できるように市町村が申立ての経費や後見人の報酬の助成を行う制度。

▷8　身上監護
実務上の身上監護の範囲は以下の7つと考えられる。①医療に関する事項，②住居の確保に関する事項，③施設の入退所，処遇の監視・異議申立て等に関する事項，④介護・生活維持に関する事項，⑤教育・リハビリに関する事項，⑥異議申立て等の公法上の行為，⑦アドヴォカシー。上山泰（2015）『専門職後見人と身上監護（第3版）』民事法研究会，106。

▷9　契約締結判定ガイドライン
本人に契約能力があるかどうか判定するために使用される書式。コミュニケーション能力や契約の意思，見当識について確認する。全国社会福祉協議会が作成したもの。

▷10　訪問1回あたりの利用料は平均1,200円。ただし，契約締結前の初期相談等に係る経費や生活保護受給世帯の利用料については無料。厚生労働省ホームページ http://www.mhlw.go.jp/stf/seisakunitsuite/bunya/hukushi_kaigo/seikatsuhogo/chiiki-fukusi-yougo/（2017年7月8日閲覧）

Ⅲ　地域包括ケアを支える制度

11 高齢者虐待と高齢者虐待防止法

1 高齢者虐待の現状

厚生労働省の統計によると，2015年度に全国の市町村に寄せられた養護者からの高齢者虐待の相談通報件数は2万6,688件，市町村が虐待だと判断したのはうち1万5,976件，虐待による死亡事例は20件確認されています。虐待の要因としては「虐待者の介護疲れ・介護ストレス」「虐待者の障害・疾病」「被虐待者の認知症の症状」などがあげられ，75歳以上の認知症のある女性が虐待を受けやすく，虐待者は息子がもっとも多く次に夫が多くを占めていました。虐待のあった半数の世帯では虐待者と高齢者のみで暮らしています[1]。

2 高齢者虐待防止法のねらい

「高齢者虐待の防止，高齢者の養護者に対する支援等に関する法律」（以下，高齢者虐待防止法）では，高齢者虐待の内容が定義され，虐待防止における国および地方公共団体の責任と役割が明確にされています。とくにこの法律では，市町村の役割が重視されており，市町村は虐待対応の一義的責任主体として，**地域包括支援センター**[2]は市町村が高齢者虐待に対応する上での協力機関として位置づけられています。

高齢者虐待防止法は，「①高齢者虐待の定義，②市町村を中心とした体制の構築，③個別問題への対応，④虐待の防止，⑤**養介護施設従事者**[3]等による高齢者虐待の防止，⑥高齢者の保護に資する関連施策」の6つの柱で構成され，その狙いは，「高齢者虐待は高齢者の尊厳を損なうものであることを明確にすること，高齢者虐待の早期発見・早期対応に向けた体制を整えること，高齢者虐待の発生を予防・防止する仕組みを整えること」の3点であるとされています[4]。

3 高齢者虐待防止法における虐待の定義

高齢者虐待防止法では，「高齢者虐待」とは，養護者による高齢者虐待および養介護施設従事者等による高齢者虐待をいうとされ，身体的虐待，介護・世話の放棄・放任，心理的虐待，性的虐待，経済的虐待の5つが定められています（表Ⅲ-3）。これらの虐待を発見したものは市町村に通報するよう定められています。

▷1　厚生労働省老健局高齢者支援課「平成27年度高齢者虐待の防止，高齢者の養護者に対する支援等に関する法律に基づく対応状況等に関する調査」。http://www.mhlw.go.jp/stf/seisakunitsuite/bunya/hukushi_kaigo/kaigo_koureisha/boushi/index.html（2017年12月25日閲覧）

▷2　地域包括支援センター
⇨Ⅱ-3 参照

▷3　養介護施設従事者
老人福祉法および介護保険法に規定される「養介護施設」または「養介護事業」の業務に従事する者を指す。これには直接介護に携わる職員のほか経営者・管理者も含まれている。特別養護老人ホームや居宅サービス事業などのほか，有料老人ホームなども対象になる。

▷4　榎本健太郎（2007）「高齢者虐待防止法の経緯とねらい――改正介護保険法などとの関連をふまえて」『保健の科学』49(1)，11-15。

Ⅲ-11 高齢者虐待と高齢者虐待防止法

表Ⅲ-3 虐待の類型

虐待の類型	定　義
身体的虐待	高齢者の身体に外傷が生じ，または生じるおそれのある暴行
介護・世話の放棄・放任	高齢者を衰弱させるような著しい減食または長時間の放置，養護者以外の同居人による虐待行為の放置など，養護を著しく怠ること
心理的虐待	高齢者に対する著しい暴言または著しく拒絶的な対応その他の高齢者に著しい心理的外傷を与える言動
性的虐待	高齢者にわいせつな行為をすることまたは高齢者をしてわいせつな行為をさせること
経済的虐待	養護者または高齢者の親族が当該高齢者の財産を不当に処分することその他当該高齢者から不当に財産上の利益を得ること

④ 高齢者虐待防止体制

　厚生労働省（2006年）は，市町村都道府県に向けた高齢者虐待防止マニュアルの中で，国，都道府県，市町村の役割を下記のように整理しています。[15]

　国の役割は，高齢者虐待の防止に向けて，高齢者虐待の事例分析を行い，虐待への適切な対応方法や養護の方法その他必要な事項についての調査研究を行う，また，成年後見制度の周知及び利用に係る経済的負担の軽減のための措置等を講じ，成年後見制度が広く利用されるようにするとされています。

　都道府県の役割は，養護者による高齢者虐待については，市町村が行う措置の実施に関し，市町村間の連絡調整，市町村に対する情報の提供その他の必要な援助を行う，また，市町村に対して必要な助言を行うとされています。養介護施設従事者等による高齢者虐待については，高齢者虐待の防止および高齢者の保護を図るための老人福祉法または介護保険法に規定する権限の適切な行使，養介護施設従事者等による高齢者虐待の状況，対応措置等の公表があげられています。

　市町村の役割は，高齢者虐待に関わる窓口を設置し，相談通報を受け付け，虐待の事実確認を行い高齢者の安全を確認し，必要に応じ老人福祉法に規定される措置[16]や面会制限を含め高齢者の保護を行う，高齢者の安全が確認されない場合には警察署長に対する援助要請を含め**立入調査**[17]を行い高齢者の身体の安全を確保する，また，市町村は虐待に専門的に従事する職員を配置，養護者に対する支援を行うとともに，関係機関と連携協力を行い高齢者虐待に対応できる体制を構築することが示されています。

（水上　然）

▷5　厚生労働省老健局（2006）『市町村・都道府県における高齢者虐待への対応と養護者支援について』。

▷6　介護保険法の施行後，福祉サービスの利用は多くが行政による措置から契約へと移行した。しかし本人が家族等から虐待または無視を受けている場合や認知症により契約ができない場合などは，行政機関が特別養護老人ホームへの入所などに関してやむを得ない場合の措置を行えることが定められている。

▷7　立入調査
市町村長は，養護者による高齢者虐待により高齢者の生命または身体に重大な危険が生じているおそれがあると認めるときは，地域包括支援センターの職員その他の高齢者の福祉に関する事務に従事する職員を当該高齢者の住所または居所に立ち入り，必要な調査または質問をさせることができるとされている。

参考文献
　池田直樹・谷村慎介・佐々木育子（2007）『Q & A 高齢者虐待対応の法律と実務』学陽書房。
池田弁護士をはじめ実務に詳しい弁護士が福祉的な視点で高齢者虐待防止法の運用方法を解説している。

Ⅳ　社会福祉の基本理念と生活支援

1　福祉の基本理念——ノーマライゼーション・インテグレーション

1　ノーマライゼーションとは

ノーマライゼーションとは,「障害者は社会で生活する一人の人間として,可能な限り障害のない人と同じ環境のもとに置かれるべきであり,そのような生活環境が保障されることは障害者の権利であって,そうした状況を実現するための障害者の生活環境の改善が必要である」という考え方のことです。

かつて,障害者は地域社会から隔離され,施設の中で十分とはいえない処遇を受けてきました。とくに知的障害児の巨大な隔離施設での劣悪な収容処遇を目の当たりにしたデンマークのバンク-ミケルセン（Bank-Mikkelsen, N. E.）は,その子らの生活環境を改善しようとする「知的障害者の親の会」の活動に深い影響を受け,障害者の生活環境の改善と「障害のない人たちと同様に,一人の人間として障害者を尊重すること」を唱え,1959年の「知的障害者等福祉法」の制定に尽力しました。この法律は,世界ではじめて「ノーマライゼーション」という言葉が採用された法律として知られています。

この「1959年法」の制定過程で,バンク-ミケルセンは「ノーマライゼーションは,知的障害者をいわゆるノーマルな人にすることを目的にしているのではない。ノーマライゼーションとは知的障害者をその障害とともに受容することであり,彼らにノーマルな生活条件を提供することである。すなわち,最大限に発達できるようにするという目的のために,障害者個人のニードに合わせた援助,教育,訓練を含めて,他の市民に与えられているのと同じ条件を彼らに提供することを意味している」と述べています。すなわち,ノーマライゼーションとは,障害者を社会的に受け入れ,彼らとともに生きてゆく「共同の地域社会」を構築することを目指すものなのです。

2　ノーマライゼーションの原理の拡大

また,1963年にスウェーデン知的障害児者連盟のベンクト・ニィリエ（Nirje, B.）は,デンマークの「1959年法」の前文にある「知的障害者ができるだけノーマルな生活を送れるようにする」という言葉に出会い,その言葉を用いて,当時のスウェーデンにおける施設処遇のあり方を批判しました。

ニィリエは,「知的障害者は,ノーマルなリズムにしたがって生活し,ノーマルな成長段階を経て,一般の人々と同等のノーマルなライフサイクルを送る

▷1　花村春樹（1998）『「ノーマリゼーションの父」N・E・バンク-ミケルセン——その生涯と思想』ミネルヴァ書房。

権利がある」として，ノーマライゼーションを福祉活動の「原理」として整理することを試みました。これが，現在世界に浸透している原理となっています。

こうした「ノーマライゼーション」の考え方は，1971年の「国連知的障害者権利宣言」，1975年の「国連障害者権利宣言」の土台となり，1981年の「国際障害者年」のテーマを「完全参加と平等」とした国連決議（34／154, 1979年）へとつながっていくことになります。このように，北欧の知的障害者の領域から広がったこの概念は，今日では福祉活動の基本的な原理の一つになっていますが，その意味において，「地域の中でそれぞれの人々が，それぞれに精一杯生きていくことができるような関わりあいを大切にする」という，地域包括ケアの考え方の基本的なベースを構築している原理であるともいえるでしょう。

❸ インテグレーションとは

地域社会から排除されてきたのは，障害者だけではありません。女性やエスニック・マイノリティなど，これまで差別されてきた少数派の人たちが，「自分たちの主体的な権利」の獲得に向けて声を上げるようになったのも，1950年代から60年代にかけてのことでした。例えばノーマライゼーションやアメリカの公民権運動などは，多数者中心の社会のあり方に異議を唱えた，きわめてエポックメイキングなことであったのです。

これらの運動で共通して目指されていたのは，排除されていた少数者の人権の尊重と，社会への「統合（インテグレート）」でした。これがインテグレーション（Integration）と呼ばれる概念です。そして，その線上には，「完全参加と平等」をテーマとする「国際障害者年」の理念がありました。

インテグレーションの具体的な例として，1975年のアメリカの「全障害児教育法」があげられます。これは「もっとも制約の少ない環境での教育」，すなわち障害児と健常児がともに学ぶ「統合教育」の追求と，個別の教育計画（IEP）による個別的対応の追求という両方の側面から，個々人の状態に見合った教育環境の最適化を義務づけるものでした。

しかし一方で，こうしたインテグレーションの概念は人を「障害」と「非障害」に分ける二元論である，との批判が提起され，それに代わる概念として登場してきたのが，インクルージョン（Inclusion）という考え方です。地域社会で個々の必要性に応じた支援の手だてを用意しつつ，それを必要とする人を「包み込む（Include）」というインクルージョンの方向性は，国連やユネスコに支持され，「**サラマンカ声明**」[3]（1994年）によっても確認されることとなりました。

このように，ノーマライゼーションからインテグレーション，さらにはインクルージョンへと至る思想の変遷は，生活支援のあり方についての重要な示唆を含んでいます。地域において個人が多様な形で存在することを支援するため，こうした思想の変遷を十分に理解しておく必要があるでしょう。　（衣笠一茂）

▶2　ベンクト・ニィリエ／ハンソン友子訳（2008）『再考・ノーマライゼーションの原理——その広がりと現代的意義』現代書館。

▶3　サラマンカ声明

特別なニーズ教育における原則，政策，実践に関するサラマンカ声明とは，1994年6月7日から10日にかけ，スペインのサラマンカにおいて UNESCO とスペイン政府によって開催された「特別ニーズ教育世界会議：アクセスと質」（以下，特別ニーズ教育世界会議）において，6月10日に採択された宣言である。国際連合が掲げる「万人のための教育（Education for All）」の目標実現にむけ，学校がすべての子どもたち，とりわけ障害児や移民など特別な教育的ニーズをもつ子どもたちに対応していくため，UNESCO をはじめ，その他の国連機関，専門機関，非政府組織，寄金提供機関の代表に加え，教育行政の高官，政策立案者らが出席した。

（参考文献）

ベンクト・ニィリエ／ハンソン友子訳（2008）『再考・ノーマライゼーションの原理——その広がりと現代的意義』現代書館。
ノーマライゼーション思想の出発点と，それがどのように拡大していったか，また現代社会にとってどのような意義があるかがわかりやすく書かれている。ニィリエの思想に直接触れることができる点でも，貴重な図書である。

Ⅳ　社会福祉の基本理念と生活支援

2　福祉の基本理念
——エンパワメント・ストレングス

1　エンパワメントとは

　エンパワメントとは，個人や集団，地域社会における「主体性」に関する概念です。さらにいえば，何らかの社会的な理由や抑圧によって権利や主体性を奪われている人々が，自分たちの人生を取り戻してゆくプロセスのことをいいます。個人や集団，地域社会が，自分の人生の主人公となれるように力をつけて，自分自身の生活や環境をよりコントロールできるようにしていくことを意味しています。

　エンパワー（empower）という単語は，もともとは「力や権限を付与する」という意味です。エンパワメント，すなわち「力を獲得してゆく」という概念がソーシャルワークの理論や技法として最初に登場したのは，1976年にソロモン（Solomon, B.）が『黒人のエンパワメント——抑圧されている地域社会におけるソーシャルワーク』を著し，ソーシャルワーク実践におけるエンパワメントの視点の重要性を指摘したことでした。やがてエンパワメントは，黒人を含む少数派民族の運動，女性解放運動などで，「社会的地位の向上」を目指したソーシャルワークの活動という意味で使われてゆくようになります。

　また障害者の分野で用いられるようになったのは，ダート（Dart, J.）がアメリカにおいて「障害者の権利とエンパワメントに関する調査委員会」を設けた頃からであるといわれています。これが後の「障害を持つアメリカ人法」へとつながってゆくわけですが，エンパワメントは，コックス（Cox, E.）が「エンパワメントの視点と考え方は，今後ソーシャルワーク理論の重要な潮流となって行くだろう」と述べたように，社会環境によって不利益を被っていたり，自らの権利を侵害されたりしているさまざまな人々が，自分たちの「主体的な生」を取り戻すための重要な視点として理解されるようになってきています。

　このエンパワメントの考え方の根底にあるのは，能力や権限は訓練や指導によって後から付加されるものではなく，本人が本来もっているものであり，それが社会的制約によって発揮されていなかった，と理解する点です。当事者や集団，地域社会が本来有している潜在的な「力」を発揮できるようにするためには，あらゆる社会資源を再検討し，条件整備を行っていく必要があります。これは自立生活運動，セルフヘルプ・グループの活動，そして後述する「ストレングス」の視点にもつながっていくことになります。

▷1　E. O. コックス・R. J. パーソンズ／小松源助訳（1997）『高齢者エンパワメントの基礎——ソーシャルワーク実践の発展を目指して』相川書房。

❷ ストレングス

　先に述べたようなエンパワメントの考え方を具象化するための視点が，ストレングスの視点（strength perspective）と呼ばれるものです。具体的には，当事者や集団，地域のもつ可能性や潜在的な能力に関心をもち，「悪いところがあるから治療しよう」という従来のソーシャルワークにおいて採用されてきた「医学モデル」ではなく，「その人（や集団，地域社会）のもつ可能性を発掘し，ともにその人のもつ潜在的な能力を発揮できるようなプロセスを歩もう」とする「**生活モデル**」を特徴づける重要な視点の一つとなっています。

　ソーシャルワークにおけるストレングス視点の導入は，1982年のカンザス大学社会福祉大学院による，精神障害者の強さに焦点化したケースマネジメントの試みから始まったといわれています。ここでのストレングスは，利用者が生活の中で築いてきた経験や価値，力や強さを重視し，利用者との対等な協働関係の中で支援を行うという「プロセス重視」の考え方を意味していました。同時にエンパワメントの議論においても，それらの「行動の基盤」となる概念が「ストレングス」であるとされ，ストレングスの視点は「エンパワメント・アプローチを用いるソーシャルワーカーにとって，重要な準拠枠」として位置づけられるようになります。このように，ストレングスの視点は，当事者や集団，地域社会が自らの主体的な生を送るために力と権限を獲得していく「エンパワメント」の考え方を具象化するための基盤となる概念として理解されるようになってきたのです。

　このようにストレングスは，その人や集団，地域のもつ潜在的な可能性に焦点を当て，それを発露させることで問題の解決を図るというエンパワメント・アプローチと，きわめて強い近似性をもっています。さらにいえば，ストレングスとは，「生来もっている能力や獲得してきた才能，発達させてきたスキルなど，私たちが得意であると思うもの」であり，そこには特性や能力，行動などの目に見えるものだけではなく，人々が逆境におかれても学ぶことがあること，教育や生活経験の中で獲得してきた知識や知恵，コミュニティのもつ福祉力，なども含まれます。

　私たちは，支援を必要とする人々をみるとき，得てしてその問題や解決すべき課題にばかり目が行きがちです。しかし，ストレングスの視点からすれば，人は本来自らの中に「解決できる力」を可能性として備えた存在なのであり，個人や集団，地域の「可能性」をいかに発露させることができるか，という観点から，改めて支援のあり方が問われなければならないでしょう。

（衣笠一茂）

> ▷ 2　生活モデル
>
> 1980年にジャーメイン（Germain, C. B.）らによって提唱された概念で，利用者を，治療の対象とするのではなく，環境との交互作用関係の中に生きる「生活主体者」として捉え，援助者は，個人と環境との接触面に介入する，という理解を基本にしている。

参考文献

狭間香代子（2001）『社会福祉の援助観——ストレングス視点／社会構成主義／エンパワメント』筒井書房。
エンパワメントとストレングスの内容，さらにその連関構造が，わかりやすく書かれている。その歴史的な発展とともに，社会構築主義との関連も解説されており，なぜ今日の社会福祉においてエンパワメントとストレングスが重要視されるのかが理解できる。

Ⅳ　社会福祉の基本理念と生活支援

3 福祉の基本理念──自立支援

1 自立とは何か

　自立支援は，現代の社会福祉における対人援助のあり方を示す，重要な概念となっています。では，まず「自立」とは一体何を指すのでしょうか。

　従来，「自立」という言葉は，「身体的・経済的・人格的」のそれぞれの側面から，語られてきました。しかし，ノーマライゼーション思想や人権思想の高まりから，この3つの自立概念の要素の中でも「人格的自立」，即ち自分自身の人生を主体的に選択し，自己実現を達成していく「自己決定」という概念が重要視されるようになってきました。障害や生活課題をもっていても，当事者が主体的な「自己決定」を行うことにより，社会活動に参加する環境整備を整える必要性が叫ばれるようになってきたのです。

2 自立支援とは何か

　このような考え方のもとでは，「自立支援」とは，当事者が自らの責任で自らの生活を営むことを基本としつつも，それだけでは生活が維持できない場合に必要な援助を行う，という必要性が生じてきます。すなわち，福祉サービスの自己選択や自己決定を可能にする仕組みを社会がいかに用意するかが，自立支援の中心的な課題になってくるわけです。

　アメリカの**自立生活運動**を1970年代に主導したエド・ロバーツは，適切な環境と適切な機会が与えられれば，障害をもつ者であったとしても，十分な自己決定による「自立した生活」が可能になることについて述べ，また実際に，障害をもつ人々がさまざまな形で社会に役立つことを示しました。従来，日常生活動作（ADL）への支援を中心に，「身辺自立」を目指していた生活支援のあり方から，健常者と平等な機会を得ることによって，自らのもつ能力を十分に発揮できる環境整備をすることで，障害をもつ人でも十分に社会に役立つことを，エド・ロバーツは示したのです。

3 自立支援への問いかけ

　例えばWHOの「健康」の定義にもあるように，①身体的健康，②精神的健康，③社会的健康といった，社会との関わりの中で「健康」や「自立」を捉え直そうとする概念があります。こうした考え方は，個人の能力主義的な観点

▷1　自立生活運動
自立生活運動（Independent Living Movement）とは，障害者が自立生活の権利を主張した社会運動のことである。1960年代のアメリカカリフォルニア州で，当時障害のある大学生であったエド・ロバーツが，自らの生活と学習の権利を保障する抗議運動をはじめたことを発端として，障害者の権利運動が全米に拡がり，世界中の障害者の権利運動に大きな影響を与えた。

に陥りがちな「自立支援」を，社会との関わりにおいて捉え直すという点において，重要な観点を有しているといえるでしょう。

　このように，自立支援の考え方は，旧来のADL（日常生活動作）や経済的な自立に対するアプローチから，当事者の主体性，すなわち「自己決定」という考え方を軸とするアプローチに変化してきました。それは，自らの身の回りのことから生活のすべてに至るまで自分で責任を負う，という意味の「自立（independence）」から，必要な生活環境を福祉サービス等で整備しながら，自らの主体的な「自己決定」により生活を律していく権利を尊厳としてもっている，という「自律（autonomy）」という概念に変化するプロセスとしても捉えられます。

　しかし，この「自己決定」できる「自律」の概念そのものが，じつはある種の能力主義をはらんでいないでしょうか。知的障害者や認知症の高齢者といった「判断能力にハンディキャップをもつ人々」にとって，「自己決定できる自律」への支援は，それが「決定できる能力をもった個人」であることを前提としていないでしょうか。それでは，さまざまな形で知的に，判断能力にハンディキャップをもった人々への「自立支援」は，どのように考えればよいのでしょうか。

④ これからの自立支援のあり方

　現在，わが国で認知症により行方不明になる高齢者は，2017年度で１万5,000人を数えるといわれています。すなわち，「自律し，自己決定できる」ことを支援するだけでは，そこからこぼれ落ちる人々が年々多くなってきているのです。このような状況の中で，私たちは「自立支援」をどのように考えればよいのでしょうか。

　「自律」という概念は，本来が他者との関係性を前提とした概念です。「自己決定」するあなたの判断を受けとめる私がいてこそ，そこに「決定」が共有されます。すなわち，「自律や自己決定」という概念は，本来が関係論的なものなのです。

　このように考えれば，これからの自立支援は，「自律できない＝自己決定できない」人々と，そうでない人々との「関わり合いのあり方」を考える必要性が生じてきます。「孤独な自己決定」に陥るのではなく，「開かれた合意形成」が行われる地域社会において，「自立」できない人々をも受け入れる環境整備が重要です。そして，そうした新たな「関わり合い」のあり方が，これからの自立支援の一歩を踏み出す重要な概念になるものと考えられます。自立だからといって，なんでもその人任せにするのではなく，その人の存在を受け入れ，分かち合う地域づくりのあり方が，それこそ「自立できない」人々への「自立支援」として，地域包括ケアの枠組みの中で求められてくることでしょう。　（衣笠一茂）

参考文献

　定藤丈弘・岡本栄一・北野誠一編（1993）『自立生活の思想と展望――福祉のまちづくりと新しい地域福祉の創造をめざして』ミネルヴァ書房。
自立支援の概念の成立と，その具体的な支援の技法の系譜がわかりやすく書かれている。古い本だが，図書館などで探して読んでみてほしい。自立概念への理解が深まることだろう。

Ⅳ 社会福祉の基本理念と生活支援

 ソーシャルワークの援助過程と生活支援

1 生活支援の基本的な考え方

　私たちは,「生活」というと, どのような営みを思い浮かべるでしょうか。
　例えば, 従来の家政学を基盤とした「生活」の捉え方では,「衣・食・住」という私たちが生きていくための基本的な3要素が示され, また介護福祉学においては,「日常生活動作＝ADL」の視点から,「食事・排泄・入浴」が「3大介護」と呼ばれるなど,「人が生きていくための最低限の環境や健康状態」などを中心に議論されてきました。しかし,「地域包括ケア」の時代を迎えようとしている今,「生活」の捉え方についても新しいパラダイムが求められるようになってきています。
　もちろん, 雨風をしのげる住居があり, 食事を摂ることができ, お風呂に入り, 排泄することも, 生活を営む上では重要なことです。しかし, その人がたった一人で, 孤独で孤立した環境におかれていたとしたらどうでしょうか。たしかに, その人は「生きている」とはいえるかもしれませんが,「生活をしている」ということはできるでしょうか。
　「生活」という文字は,「生きることが活き活きとする」と書きます。ただ単に「いのちが在る＝生存」しているだけではなく,「生活」というのはいのちが輝くような,「生きていく」という主体的な取組みを伴った営みです。そして,「主体性」というのは, 私たち一人ひとりが, さまざまな人々と関わることの中で発露されるものです。得てして「主体性」という言葉は「自己決定」という概念と結びつけて考えられることが多いのですが, 私たち一人ひとりの「自己決定」が, それを受けとめてくれる「他者」との関わりの中においてはじめて可能になることからもわかるように, 私たちの意欲や生きがい, すなわち「活き活きと生きる」生活は, さまざまな人々との関わりの中で, 自らの存在が認められ, 受容され, そして肯定されることによって, はじめて成立するものなのです。
　これを「間主観性」と呼びますが, 私たちの生活は, この間主観的な「関係性」の中で成り立っています。そして, もちろん, この「関係性」は, 必ずしも良好に調整されたものとは限りません。また, 失業や困窮, 疾病や障害などの要因によって, 地域社会で「孤立」してしまう, すなわち関係性を喪失して「置き去り」になるようなケースもあるでしょう。

▶1　間主観性
現象学の創始者であるフッサール（Hussarld, E.）が提唱した概念。彼は,「各個人によって認識される世界は, 個別の世界であると同時に,『他者と共有する世界』でもある。主観と主観の間にある事物や現象を『言葉・体験・文字』によって共通認識することによって,『世界の客観性・実在性』が保証される」と考えた。この主観と主観が向かい合って, 世界を共有化し共通理解を成立させることを間主観性と呼ぶ。

図Ⅳ-1　ジェネラリスト・アプローチによるソーシャルワーク過程

出所：L. C. ジョンソン・S. J. ヤンカ／山辺朗子・岩間伸之訳（2004）『ジェネラリスト・ソーシャルワーク』ミネルヴァ書房。

　このように考えれば，「生活支援」とは，「衣・食・住」やADLへの支援とともに，その人が地域社会の中で置き去りにされないような，「関わり合いのあり方」への支援でもある，ということがわかると思います。

2　ソーシャルワークの考え方と援助過程

　このように，「関係性の視点」から，生活を包括的に支える対人援助の実践が「ソーシャルワーク」と呼ばれる活動です。ソーシャルワークを実践するには，利用者とその人を取り巻く周囲の人々との「関わり合い」，つまり人と環境との関係の調整と活用の視点をもつことが重要です。このソーシャルワークの基本的な視点を，「人と環境との全体関連性（a person in his situation configurations）」と呼びます。

　では，その「関係性の視点」を，具体的にどのような過程を通じて具象化してゆけばよいのでしょうか。近年ソーシャルワーク実践の基礎理論として注目されている「ジェネラリスト・アプローチ」では，ソーシャルワークの援助過程が「アセスメント」「援助計画の立案（プランニング）」「援助活動の展開（アクション）」「終結」という4つのプロセスにまとめられ，そのそれぞれが「評価」と関連づけられながら整理されています（図Ⅳ-1）。

　すなわち，利用者と彼のおかれている生活環境との関係性のあり方を把握し，どのような関係性の不調整が生活課題となっているのかを明確化した上で，その関係性の調整には，彼のもつ可能性をいかに引き出し（エンパワメントとストレングスが思い起こされます），かつ環境の整備のためにフォーマル・インフォーマルな社会資源を活用しつつ，その人と「人・モノ・コト」を含む生活環境との最適なマッチングを図ることによって，利用者その人がもっている生活課題を解決し，それをもって彼の人間的な成長を図る，という「生活の包括的支援と，全人的な人格の発達と成長を促す」というのが，ソーシャルワーク援助のプロセスについての基本的な考え方です。

　このように，ソーシャルワークは「生活の全体性」を「関係性から捉える」という視点に強い関心をもちます。単なる「生存」ではなく，主体性をもった「生活」の支援に向けて，この「関わり合いのあり方」に関心をもつソーシャルワークの実践は，今後ますます重要なものとなっていくでしょう。

（衣笠一茂）

参考文献

L. C. ジョンソン・S. J. ヤンカ／山辺朗子・岩間伸之訳（2004）『ジェネラリスト・ソーシャルワーク』ミネルヴァ書房。
今日的なソーシャルワークの概念と理論枠組みについて書かれた基本的な図書。ソーシャルワークの援助過程を理解し，「ソーシャルワークとは何を実現するのか」を知るためには，最適な図書である。

Ⅳ　社会福祉の基本理念と生活支援

5　利用者本位の支援

1　「自己決定」への支援

「利用者本位の支援」とは，どのような支援のあり方を指すのでしょうか。

例えば，1970年代にアメリカで生じた障害者の自立生活運動では，障害者自身の「自己決定」が重要視されました。障害があろうとなかろうと，一人の人間としての尊厳や，人生を主体的に送ることに何の違いもない，という主張のもと，障害者が街に出て，自らの意思で学び，働き，そして人生の自己実現を達成していくための「軸芯となる概念」として，「自己決定」という概念の重要性が説かれたのです。

こうした利用者の主体性を尊重した支援のあり方は，その後1980年代のイギリスにおける「コミュニティ・ケア改革」の一連の流れ，またその影響を受けたわが国の一連の「**社会福祉基礎構造改革**」から「地域包括ケアシステム」の提言に至るまでの「地域福祉」に関連した施策の展開の中でも，常に議論されてきました。とくにわが国の公的介護保険において重要な働きを果たすケア・マネジメントの実践においても，「利用者本位の生活を保障」するために，利用者の参加と「自己決定」が重要視され，ケアプランにその内容を盛り込むことが制度的にも求められています。このように，従来は「利用者主体の支援」とは「利用者の自己決定に基づくもの」として，一般には理解されてきました。

2　「自己決定」への懐疑

しかし，今日ではこの「自己決定」という概念だけに依拠した「利用者主体」のあり方に，さまざまな形で疑問符がつけられるようになってきています。

例えば立岩真也は，こうした自己決定に関わる課題を，「自己決定のあり方に関わる問題」と，「自己決定が不在の場合の問題」の，2つに大別して問題提起をしました。

「自己決定のあり方に関わる問題」というのは，「それがその人の自己決定だからといって，すべてを実現しなければならないのか」という問題です。例えば，利用者の自己決定を尊重するといっても，要介護度ごとの基準額を超えたケアプランを作成することはできませんし，回復期リハビリテーション病棟に「もっと入院していたい」と言ったとしても，六カ月を超えては入院できません。もっと端的にいえば，「死にたいから殺してくれ，これは自己決定だ」と

▷1　社会福祉基礎構造改革
増大・多様化の見込まれる国民の福祉需要に対応するために行われた，社会福祉の制度改革をいう。1997年11月より中央社会福祉審議会の社会福祉構造改革分科会で検討が行われ，1998年6月には，「社会福祉基礎構造改革について（中間まとめ）」がとりまとめられた。これに基づき，社会福祉事業法や身体障害者福祉法，知的障害者福祉法，児童福祉法など関係各法の改正が行われ，社会福祉を実施するための新たな法制度が整備された。

▷2　立岩真也（1997）『私的所有論』勁草書房。

言われた場合，私たちはその決定を受け入れるでしょうか。このように考えれば，何でもかんでも自己決定だからといって，受け入れることができないのは自明のことだとわかります。

もう一つの「自己決定が不在の場合の問題」というのは，例えば，生まれたての赤ちゃんや，判断の能力にハンディキャップをもつ人，さらにいえばALSでロックトイン状態にある，意思表明ができない人など，「決定する能力」をもたない人の場合のことです。昨今は認知症の人々の「自己決定」のあり方についても各所で議論がみられますが，それではこのように「自己決定能力が十分でない人」には，「主体性」はないのでしょうか。

「自己決定が利用者の主体性と，利用者本位を保障する」というのは，一見もっともらしく聞こえますが，自己決定を保障するだけでは今や「利用者主体」とはいえない時代に入ってきているのです。そして，そのときに私たちの前に現れてくるのが，「決定できない人であっても，その人の精一杯の生を支援する」という，新しい「利用者主体」の考え方です。

❸ 関係性のあり方から「利用者主体」を考える

近江学園の創始者である**糸賀一雄**[13]は，「この子らを世の光に」という言葉を残しました。これは，障害があっても懸命に生きようとする重症心身障害児の姿から，「精一杯生きる」ことの価値を学ぶことができるという，「価値の生産」を意味する言葉です。

たとえその人が認知症であっても，重度の疾患や障害をもっていても，生活困窮の状態にあっても，その人が「よりよく，精一杯生きてゆく」可能性に開かれた存在であること。そして，その「精一杯生きる姿」こそが，私たちが生きる地域社会の中で，真に価値あるものであること。このような考え方に立ったときに，その人が自己決定できるかできないかにかかわらず，「精一杯生きる」人生の主体としての，利用者本位の支援ができるのではないでしょうか。

利用者本位の支援とは，ただ利用者の言うことを聞き，利用者の言うとおりに事を行うことではなく，彼らが「精一杯生きる」ことができるような生活や社会の環境を醸成し，そして活き活きと暮らすその存在が認められるような，「お互いに存在を認め合うような関わり合い」のもとで，はじめて実現するように思われます。支援者は「御用聞き」でも「お手伝い」でもありません。利用者その人の「生」に寄り添い，その命が精一杯輝くような関わり合いのあり方を通して，「利用者本位の支援」は実現していくのでしょうし，また個人や集団，地域の中にそのような可能性が満ちていることを忘れてはならないと思います。

(衣笠一茂)

▶3 糸賀一雄
日本の社会事業家（1914-1968）。知的障害のある子どもたちの福祉と教育に一生を捧げた，日本の障害者福祉の第一人者として知られている。その思想を自身が著した『福祉の思想』（NHK出版，1968年）において，「この子らを世の光に」という言葉を残した。

（参考文献）
衣笠一茂（2015）『ソーシャルワークにおける「価値」と「原理」──「実践の科学化」とその論理構造』ミネルヴァ書房。
やや難解な図書だが，利用者本位とは何か，主体性とは何かを詳細に論じている。自己決定の限界についても触れ，これからの地域包括ケアシステムが間主観的なものとなるべきであることについて主張した，福祉思想の入門書。

V 地域包括ケアを支える専門職

 # 保健・医療・福祉の各専門職の連携

1 多職種連携がなぜ必要なのか

医療が高度化し複雑化してくるとともに、さまざまな保健医療の専門職が誕生してきました。福祉や介護の分野の専門職も、制度の充実とともに増加してきています。また、人口の高齢化とともに、生活習慣病などの慢性疾患が増加し、加齢に伴う機能低下や疾患への対応が医療や介護の重要な課題になっています。そうした変化に対応するために、地域包括ケアシステムの構築、医療提供体制の再編が進められてきました。

こうした動向を推進し、うまく機能する仕組みにしていくために、保健・医療・福祉の各専門職の連携や協働がますます求められるようになっています。専門職間の連携(多職種連携)は、一つの医療機関や介護施設の中で求められるだけでなく、機関を超えた連携(多機関連携)も必要となっています。このため2014年の介護保険法の改正では、在宅医療・介護連携推進事業が、地域支援事業の一つとして定められました。

多職種が連携・協働することで、チームとして多面的視点から一人ひとりの療養者のアセスメントを行い、包括的な内容の支援計画をつくることができます。また協働でモニターしていくことで、よりきめ細やかな支援を実現することができます。

2 多職種連携のさまざまな形態

多職種連携によるチームアプローチは、一つの医療機関や介護施設の中ではすでに定着しています。例えばリハビリテーションのための医師・リハビリテーション専門職・看護師の連携、栄養サポートチームにおける医師・看護師・薬剤師・臨床検査技師・言語聴覚士・管理栄養士等の連携、あるいは介護施設においても看取り介護が広がるとともに、介護職員と看護師・医師の連携は当然のものとなってきました。

機関を超えた多職種連携も在宅ケアの普及とともに活発になってきています。在宅ケアでは、在宅医療・介護連携推進事業が目指しているように、医療専門職(医師・看護師・歯科医師・歯科衛生士・薬剤師・理学療法士・作業療法士など)と、介護や福祉の専門職(介護支援専門員・介護福祉士等の介護職員、社会福祉士等のソーシャルワーカーなど)との連携(在宅ケアチームの形成)が不可欠です。在宅

▷1 本章の以下の項では、医師、看護師・保健師等の看護職、歯科医師・歯科衛生士、リハビリテーション専門職(理学療法士・作業療法士・言語聴覚士)、ソーシャルワーカー(社会福祉士・精神保健福祉士)、介護福祉士・その他の介護職、介護支援専門員、管理栄養士、薬剤師の役割について述べる。

▷2 在宅医療・介護連携推進事業については、⇒ I-6 参照

▷3 2006年4月の診療報酬改定で栄養管理実施加算が新設され、栄養サポートチーム(NST: Nutrition Support Team)の取組みが広がってきた。
⇒ VI-6 参照

ケアチームを形成するためには，介護保険制度のもとで介護支援専門員が招集するサービス担当者会議を活用することが重要となります。医師は診療に多忙でサービス担当者会議に参加できないことも多いですが，介護支援専門員はかかりつけ医と普段から連絡を取り合うことが必要です。

在宅で療養している人の急変時には，しばしば在宅ケアチームと入院設備をもった医療施設（病院等）との連携が必要となりますし，その人が退院して在宅復帰する際も同様です。こうした入退院の円滑化を図るには，かかりつけ医（診療所が担当していることが多い）と救急受け入れ病院との間の連携（病診連携）の仕組みを地域に作っておくことが重要になります。また医師同士の連携だけでなく，在宅ケアチームの他の専門職と病院の専門職の間での連携も必要となります。退院して円滑に在宅生活に復帰するためには，病院が**退院調整会議**を招集して，病院職員と在宅ケアチームの間で支援計画を共有・確認することも重要です。

そのほか，地域包括支援センターには，3種類の専門職（主任介護支援専門員，社会福祉士，保健師）を配置することが定められていますが，これは多職種連携により包括的支援を実現しようとするものです。また，各市町村で実施されている認知症初期集中支援チームの取組みも，多職種連携の強みを活かすものです。

③ 多職種連携において留意すべきこと

多職種連携を進めるために留意しておかなければならない事柄を述べます。第一は，何のための連携かという点です。多面的視点から包括的な支援を実現し，療養者の生活の質（QOL）を保持・向上させることが目標であり，そのためには療養者の意向を尊重することが重要です。第二は，連携を図る職種間の相互理解です。連携するためにはそれぞれの職種の背景や期待できる役割を，相互に理解しておかなければなりません。第三は，誰が連携のコーディネーターになるかです。コーディネーターとして，医療に関してはかかりつけ医の役割が重要であり，介護保険サービスを利用する場合は介護支援専門員の役割が重要となります。入退院を円滑にするには地域医療連携室の役割が重要です。コーディネーターは連絡調整，会議の招集や進行を担い，支援計画の策定，相互の役割分担等を確認します。

こうした個別の支援における多職種連携を推進していくためには，地域において保健・医療・福祉関係者同士の顔の見える関係づくり，相互の信頼関係を作り出すことが必要であり，そのために市町村等を単位に事例検討会やワークショップ形式の多職種協働研修の取組みが実施されています。また各種の専門職を養成する教育機関においても多職種連携教育の推進が課題となっています。

（黒田研二）

▶4 **退院調整会議**
診療報酬制度により，入院中の医療施設の医師や看護師等と，退院後の在宅療養を担う医師，看護師，歯科医師，薬剤師等が，退院後の居宅における療養上必要なことの説明および指導を共同で行う行為に「入院時共同指導料」が設定されている。また，介護報酬には介護支援専門員が入退院・退所時の会議に参加することにより算定できる退院・退所加算が設定されている。こうした制度を活用することも，連携を促進する会議を普及させていくために必要である。

▶5 医師法等の医療専門職に関する法律では，医療行為（医業）について医師や歯科医師の業務独占を規定しており，他の医療職が医療行為を行う場合にはその指示によることが定められている。しかし，在宅ケアでは，医療行為はその支援全体の一部であり，介護，生活支援などさまざまな領域からの支援が必要である。こうした広範囲の支援を組み立てていくためには，支援者チームはフラットな関係で，対等に意見を述べ合える関係であることが重要である。在宅ケアの目的は，在宅療養者の生活の質の向上にあることを医療と介護の関係者がともに認識して，そのために自由に連携できる素地を作り出していくことが求められている。

▶6 IPE（inter-professional education）と呼ばれる。

Ⅴ 地域包括ケアを支える専門職

2 医師・看護師・保健師の役割

地域包括ケアにおいて医療と介護の連携は必須です。地域では医師・歯科医師・看護職をはじめ，薬剤師や理学療法士・作業療法士等の医療関係者が活躍しています。しかし，多職種連携の事例検討会などでは他職種の役割を十分理解できていない実態がみられることがあります。医療や福祉の関係者が，お互いの役割や機能を理解し連携しなければ，対象者に有効な質の高いケアの提供は困難になります。そこで，ここでは医師と看護職について説明します。

1 医師の資格と業務内容

医師は，医師法により，「医療及び保健指導を掌ることによつて公衆衛生の向上及び増進に寄与し，もつて国民の健康な生活を確保するものとする」と規定されています。医師以外の者が医業を行ってはならないことが規定されており（医師法第17条），業務独占の国家資格です。国家試験に合格し，厚生労働大臣の免許を受け，病院や診療所などで医療および保健指導を行います。

介護保険制度では，かかりつけ医として要介護認定の申請の際に「主治医意見書」を作成します。介護認定審査会の委員として審査判定業務を担うこともあります。老人福祉施設などの介護保険施設では入所者の健康管理や療養上の指導を行います。地域では**在宅療養支援診療所**や病院に勤務したり，訪問診療を行ったりして高齢者の在宅医療を支えます。

高齢者が可能な限り住み慣れた地域で生活を継続するためには，保健，予防，リハビリテーション，看取りケアに関わる医師の役割は多様です。在宅での療養生活を希望する本人や家族の意向を大切にしながら，治療方針を示して治療を行います。また，介護保険や医療保険を利用して訪問看護サービスを受ける場合は，訪問看護師に対して指示書を作成し，連携して安全で安心な療養生活を支援します。とくに，主治医として発熱などの急変時に入院を受け入れてくれる病院と連携があると，本人や家族は安心して在宅療養が継続できます。

2 看護職の資格と業務内容

看護職は地域包括ケアシステムの中では，医師や医療専門職と協働して療養者の医療面を保障し，医療と介護をつなぐ役割を担っています。看護職には，看護師・准看護師・保健師・助産師がいます。**保健師助産師看護師法**により規定されています。

▶1 在宅療養支援診療所
できる限り住み慣れた地域で療養生活を送れるように，24時間連絡を受ける医師または看護職員を配置し，連絡先を患者に提供している診療所。2006（平成18）年に診療報酬上に設けられた。2010（平成22）年度改正では，地域の在宅医療を支える200床未満の病院も在宅療養支援病院と認められた。

▶2 保健師助産師看護師法
1948（昭和23）年7月に保健婦助産婦看護婦法として制定され，2001（平成13）年に保健師助産師看護師法と改正された。それぞれの看護職（准看護師を含む）の任務や免許，試験や業務などについて規定した法律。現在も男性が助産師資格を取得することはできない。

V-2 医師・看護師・保健師の役割

◯看護師

看護師は3〜4年の看護教育ののち国家試験に合格して厚生労働大臣の免許を受けて，傷病者若しくは褥婦に対する療養上の世話または診療の補助を行っています。准看護師は都道府県知事の免許を受けて，医師，歯科医師または看護師の指示を受けて傷病者若しくは褥婦に対する療養上の世話または診療の補助を行っています。看護師のおよそ9割は病院および診療所に就業しています[3]が，そのほか介護老人保健施設や介護老人福祉施設（特別養護老人ホーム）等の施設において医療的ケアを担ったり，通所リハビリテーション・通所介護施設等においては来所者の健康管理等を担っています。訪問看護師は，自宅（時に高齢者施設）を訪問し，医療的ケアを提供し本人や家族の不安に応えたりしています。

なお，介護支援専門員としてケアプランの作成に関わっている人もいます。

◯保健師

保健師は4〜6年の看護教育ののち，国家試験に合格して厚生労働大臣の免許を受けて，保健指導を行っています。病院や学校や企業の保健部門で活躍することもありますが，約7割が地域の**保健所や保健センター**[4]に勤務しています[5]。高齢者領域では，市町村の介護保険関係部署で介護保険事業計画や要介護認定業務を担当したり，介護保険施設等で介護支援専門員として活動したり医療的ケアを担っています。地域包括支援センターでは保健師（若しくは経験豊富な看護師）は社会福祉士や主任介護支援専門員とともに連携しながら活動していますが，とくに介護予防マネジメント事業を担っています。

◯助産師

助産師は，厚生労働大臣の免許を受けて，助産または妊婦，褥（じょく）婦若しくは新生児の保健指導を行っています。介護支援専門員の資格を取得して地域で活躍している助産師もいますが，病院や助産院で女性の健康（妊娠・出産など）に関わることが多いです。

③ 地域包括ケアにおける医療職の役割[6]

今後の超高齢社会では自宅や施設が看取りの場所として増加すると予測されています。尊厳をもって住み慣れた場所で最期を迎えることは本人や家族の願いです。その実現のためには医師や看護職が介護関係者と連携して最後の時期を支える必要があります。治療や苦痛を取るための薬の調整や医療的な対応については医師が，服薬確認や日常の健康面の観察は看護職が，食事の支援や排泄ケアや清拭等による清潔面は訪問介護員が担います。ケアプランの調整等は介護支援専門員が担い，必要時に担当者会議を開催しています。地域包括ケアシステムの充実により本人の意思を尊重したケアが可能になります。

（佐瀬美惠子）

▷3 厚生労働統計協会編（2016）『国民衛生の動向 2016/2017』208.

▷4 保健所・保健センター
両機関とも地域保健法に規定されている。保健所は公衆衛生の専門機関として都道府県，政令指定都市，中核市などに設置されている。保健センターは市町村が設置して，住民に対して，健康相談，保健指導および健康診査その他，地域保健に関し必要な事業を行っている。

▷5 ▷3と同じ。

▷6 医療職の役割については，⇨ VI-1 , VI-2 参照

（参考文献）
厚生労働統計協会編（各年版）『国民衛生の動向』。わが国の公衆衛生に関するデーターや保健医療行政の歴史や動向が学べる。毎年出版されている。福祉関係については『国民の福祉と介護の動向』が出版されている。

Ⅴ 地域包括ケアを支える専門職

3 歯科医師・歯科衛生士の役割

1 歯科専門職の資格と業務内容

○歯科医師

歯科医師は，1948（昭和23）年に制定された歯科医師法に基づく厚生労働大臣免許の国家資格です。医学部などと同様に最低修業年限は6年です。また，2006（平成18）年から歯科医師法において，歯科医師免許取得後に厚生労働大臣の指定する病院，若しくは診療所において，1年以上の臨床研修制度が義務づけられています。

歯科医師の主な業務は，う蝕（虫歯）や歯周病の予防や治療のほか，抜歯や顎の治療，咬み合わせに関する義歯の治療やインプラント，成長に伴う矯正，舌や粘膜等の口腔領域に対する良・悪性腫瘍を含めた病気全般が治療範囲です。最近では歯並びや歯を白くする審美歯科や摂食嚥下訓練などの口腔リハビリテーションの領域も担っています。

○歯科衛生士

歯科衛生士は1948（昭和23）年の歯科衛生士法に基づく厚生労働大臣免許の国家資格です。歯科衛生士の主な業務は，歯科疾患の予防および口腔衛生の向上を図ることを目的に，歯科医師の指示のもと，**歯科予防処置**[1]，**歯科診療の補助**[2]，**歯科保健指導**[3]の3つの業務が法律に定められています。すべての養成機関で修業年限が3年以上となり，現在では4年制大学も増加し，さらに大学院において修士課程や博士過程で学べる研究者としての道も開かれています。

○歯科専門職の実践内容

歯科医師・歯科衛生士の勤務する場所は主に地域の診療所です。2016（平成28）年度の衛生行政報告例（就業医療関係者の概要）[4]によると，歯科衛生士の約9割が診療所で勤務していました。診療所以外の勤務場所としては病院，大学病院，行政などの市町村，保健所，介護保険施設，企業，養成機関などがあります。

近年，全身的な疾患や手術後の合併症予防などに，良好な口腔の機能や衛生状況が影響を与えるといわれており，口腔の健康管理の重要性が明らかになってきました。医療の高度化，超高齢社会などの社会背景のもとで，歯科医師・歯科衛生士の働く環境や業務内容は大きく変化しはじめています。行政をはじめ，病院や介護保険施設等においては多職種連携による業務が増加しており，

▷1 歯科予防処置
歯・口腔の疾患を予防する処置として，フッ化物等の薬物塗布，歯垢（プラーク）や歯石など口腔内の汚れを専門的に除去するなど，予防的な医療技術である。

▷2 歯科診療補助
歯科衛生士は，歯科医師の診療を補助するとともに，歯科医師の指示を受けて歯科治療の一部を担当するなど，歯科医師との協働で患者さんの診療にあたる。

▷3 歯科保健指導
歯磨き指導を中心とした歯垢清掃法の指導。最近では，食べ物の食べ方や嚙み方を通した食育支援，高齢者や要介護者の咀嚼や飲み込み力を強くする摂食嚥下機能訓練も新たな歯科保健指導の分野として注目されている。

▷4 「平成28年度衛生行政報告例（就業医療関係者の概要）」より。http://www.mhlw.go.jp/toukei/saikin/hw/eisei/16/dl/kekka2.pdf（2017年7月29日閲覧）

地域診療所では在宅歯科医療に関する業務も増加しています。歯科治療の目的[5]は，従来の虫歯を削って詰める，被せ物をするなどの歯の形態の回復から，食べる（噛む，すりつぶす，飲み込む，味わう），話す（発音，会話する，コミュケーション），感情表現（笑う，怒る），呼吸するなど，口腔機能の回復へ向けた治療へシフトしてきました。[6]

　加齢による筋力低下や疾病などが原因で，ADL や口腔機能の低下が起こると，食べることの意欲や口腔衛生管理の意識の低下がしばしばみられます。このような場合，支援を行う時期が遅れると低栄養や口腔衛生状況の悪化から誤嚥性肺炎などの二次的感染を引き起こす場合があります。

　そのため，歯科医師や歯科衛生士が専門的に介入し，また，噛む力や飲み込む機能を評価した上で正しい食形態や食環境を整えることは，窒息や**誤嚥**[7]の防止につながります。歯だけではなく，舌や咽頭などの粘膜ケアも含めた**口腔ケア**[8]を実施することは重要です。口腔機能の改善や維持・向上のみならず，誤嚥性肺炎などの二次的感染を予防し，全身の健康管理においても効果が得られます。しかし，口腔内は覗き込んでも暗く，さらに要介護者の中には口を開けることが困難な場合や，口腔清掃を拒否する人もいます。歯科専門職以外は観察が難しい器官であることから，要介護者を支える多職種や家族と情報共有を図り，早期からの歯科介入が望まれます。

② 地域包括ケアにおける歯科専門職の役割

　「食べる」「話す」「笑う」など，口腔機能は「生きること」に直結します。歯科医師や歯科衛生士が日常の生活の中で，要介護者の口腔機能の維持・向上に向けて関わることは，口の中だけではなく要介護者本人の全身状態や介護者を含めた生活状況を観察する上でも重要です。歯科の視点からの「気づき」を，要介護者に関わる多職種や家族と情報共有し，相互に必要な連携をしていくことは，要介護者や家族の安全・安心な生活を支える役割を担います。

　健康な高齢者や要支援者に対しては，歯科検診や介護予防教室において，口の健康の大切さや口腔機能の低下が全身に及ぼす影響などを伝える情報の提供や啓発が必要となります。医療と介護，さらに地域コミュニティと連携し，その橋渡し役となるべく，歯科医師や歯科衛生士が早期から介入し口腔機能低下を予防していくことは，最後まで口から食べる楽しみを保ち，その人らしい人生を送れる健康寿命の延伸につながります。　　　　　　　　　（木村有子）

▶5　「平成27年歯科衛生士勤務実態調査報告書」（第8回報告）より。https://www.jdha.or.jp/pdf/h27-dh_hokoku.pdf（2017年7月29日閲覧）

▶6　「平成24年度改定論点整理（中医協 総-5 23.11.30）歯科治療の需要の将来予想（イメージ）図」より。http://www.mhlw.go.jp/stf/shingi/2r9852000001wj9o-att/2r9852000001wkdi.pdf（2017年7月29日閲覧）

▶7　誤嚥
飲食物や唾液が，誤って食道ではなく気管に入り込むこと。飲食物や唾液が声帯を越えて気管に入ると誤嚥ということになる。

▶8　口腔ケア
口腔内の歯や粘膜，舌などの汚れを取り除く「口腔衛生管理」と摂食嚥下機能の維持・増進などの「口腔機能管理」をすべて含む一般用語。

参考文献
　後藤朋之監修（2005）『食べること 生きること──介護予防と口腔ケア』北隆館。
口から始まる生活支援と地域ネットワークについて，実例をもとに解りやすく書かれている。

Ⅴ 地域包括ケアを支える専門職

 理学療法士・作業療法士・言語聴覚士の役割

1 リハビリテーション専門職の資格と業務内容

○理学療法士

理学療法士および作業療法士法が1965年に制定されました。理学療法士になるには，理学療法士の国家試験に合格する必要があります。国家試験を受験するには，理学療法士養成校で3年以上学び，必要な知識と技術を身につけることが必要です。養成校には4年制大学，短期大学（3年制），専修学校（3年制，4年制），特別支援学校（視覚障害者が対象）があります。

理学療法士（Physical Therapist：PT）は，ケガや病気などで身体に障害のある人や障害の発生が予測される人に対して，基本動作能力（座る，立つ，歩くなど）の回復や維持，および障害の悪化の予防を目的に，運動療法や物理療法（温熱，電気等の物理的手段を治療目的に利用するもの）などの理学療法を用いて，自立した日常生活が送れるよう支援する医学的リハビリテーションの専門職です。理学療法士が対象者一人ひとりについて医学的・社会的視点から身体能力や生活環境等を評価し，それぞれの目標に向けて適切なプログラムを作成し，治療や支援を行います。実際のプログラムとしては，関節可動域の拡大，筋力強化，麻痺の回復，痛みの軽減など運動機能に直接働きかける治療法から，動作練習，歩行練習などの能力向上を目指す治療法まで，動作改善に必要な技術を用いて，日常生活の自立に向けた支援を行います。

○作業療法士

作業療法士になるには，作業療法士の国家試験に合格する必要があります。国家試験を受験するには，作業療法士養成校で3年以上学び，必要な知識と技術を身につけることが必要です。養成校には4年制大学，短期大学（3年制），専修学校（3年制，4年制）があります。

作業療法士（Occupational Therapist：OT）は，身体や心に障害を有する人，障害の発生が予想される人に対して，その人らしい生活が送れるよう，作業を通して心身機能の回復，食事・排泄・家事などの生活活動，就労就学などの社会生活行為の向上を支援する職業です。作業療法の主な目標は，人々が日々の生活の営みに参加できるようにすることであり，実際の作業療法プログラムは，関節可動域の拡大，筋力強化，痛みの軽減など運動機能向上を目的とした治療や，ADL動作の練習に加え，調理や買い物，掃除といった日常生活活動関連

▶1　日本理学療法士協会ホームページ http://www.japanpt.or.jp/general/pt/physicaltherapy/（2017年10月17日閲覧）

▶2　日本作業療法士協会編（2012）『作業療法ガイドライン（2012年版）』5-6。

動作（IADL）の練習を行います。さらに，より安全に日常生活を行うために家屋改修などの環境整備，福祉機器の作成，導入などを行います。

○言語聴覚士[3]

1997年に言語聴覚士法が制定されました。国家試験を受験するには，高校卒業者の場合，言語聴覚士養成所で3年以上学び，必要な知識と技術を身につけることが必要です。一般の4年制大学卒業者の場合は，指定された大学・大学院の専攻科または専修学校（2年制）を卒業すれば受験資格が得られます。

　言葉によるコミュニケーションには言語，聴覚，発声・発音，認知などの各機能が関係します。コミュニケーション障害の原因は，脳卒中後の**失語症**[4]，**構音障害**[5]，聴覚障害などの病気や交通事故，言葉の発達の遅れといった発達上の問題，声や発音の障害など，さらには小児から高齢者までが対象となり多岐にわたります。言語聴覚士（Speech-Language-Hearing Therapist：ST）は，言葉によるコミュニケーションに問題がある人の問題の本質や発現メカニズムを明らかにし，対処法を見出すために検査・評価を実施し，必要に応じて訓練，指導，助言，その他の援助を行います。さらに，さまざまな原因で摂食・嚥下に問題を有する人にも専門的な評価，介入を実施します。言語聴覚士になるには，言語聴覚士の国家試験に合格する必要があります。

② 地域包括ケアにおけるリハビリテーション専門職の役割

　リハビリテーションの専門職である理学療法士・作業療法士・言語聴覚士は，医師・歯科医師・看護師などの医療専門職，ケースワーカー・介護福祉士・介護支援専門員などの保健・福祉専門職，教師，心理専門職などと連携し，医療，福祉，地域のさまざまな分野で，チームの一員として活動を行います。地域包括ケアシステムの中では，患者，利用者の動作の実際，生活の様子を評価し[6]，必要な支援を考える重要な職種といえます。

（朝井政治）

▶3　日本言語聴覚士協会ホームページ https://www.jaslht.or.jp/patient.html（2017年12月21日閲覧）

▶4　**失語症**
脳卒中や脳腫瘍，事故による頭部への外傷などで，脳の言語中枢が損傷することによって生じる障害。障害を受けた脳の部位により，話すことが困難になる場合，言葉を理解することが困難になる場合，その両方が困難になる場合がある。

▶5　**構音障害**
言葉を作る構語筋（舌，くちびる，咽頭，喉頭など）の運動障害によって，音声が明確あるいは明瞭に発声できない障害。機能的障害と器質的障害に大別される。失語症とは異なり，言語の理解には問題はない。

▶6　⇒ Ⅵ-2 参照

参考文献
　椿原彰夫編（2015）『リハビリテーション総論（改訂第2版）』診断と治療社。

Ⅴ 地域包括ケアを支える専門職

社会福祉士・精神保健福祉士の役割

1 社会福祉士・精神保健福祉士の資格と業務内容

地域の保健医療サービスの充実のためには，社会福祉専門職を含めた関係機関・職種，さらに地域住民などの参加も望まれます。社会福祉士・精神保健福祉士（以下，ソーシャルワーカーという）の専門職としての活動と，その期待される役割内容は，時代のニーズの変遷や社会保障制度の発展とともに変化しています。社会福祉士・精神保健福祉士にはそれぞれの法的根拠があります。

社会福祉士は社会福祉士及び介護福祉士法（1987年）に，精神保健福祉士は精神保健福祉法（1997年）に，それぞれの業務の根拠が示されています。この資格の特徴の一つは，業務独占ではなく「名称独占」であることです。すなわち，社会福祉士や精神保健福祉士の国家資格を保持していなくとも社会福祉領域の相談援助の仕事に就けるが，その名称を名乗ることができないということです。

2006年度に創設された地域包括支援センターでは，社会福祉士が必置となりました。また，医療機関では，診療報酬改定で，退院支援計画書の作成，地域連携加算や地域包括ケアシステム推進の取組みの強化として退院支援加算などが点数化され，保険上の評価が与えられています。これまでの社会福祉では，経済的困窮などの特定化された問題をもつ人を対象とするものから，社会環境の変化に伴い，子育て，独居・認知症高齢者，社会的に排除されている人々などまで対象領域も拡大しました。今後，多様化複雑化する地域の福祉ニーズに対応するために，不可欠な専門職であるといえます。

○ソーシャルワーカーによる業務内容

多様化複雑化する現代の福祉ニーズに対応して，ソーシャルワーカーには，地域住民と協働して地域で生じている課題を解決する，すなわち地域福祉の推進が強く要請されています。ソーシャルワーカーには個別の問題解決と地域福祉の促進の両視点からの支援が期待されているのです。その専門的価値は，ソーシャルワーカーが実践を行うときの判断を方向づけるものとなります。

ソーシャルワーク専門職のグローバル定義には，ソーシャルワークの原理として，「社会的正義」「人権」「集団的責任」「多様性の尊重」を根源的価値として位置づけています。地域レベルでは，地域住民や福祉ニーズのある人の個別の支援から地域づくりまで幅広いニーズへの対応，その中で課題を抱えている

▷1 社会福祉士及び介護福祉士法（1987年）の第2条で「身体上若しくは精神上の障害があること又は環境上の理由により日常生活を営むのに支障がある者の福祉に関する相談に応じ，助言，指導，福祉サービスを提供する者又は医師その他の保健医療サービスを提供する者その他の関係者との連絡及び調整その他の援助を行うこと」とされている。この条文は，2007年の改正で「福祉サービスを提供する者又は医師その他の保健医療サービスを提供する者その他の関係者との連絡及び調整」の箇所が追記され，現在の規定となっている。

▷2 精神保健福祉士法（1997年）の第2条では「精神障害者の保健及び福祉に関する専門的知識及び技術をもって，精神科病院その他の医療施設において精神障害の医療を受け，又は精神障害者の社会復帰の促進を図ることを目的とする施設を利用している者の地域相談支援の利用に関する相談その他の社会復帰に関する相談に応じ，助言，指導，日常生活への適応のために必要な訓練その他の援助を行うこと」とされている。

本人や家族，地域住民などの解決能力を向上させること，問題が発生してからではなく，予防的支援ができること，また地域で生じている困難事例への対応と地域連携，権利擁護活動，地域社会に対するアクションなどの機能を発揮できる知識と技術が求められています。

❷ 地域包括ケアにおける社会福祉士・精神保健福祉士の役割

　地域包括ケアが十分に機能するために，ソーシャルワーカーには「課題を抱えている住民」と「地域」に対して一体的な支援が求められています。一体的支援とは，課題を抱えている住民を地域で支える援助と，それを支える地域づくりの援助を同時に行うことをいいます。

　地域には，児童虐待，高齢者虐待，DV，認知症や独居高齢者の生活課題，ホームレスなど，さまざまな課題が存在しています。事例によって支援方法は異なりますが，地域包括ケアの観点から，関係者との連携・協働によって，当事者本人のニーズに合った支援体制をとる必要があります。ソーシャルワーカーには，適切な情報収集とアセスメントを行い，当時者本人のニーズや生活課題を理解し，緊急性をキャッチし，対応策を検討することが望まれます。また，援助関係の形成に努め，当事者本人の主体性を尊重し，福祉サービスと結びつけることや，幅広い社会資源（フォーマル，インフォーマル資源など）を活用して課題解決を行う役割を担うこととなります。

　一方，地域において包括的なケアが成立するためには，多職種多機関の連携が重要です。ソーシャルワーカーは，医療と社会福祉の専門性を発揮できるネットワーキング機能を強化するための調整・マネジメントを行うことも重要です。つまり，地域のアセスメントを行い，地域の総合的なニーズを把握することにより，必要な社会資源の評価を行い，それを，地域包括ケアに関連しているチームに伝え，そのチームで組織や資源に介入することで，地域の保健医療福祉システムの機能の充足を図ることにつながります。

　また，厚生労働省が提示している「地域共生社会」を実現するためには，包括的な相談支援体制を構築する力が，ソーシャルワーカーに求められています。そこでは，高齢分野，児童分野，障害分野，生活困窮者など従来の社会福祉の支援領域だけではなく，地域住民が関わる医療，保健，雇用・就労，司法，産業，教育，家計，権利擁護，多文化共生など，多岐にわたる分野と関わる必要があります。地域包括支援体制を構築する人材として，ソーシャルワーカーにはコーディネート力，連携力，開発力，コミュニティ・ディベロップメント力などが求められています。

（小原眞知子）

▶3　ソーシャルワークの専門職のグローバル定義
2014年7月に採択されたもので，ソーシャルワークの国際的合意に基づいている。「ソーシャルワークは，社会変革と社会開発，社会的結束，および人々のエンパワメントと解放を促進する，実践に基づいた専門職であり学問である。社会正義，人権，集団的責任，および多様性尊重の諸原理は，ソーシャルワークの中核をなす。ソーシャルワークの理論，社会科学，人文学および地域・民族固有の知を基盤として，ソーシャルワークは，生活課題に取り組みウェルビーイングを高めるよう，人々やさまざまな構造に働きかける。この定義は，各国および世界の各地域で展開してもよい」とする。

V 地域包括ケアを支える専門職

6 介護福祉士・その他の介護職

① 介護職の資格と業務内容

○介護福祉士

　介護福祉士の資格取得ルートには,「実務経験を経て国家試験を受けるルート」と「介護福祉士養成施設に指定された大学・短大・専門学校などを卒業するルート」の2つがありました。しかし,介護福祉士の資質や社会的地位の向上を図るために,2022年度から,一定の学びを修了してから国家試験を受験するという方向で一本化されます。

　介護福祉士の行う業務については,「社会福祉士及び介護福祉士法」の中で,介護福祉士の名称を用いて,「身体上又は精神上の障害があることにより日常生活を営むのに支障があるものにつき心身の状況に応じた介護を行い,並びにその者及びその介護者に対して介護に関する指導を行うこと」(第2条第2項)と定義されています。

　社会保障審議会福祉部会福祉人材確保専門委員会が取りまとめた報告書では,今後,より介護福祉士に求められる役割としては,介護ニーズの複雑化・多様化・高度化への対応として,「本人や家族のエンパワメントを重視した支援」「QOL(生活の質)の維持・向上の視点を持って,介護予防からリハビリテーション,看取りまで,対象者の状態の変化に対応した支援」「地域の中でも,本人の望む生活を維持することができる支援」「多職種連携によるチームケア」などがあげられています。

　さらに,一定のキャリアを積んだ介護福祉士には,チームリーダーとして,観察力,判断力,業務遂行力,多職種連携力,人材およびサービスのマネジメント力など多様な実践力が期待されています。

○介護職員初任者研修修了者

　介護職員初任者研修修了者は,高齢者や身体・精神に障害をもつ人の身体介護や生活援助を行います。身体介護では,入浴,食事,排泄,寝返りなどの日常生活における動作全般の介護を行い,生活援助では,調理,掃除,洗濯,買い物などを行います。訪問介護ステーションなどに所属し,居宅を訪問して介護を提供する場合と,介護老人福祉施設や介護老人保健施設,デイサービス,グループホームなどさまざまな施設で介護の仕事に携わります。初任者研修修了者は,居宅で生活する要介護者にとって,なくてはならない専門職だといえ

▷1　社会保障審議会福祉部会福祉人材確保専門委員会（2017年10月）「介護人材に求められる機能の明確化とキャリアパスの実現に向けて」。

ます。

○**介護職員実務者研修修了者**

2016（平成28）年度の介護福祉士国家試験（2017年1月）から，受験資格として，実務経験3年に加えて実務者研修の修了が義務づけられました。

初任者研修を修了している人は，実務者研修を修了することにより介護職員として身体介護や生活援助を行うことができ，訪問介護事務所に必ずおかれる「サービス提供責任者」として活躍することもできるようになります。サービス提供責任者は，訪問介護計画を作成したり，介護支援専門員（ケアマネジャー）との連携・調整や，ホームヘルパーへの技術指導や業務管理などを行ったり，専門性の高い業務を行う，訪問介護の中心的存在です。

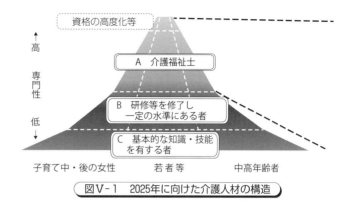

図Ⅴ-1 2025年に向けた介護人材の構造

2 地域包括ケアにおける介護職の役割

「地域包括ケア」構築のため，介護人材を，量・質ともに安定的に確保する必要があるとして，2014年10月27日から始まった社会保障審議会福祉部会福祉人材確保専門委員会の取りまとめとして，2017年2月「2025年に向けた介護人材の確保――量と質の好循環の確立に向けて」が出されました。

地域包括ケアを支える専門職の中で介護職員としてあげられる人の中には，主な資格として介護福祉士，実務者研修修了者，初任者研修修了者があげられますが，これまで介護の現場では，こうした資格のあるなしにかかわらず，介護職員としてほぼ同じような仕事をしてきました。

今回取りまとめられた中では，限られた人材を有効活用するため，一様に介護人材を捉えるという考え方を転換し機能分化を進めていくとして，図Ⅴ-1のように，山のすそ野には，介護未経験者を含む多様な人材の参入を促進することを想定し，その上に「基本的な知識・技術を有する者（初任者研修修了者）」，その上には「研修等を修了し一定の水準にある者（実務者研修修了者）」，さらに専門性の高い中核的な役割を担う人材として「介護福祉士」を位置づけていくという方向でまとめられました。

介護職だけで要介護状態にある高齢者の生活を守ることは，もちろんできません。今後は，いかにして住民を含め，高齢者を取り巻く多くの人たちの力を引き出し，共に支えていく仕組みを作るかが課題であり，「地域包括ケア」時代の介護職，とくに介護福祉士が担う役割は非常に重要だと考えます。

（川井太加子）

Ⅴ 地域包括ケアを支える専門職

介護支援専門員（ケアマネジャー）

1 介護支援専門員の資格と業務内容

○介護支援専門員と主任介護支援専門員

　介護支援専門員（以下，ケアマネジャーという）とは，日常的に介護や支援を必要とする人が，直面する生活上の課題を解決し自らの望む暮らしを実現するために，要介護状態にある本人やその家族等（以下，利用者という）からの相談に応じ，必要なケアやサービス等を利用できるように**ケアプラン**を作成し，サービスを提供する事業者や関係機関との連絡調整等を行う相談援助の専門職です。

　介護保険法には，都道府県知事が実施する介護支援専門員実務研修受講試験に合格し，介護支援専門員実務研修を終了した者が都道府県知事の登録を受けることができると規定されています。保健医療福祉分野での実務経験が5年以上であれば介護支援専門員実務研修受講試験を受験できます。2006年の介護保険制度の改正で，主任介護支援専門員（主任ケアマネジャー）が創設されました。主任介護支援専門員は「介護支援専門員であって，主任介護支援専門員研修を修了した者」または，更新研修を修了した者です。

○ケアマネジャーの業務内容

　ケアマネジャーの実践の場は大別すると，①居宅と，②施設等に区分されま

▶1　介護保険サービスを利用する場合，あらかじめ要介護認定を受けることが前提である。認定は，市町村職員が全国共通の調査票をもとに実施する認定調査の結果をコンピューターで一次判定し，主治医の意見書と併せて介護認定審査会で審査・判定される。

▶2　ケアプラン
介護保険制度では介護サービス計画（居宅サービス計画，施設サービス計画）と呼ばれ，利用者の望む暮らしを実現するために解決すべき課題（ニーズ）や目標，目標達成のための手段・方法などが記載される。ケアマネジャーが利用者とともに作成し，最終的に利用者に交付される。

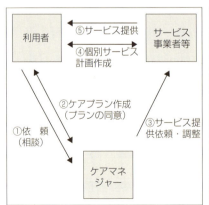

図Ⅴ-2　居宅等における業務の流れ（イメージ）

出所：厚生労働省「ケアマネジメントのあり方」を参考に筆者作成。

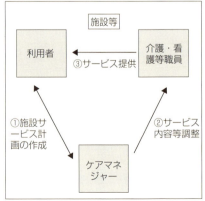

図Ⅴ-3　施設等における業務の流れ（イメージ）

出所：図Ⅴ-2と同じ。

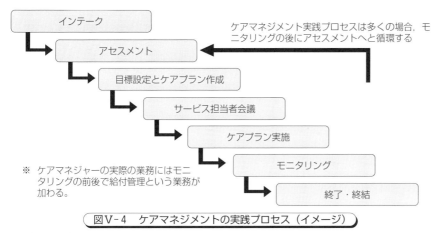

図V-4 ケアマネジメントの実践プロセス（イメージ）

出所：図V-2と同じ。

す。①は居宅介護支援事業所または介護予防支援事業所（地域包括支援センター），②は介護老人福祉施設（特別養護老人ホーム），介護老人保健施設，介護療養型医療施設（介護医療院），特定施設入居者生活介護（有料老人ホーム等），認知症対応型共同生活介護，小規模多機能型居宅介護，看護小規模多機能型居宅介護（複合型サービス）です。主な業務の流れ（図V-2，V-3）はほぼ同一ですが，必要なケアやサービスを提供する担い手，つまり連携・調整する相手が異なります。

2 地域包括ケアにおける介護支援専門員の役割

ケアマネジャーが利用者とともに作成するケアプランがなければ，原則として介護保険におけるサービスを利用できないため，一般にケアマネジャーの役割は「利用者に対するケアやサービスの橋渡し役」と捉えられがちです。しかし，本来ケアマネジャーに期待される役割は，要介護状態となった当事者が自らの有する力や人的・物的資源だけでは解決しにくい生活課題に向き合い，これから先の望む暮らしを思い描き，新たな一歩を踏み出せるよう支えることです。

そのようなケアマネジャーの実際の業務は，利用者が直面する問題を解決する最適の方法を見つけ出すために問題と問題を取り巻く状況を多面的・統合的に評価する「アセスメント」，利用者の望む暮らしに向けた「目標の設定」，目標を達成するための手段や期日などを具体的に記載した「ケアプランの作成」，ケアプランが最大効力を発揮できるようチーム員の情報や目標の共有などを行う**サービス担当者会議**，目標達成状況やサービス利用の効果を評価する「モニタリング」です。これらの業務は利用者と家族への相談援助面接を基盤として，循環プロセスで展開されます（図V-4）。

（針山大輔）

▶3 サービス担当者会議
利用者・家族，ケアやサービスを提供する専門職などケアチームが一堂に介して利用者や家族の意向，目標，ケアプランの具体的な内容や役割分担などを協議・決定する場。原則としてケアマネジャーが会議メンバーを招集し，会議の進行や記録などを行う。

（参考文献）
渡部律子編著，兵庫県介護支援専門員協会編（2015）『ケアマネジメントの進め方——利用者満足を高める100のチェックポイント』中央法規出版。
実践の評価が難しいケアマネジメントプロセスを自己評価できるようにまとめられている。

Ⅴ 地域包括ケアを支える専門職

 # 管理栄養士・薬剤師

▷1 特定給食施設
継続的に1回に100食以上又は1日250食以上の食事を供給する施設（健康増進法施行規則　第5条）。

▷2 栄養士養成校の就業年数により実務経験の年数が異なる。

▷3 全国栄養士養成施設協会2016年度管理栄養士養成施設卒業生の就職先内訳。
https://www.eiyo.or.jp/about.html（2017年8月17日閲覧）

▷4 栄養士の役割については，⇨Ⅵ-2 参照

▷5 フレイル
加齢とともに，心身の活力（例えば筋力や認知機能等）が低下し，生活機能障害，要介護状態，そして死亡などの危険性が高くなった状態。（厚生労働省通知「高齢者の低栄養防止・重症化予防等の推進について」（平成28年9月2日）。
⇨Ⅶ-3 参照

▷6 日本栄養士会(2015)「地域における訪問栄養食事指導ガイド——管理栄養士によるコミュニティワーク」平成26年度保健事業推進費等補助金老人保健健康増進事業管理栄養士による在宅高齢者の栄養管理のあり方に関する調査研究事業報告書。

1 栄養士・管理栄養士の資格と業務内容

栄養士は「栄養の指導に従事することを業とする者」と栄養士法（第1条）に定められています。管理栄養士は栄養士の上位資格であり，高度な知識や技術による栄養指導を行います。管理栄養士の業務として，傷病者に対する療養のための栄養指導，個人の身体の状況や栄養状態に応じた健康の保持増進のための栄養指導，**特定給食施設**での給食管理や施設に対する栄養改善上必要な指導があります。

栄養士は2年以上の栄養士養成施設で学び卒業すると免許を取得できます。管理栄養士は管理栄養士養成施設を卒業すると国家試験受験資格を取得することができます。また栄養士としての実務経験により国家試験を受験することができます。管理栄養士は病院，工場事業所，福祉施設に勤務する割合が多く，それ以外に行政や学校でも活躍しています。

2 地域包括ケアにおける管理栄養士の役割

2013年に策定された健康日本21（第2次）では，生活習慣の改善や社会環境の整備に取り組むことで，健康寿命の延伸および健康格差の縮小の実現を目指しています。生活習慣の改善の一つである栄養・食生活の目標項目の一つに低栄養の低減があります。低栄養と**フレイル**との関連が強いことから，低栄養を防ぐための栄養指導が管理栄養士に求められています。2016年度より訪問栄養指導を実施することで，栄養状態の改善や重症化の予防を図る取組みが実施されています。

保険医療機関や病院または診療所である指定居宅療養管理指導事業所に勤務する管理栄養士が訪問栄養指導をすることで，医療保険では在宅患者栄養食事指導料を，介護保険では居宅療養管理指導料を算定することができます。管理栄養士が栄養ケアを地域住民に提供するための拠点として栄養ケア・ステーションがあります。栄養ケア・ステーションは栄養ケアのうち栄養管理と食事管理を業務としています。しかし，管理栄養士が栄養指導のために自宅に訪問することは，広く定着しているとは言い難い状態です。

③ 薬剤師の業務

薬剤師は，「調剤，医薬品の供給その他薬事衛生をつかさどることによつて，公衆衛生の向上及び増進に寄与し，もつて国民の健康な生活を確保するものとする」（第1条）と薬剤師法に定められています。医療技術の高度化，医薬分業の進展等に伴い，2006年度より高い資質をもつ薬剤師を養成するために薬学教育は，学部の修業年限が4年から6年に延長されました。4年制（薬科学）では製薬企業や大学で研究・開発に関わる人材を育成します。

薬剤師の半数以上は薬局に勤務し，その他医療施設や医薬品関係企業等で活躍しています[7]。病院での薬剤師の業務には調剤業務，薬剤管理指導業務，製剤業務，医薬品管理業務，医薬品情報管理業務などがあります。1970年代は病院の調剤室や製剤室での業務が中心でした。しかし，診療報酬で薬剤師が直接患者に服薬指導などを行う薬剤管理指導料や，**病棟薬剤業務実施加算**[8]が認められたことで，チーム医療のメンバーとしての役割を担うようになりました。さらに，1994年には在宅療養管理指導料が，介護保険が実施された2000年からは居宅療養管理指導料が新設され，地域医療での薬剤師の活躍が求められるようになりました。2014年の「薬局に求められる機能とあるべき姿」では，薬局における薬物療法（薬学管理）の実施について，①副作用の発現状況の確認などの薬学的管理，②在宅薬剤管理指導など在宅医療への取組み，③後発医薬品の使用促進，④健康情報の拠点としての役割に取り組むことが求められています。

④ 地域包括ケアにおける薬剤師の役割

日本薬剤師会は薬剤師の将来ビジョンの方向性として，地域包括ケアの中で[9]役割を果たすことや，チーム医療の一員として連携に基づいて薬物治療を管理する役割に進化することなどを示しています。

医師や歯科医師が薬を処方し，薬剤師が処方箋に基づいて調剤や薬歴管理などを医薬分業が推進され，2012年度の医薬分業率は66.1％に達しました。しかし，病院の「門前薬局」が多く本来の医薬分業の機能を果たしているとはいえません。2015年に策定された「患者のための薬局ビジョン～『門前』から『かかりつけ』，そして『地域』へ～」では，「地域包括ケアシステムの中で，かかりつけ薬局が服薬情報の一元的・継続的な把握や在宅での対応を含む薬学的管理・指導などの機能を果たす，地域で暮らす患者本位の医薬分業の実現に取り組む」ことが求められています。また，かかりつけ薬剤師・薬局がもつべき機能として，①服薬情報の一元的・継続的な把握とそれに基づく薬学的管理・指導，②24時間対応・在宅対応，③医療機関等との連携強化の3つがあり，患者等のニーズに応じて強化・充実すべき機能として①健康サポート機能，②高度薬学管理機能の2つがあります。

（隅田好美）

▶7　厚生労働省（2016）「医師・歯科医師・薬剤師調査」。http://www.mhlw.go.jp/toukei/saikin/hw/ishi/14/（2017年8月17日閲覧）

▶8　**病棟薬剤業務実施加算**
当該保険医療機関の病棟において，薬剤師が医療従事者の負担軽減および薬物療法の有効性，安全性の向上に資する業務。

▶9　日本薬剤師会（2013）「薬剤師の将来ビジョン」。http://www.nichiyaku.or.jp/action/wp-content/uploads/2013/03/visions.pdf（2017年8月17日閲覧）

Ⅵ　在宅療養生活と医療・介護

地域包括ケアにおける医療の役割

　高齢化に伴い，がん，心臓病，脳卒中や認知症患者の増加や独居・高齢者世帯の増加により，地域で高齢者を支えていく地域包括ケアシステムの構築が喫緊の課題です。地域包括ケアシステムは，日常生活圏域におけるサービス提供体制であり，主要なサービスには医療・介護・予防・生活支援・住まいの5つがあります。

　高齢者が住み慣れた地域において安心・安全に人生の最期まで自分らしく暮らし続けるためには，5つのうち医療サービスが必要不可欠です。日常生活圏域での在宅医療は，「訪問診療」を提供する「かかりつけ医」が中心的な役割を果たしており，「かかりつけ医」は日常の医学的管理に加え，病状急変時の対応や看取りにも対応しています。

1　地域包括ケアにおける医療

　地域包括ケアの医療は，在宅患者が複数の病気を有しており，治す医療から治し支える医療といわれて久しいですが，最近では，病気の急変時の対応も考慮し，入院医療を提供する病院群等も包含した医療ネットワークに進化しています。

　「地域包括ケア」とは，一人ひとりの人間が地域において尊厳をもって暮らせるように，その状態等に応じて必要な医療・介護サービスを「包括的」かつ「継続的」に行うケアです。「包括性」とは，細やかな配慮を加え個人のニーズに合わせて各種のサービスを総体的に包み込むことであり，「継続性」とは，病院から家庭への復帰まで，そして在宅療養中の急変時も想定し，必要時にタイミングよく各種サービスを集中して提供される円滑な流れとなることです。「地域包括ケア」の整備には，「包括性」と「継続性」の両者を重視した医療・介護の職種の連携が大切とされています。

　従来の医療提供体制は，上流（急性期）から下流（慢性期・在宅）へという川のイメージでした。しかし，地域包括ケアにおける医療・介護提供体制は，在宅から急性期・亜急性期・回復期・慢性期病床での医療提供の後，介護施設への入所，居住系サービスへの入居か，自宅に帰り在宅医療を受けるという循環型への転換であり，地域を一つの医療介護チームとみなす視点です。

❷ 地域包括ケアにおける医療と介護連携

　医療的ケアが必要な患者には在宅医療が提供されていますが，生活を支える視点から「かかりつけ医」とケアマネジャーとの連携も必要です。しかし，ケアマネジャーや多くの介護職は，医師・歯科医師・薬剤師等医療職との連携が困難とされています。

　国は2012（平成24）年を「在宅医療元年」と位置づけ，厚生労働省医政局は「在宅医療・介護連携拠点事業」を事業展開しました。在宅療養を希望する患者にとって在宅医療はその人の生活を支えるために必要不可欠な存在であり，その人の生活全体を「かかりつけ医」と多職種が協働しどのように支えるかという視点が必要だと指摘しています。市町村が運営する「地域包括支援センター」と地区医師会が緊密に連携し，地域の介護資源を医療機関に情報提供されることにより，在宅で療養されている患者の生活支援が実現可能と事業評価しています。さらに，介護職は，「医療的マインド」をもって，生活場面のアセスメントの具体的な内容を医療側に伝達できるようにし，医療職は「生活を支える視点」をもって，介護側から提供された生活情報をもとに病態把握と臨床経過を予測し，これから起こる変化に応じた適切な介護サービスやリハビリテーションについて介護側に助言することを求めています。

　そこで大阪府医師会は，2012年から2015年の4年間，地域医療再生基金を活用し，地区医師会に「在宅医療連携拠点推進事業」を実施してもらいました。この事業を展開することにより，2018（平成30）年度に全市町村が実施主体となる「在宅医療介護連携推進事業」に円滑に移行できると考えています。

　また，2014（平成26）年度より，地域医療介護総合確保基金を活用し，地区医師会が「在宅医療の質の確保と拡充」を目的とした「在宅医療推進事業」を実施しています。この事業は，地区医師会に地域医療連携室を設置し，在宅医療推進コーディネーターを配置することにより，地区医師会が地域の医療資源を把握し一人でも多くの「かかりつけ医」が安心して在宅医療に参画できるように支援を行い病診連携を推進する事業です。高齢者が入院医療から円滑に在宅で療養でき，急変時には速やかに入院加療を受けることができる医療提供体制を構築するため，地区医師会が地域の実情に応じた在宅医療連携拠点機能（医療機関連携・医療関連職種との連携強化等）を発揮することが必要だと考えています。

❸ かかりつけ医の役割

　「かかりつけ医」は，在宅療養を希望する患者にとって，医療が生活を支えるためのものであることに留意し，ケアマネジャーが開催するサービス担当者会議にできるだけ出席し，患者のケアプランを把握するため，介護スタッフから療養上必要な患者の生活情報を収集すべきです。　　　　　　　（中尾正俊）

Ⅵ 在宅療養生活と医療・介護

 在宅生活を支える医療サービス

　在宅医療，介護やインフォーマルな生活支援を駆使し，「病院医療から在宅医療へ」「施設介護から在宅介護へ」と住み慣れた地域で高齢者が安心して暮らせるためには，「かかりつけ医」を中心とする医療職による多職種協働が重要です。居宅系サービスにおける医療のうち，「訪問看護」「訪問リハビリ」「訪問栄養指導」について記載します。

1 訪問看護サービス

　訪問看護師の役割は，入院患者に対する病院の退院支援を行い円滑な在宅移行へと進めることです。とくに，家族の介護力が低い場合，医療機器を装着して自宅に退院するなどの場合，患者と家族の不安を少なくするために，退院前カンファレンスを企画し，医療ソーシャルワーカーや退院調整看護師との連携により，在宅生活が継続可能なマネジメントを実施することが期待されています。

　看護師の本来業務である診療の補助と療養上の世話では，かかりつけ医と在宅での医療行為の必要性を検討の上医療行為を実施し，衛生材料や薬剤を調達（かかりつけ医やかかりつけ薬剤師との連携）することが求められます。また，在宅で医療を必要とする人に対する生活支援（食事・保清）や身体介護（入浴介助等）は看護や介護の技術が必要であり看護職と介護職とが協働すべきです。

　2015（平成27）年度介護報酬改定において，利用者の状態を確認しつつ，一体的なサービスを適時・適切に提供するため，日頃から適切に多職種協働するための体制整備の評価として総合マネジメント体制強化加算が創設されました。

　今後も在宅医療の需要が増えることが予想され，さらなる訪問看護師の確保が必要です。在宅医療を推進するために，看取りや重症児の訪問看護等に積極的に取り組む訪問看護ステーションが機能強化型として評価されましたが，小規模（常勤換算5人未満）の訪問看護ステーションが多数を占めており，患者のための安定したサービス提供体制の確保のため，規模拡大やネットワークの強化が必要です。

2 訪問リハビリテーション

　訪問リハビリの提供には，訪問看護ステーションが提供する訪問リハビリと指定訪問リハビリテーション事業所（病院・診療所・老人保健施設等医療機関）が

VI-2 在宅生活を支える医療サービス

提供する訪問リハビリがあります。訪問看護ステーションから理学療法士，作業療法士または言語聴覚士（リハビリ関連職）が訪問看護の一環として訪問する場合，在宅主治医がリハビリの必要性を感じ，ケアマネジャーに相談し，ケアプランに訪問リハビリを組み込み，訪問リハビリサービスが提供されます。

指定訪問リハビリテーション事業所からのサービス提供は，ケアマネジャーから事業所へ訪問リハビリの申し込みを行い，当該医療機関の医師からの指示でリハビリ関連職がサービスを提供します。

訪問リハビリの導入と流れは，2週間以内に居宅を訪問し情報を収集し，その情報に基づき訪問リハビリ計画（暫定）を作成し，訪問リハビリサービス（暫定）が提供されます。その後，医師・リハビリ関連職・看護職・ケアマネジャー・介護職と本人・家族が参加してカンファレンスを実施し，リハビリプログラムの決定後，リハビリ計画を作成し支援目標・方法の共有を決定します。利用者および家族は医師から生活上の予後を含めたリハビリ計画について説明を受け，利用者等の同意を得て，訪問リハビリサービスが提供されます。リハビリテーション会議では，リハビリ計画の評価・見直し，リハビリ終了後に利用予定のサービス担当者の参画と情報提供，生活行為向上リハビリの支援結果等モニタリングを実施し，かかりつけ医，ケアマネジャーやサービス提供者へ情報が提供されます。

③ 訪問栄養

嚥下障害を有する患者・家族への嚥下食に関する指導は，多くの介護施設で実施されており，管理栄養士による個別栄養食事指導により，低栄養のリスクがある患者の体重管理やQOLに有益な効果がみられています。在宅療養患者の栄養上の主な課題は，体重や間食の管理，誤嚥の予防など多様であり，訪問栄養食事指導により，栄養状態，ADLおよびQOLも改善したと報告されています。

▷1 QOLについては，⇒ I-8 参照

日本栄養士会・都道府県栄養士会が開設する栄養ケアステーションは，管理栄養士が地域住民へ栄養ケアを提供するサービスステーションです。栄養ケアとは，日ごろの食事内容を踏まえた栄養管理の方法を具体的に指導することであり，サービス提供（医療保険における在宅患者訪問栄養指導・介護保険における居宅療養管理指導）には，「かかりつけ医」による指示が必要です。管理栄養士ががん，摂食・嚥下困難，低栄養の患者に対し，症状，嗜好，生活条件などを踏まえた栄養食事指導を実施することで，治療効果やQOLの向上に効果が認められています。

多くの在宅患者は病気と障害をもっていることにより，「かかりつけ医」を中心とした訪問看護師，リハビリ関連職種，在宅栄養士等医療職との連携を図りながら，在宅療養しているすべての人に適切な在宅医療を行えるような体制が望まれています。

(中尾正俊)

Ⅵ　在宅療養生活と医療・介護

在宅生活を支える介護サービス

『平成26年版高齢社会白書』によると，「体が弱っても自宅に留まりたい」と思っている高齢者が9割という結果でした。こうした高齢者のニーズに対応するためには，介護が必要になっても在宅サービスをうまく利用しながら生活が続けられるような仕組みが必要であり，近年，地域包括ケアシステムの構築が進められています。

在宅サービスには，訪問系サービスと通所系サービス，短期入所系サービスと地域密着型サービスがあります（表Ⅵ-1）。

1 訪問系サービス

主な訪問系サービスには以下があります。

○訪問介護

利用者の居宅を訪問し入浴，排泄，食事等の介護や調理，洗濯，掃除等の家事を行うサービスです。利用者の身体に直接接触して行う「身体介護」と本人もしくは家族が，掃除，洗濯，調理など家事を行うことが困難な場合に行われる「生活介護」があります。

○訪問看護

訪問看護は，看護師や保健師が居宅を訪問し療養上の世話や，医療処置にかかる管理，援助を行います。訪問看護の内容は，医師の指示によって行われ，医師が必要と認めた要介護者などだけが受けることができます。

これ以外に，**訪問リハビリテーション**[1]，**訪問入浴介護**[2]，等があります。

2 通所系サービス

主な通所系サービスには以下があります。

○通所リハビリテーション

介護老人保健施設，病院や診療所で提供される，利用者の心身機能の維持回復，日常生活の自立を助けることを目的とする，リハビリテーションをいいます。

○通所介護

入浴，排泄，食事などの介護，そのほか日常生活を送る上で必要となるサービスおよび機能訓練をいいます（ただし，利用定員が19名以上のものに限り，認知症対応型通所介護にあたるものを除きます）。

▶1　訪問リハビリテーション
理学療法士，作業療法士，言語聴覚士等の専門職が，居宅（ここでいう「居宅」には，自宅のほか軽費老人ホームや有料老人ホームなどの居室も含む）を訪問して行われる，心身の機能の維持回復，日常生活の自立を助けることを目的とするリハビリテーションをいう。

▶2　訪問入浴介護
自宅の浴槽での入浴が困難な利用者に対して，浴槽を積んだ入浴車が利用者の居宅を訪問し，看護職員や介護職員が入浴の介護を行うサービス。

VI-3 在宅生活を支える介護サービス

表VI-1　在宅サービス

訪問・通所系サービス	短期入所系サービス	地域密着型サービス	その他のサービス
訪問介護 訪問入浴介護 訪問看護 訪問リハビリテーション 通所介護 通所リハビリテーション	短期入所生活介護 短期入所療養介護	看護小規模多機能型居宅介護*2 夜間対応型訪問介護 地域密着型通所介護 小規模多機能型居宅介護 定期巡回・随時対応型訪問介護看護 認知症対応型通所介護 認知症対応型共同生活介護*1 地域密着型特定施設入居者生活介護	特定施設入居者生活介護 福祉用具の貸与 福祉用具購入費 住宅改修費の支給 居宅療養管理指導

注：＊1　要支援1・2の人は利用できない。＊2　要支援1の人は利用できない。
出所：筆者作成。

3 短期入所サービス

○短期入所生活介護

短期的に（数日～最大30日）施設へ入所し，日常生活の介護や機能訓練などの介護を受けながら施設での生活を送ることのできるサービスです。

○短期入所療養介護

介護老人保健施設や診療所，病院などに短期間入所してもらい，医師や看護職員，理学療法士等による医療や機能訓練，日常生活上の支援などを行うサービスです。

4 地域密着型サービス

代表的なサービスについて紹介します。

○看護小規模多機能型居宅介護

利用者ができる限り自立した生活を目指していくために，施設への通所を中心として，宿泊サービスや自宅での訪問介護と訪問看護を組み合わせることで，看護と介護の一体化したサービスを行います。

○小規模多機能型居宅介護

利用者の選択に応じて，施設への「通い」を中心として，短期間の「宿泊」や利用者の自宅への「訪問」を組み合わせ，家庭的な環境と地域住民との交流のもとで，日常生活上の支援や機能訓練を行います。

○夜間対応型訪問介護

夜間も安心して生活できるように，定期的な巡回や通報システムによる訪問介護を行います。

今回紹介した介護サービスはフォーマルなものですが，地域包括ケアシステムの中では，介護保険関連にとどまらず，医療やインフォーマルなサービスと組み合わせて安心・健康を確保するための多様なサービスを24時間365日通して利用できるようにし，住み慣れた地域での生活を継続できる体制が求められています。

（川井太加子）

Ⅵ 在宅療養生活と医療・介護

病院と地域の連携における地域連携室の役割

1 地域連携室の登場

近年，医療法や診療報酬の改定などと相まって，病院における早期退院や後方病院との調整・連携が重要になってきました。医療法第6条の2第2項では，医療機関は，提供する医療について，正確かつ適切な情報を提供することや，それに関して，患者や家族からの相談に適切に応ずることが求められています。また患者も，医療機関相互間の機能の分担および業務の連携の重要性についての理解を深めなければならないとされています。医療法第1条の2第2項において，医療提供施設の機能に応じ，効率的に福祉サービスその他の関連するサービスとの有機的な連携を図る必要性が示されています。

具体的な医療連携に関しては，医療法第30条の7第1項，2項に医療連携体制の構築のために必要な協力をするように努めることが記されています。その中で，「㈠病院 病床の機能に応じ，地域における病床の機能の分化及び連携の推進に協力し，地域において必要な医療を確保すること。㈡病床を有する診療所 その提供する医療の内容に応じ，患者が住み慣れた地域で日常生活を営むことができるよう，次に掲げる医療の提供その他の地域において必要な医療を確保すること」としています。

これらのことを果たすために，自院と他院，他施設，もしくは在宅療養や介護のための福祉サービス機関をつなぐ部署が登場してきました。これは病院によって表記が異なり，地域医療連携室，患者支援室，連携センターなどが用いられていますが，ここでは地域連携室とします。ここでの目的は，治療の必要な患者が，適切な医療機関へ受診・入院できるようにすること，また医療機関から退院・転院することができるように，医療機関，介護施設をはじめ，行政や福祉に関わる多くの施設をつなぐ役割を担います。

2 地域の医療・福祉機関との連携・協働の必要性

病院は，地域における医療及び介護の総合的な確保を推進するための関係法律の整備等に関する法律（以下，医療介護総合確保推進法という）により，医療機能の分化や連携をさらに推進する動きがあります。医療法よって規定されている病院とは，20人以上を入院させる施設とされていますが，その病床は，精神病床，感染症病床，結核病床，療養病床，一般病床の5種類に区分されていま

▷1 医療法第1条の2第2項
「医療は，国民自らの健康の保持増進のための努力を基礎として，医療を受ける者の意向を十分に尊重し，病院，診療所，介護老人保健施設，調剤を実施する薬局その他の医療を提供する施設（以下「医療提供施設」という。），医療を受ける者の居宅等において，医療提供施設の機能に応じ効率的に，かつ，福祉サービスその他の関連するサービスとの有機的な連携を図りつつ提供されなければならない。」とされている。

▷2 医療法第30条の7第1項，2項
「医療提供施設の開設者及び管理者は，医療計画の達成の推進に資するため，医療連携体制の構築のために必要な協力をするよう努めるものとする。」（第1項），「医療提供施設のうち次の各号に掲げるものの開設者及び管理者は，前項の必要な協力をするに際しては，良質かつ適切な医療を効率的に提供するため，他の医療提供施設との業務の連携を図りつつ，それぞれ当該各号に定める役割を果たすよう努めるものとする。」（第2項）としている。

す。

　また，病院の類型は一般病院，特定機能病院，地域医療支援病院，臨床研究中核病院，精神病院，結核病院に分けられます。とくに，地域医療を担う地域医療支援病院は，地域の他の医療機関を支援することが目的とされています。その役割は，①紹介患者に対する医療の提供，②医療機器の共同利用の実施，③救急医療の提供，④地域の医療従事者に対する研修の実施などです。

　地域の紹介患者中心の医療を提供することから，求められる紹介率や逆紹介率などが決まっており，地域の病院機能を推進することに寄与しなければなりません。また，在宅医療の推進にも大きな役割を果たすことが期待されています。医療介護総合確保推進法においては，病院等によるケアから地域における在宅でのケアまで切れ目ないサービスにつなぐよう，また住み慣れた地域で生活を維持できるよう，介護保険を含む社会福祉のサービスの存在も重要になってきます。地域連携室は，病院と地域のかけ橋としての役割を担っています。

❸ 地域連携室に求められる役割

　地域連携室は，地域の特性や病院の機能（急性期医療，回復期医療，慢性期医療など）によってもその役割や，その役割に対する業務の比重が異なるといえます。診療報酬，すなわち病院の収益に関わる側面と，医療の質に関わる側面があります。例えば，紹介受診調整，紹介状・返書を管理する役割があげられます。これは適切・効率的に地域の病院が機能するためにも必要です。また，自院の紹介率や逆紹介率を維持するためには必要な機能です。具体的には，患者が安心して退院できるように，退院調整や退院支援を行う役割を担うことになります（**地域連携室での多職種連携**）。

　また，退院後に連携する病院，施設，在宅など地域全体を視野に入れた地域連携パスを運用する役割を担っています。代表的なものに，大腿部頸部骨折，脳卒中，がんなどのパスがあります。また，地域連携室を中心に，地域の情報収集を行い，それをリニューアルし，患者のために効果的に既存資源（医療資源，福祉資源）につなげることや，地域に自院を広報することにより，必要な患者がアクセスできることにもつながります。また，地域ケア会議に参加することや，研修会，協議会等を開催し，専門家養成や地域住民への医療・介護・福祉の啓発に努めることや，病院に地域住民を巻き込むことも役割であるといえるでしょう。これからの地域連携室は，地域全体を俯瞰する力をもち，地域の他院，行政，介護支援専門員，民生委員などと協働して地域のケアを支える機能を担うことが期待されています。

（小原眞知子）

> **3　地域連携室での多職種連携**
> 地域連携室には法的に決められた配置基準はないが，多彩な役割や業務量に応じたスタッフが必要になる。医師は，業務統括者として所属することが多くみられるが，院内外の医師との調整役にもなる。また，看護師やソーシャルワーカーは受診や退院支援など医療的・心理的・社会的支援が必要な場面で，患者を支援する役割を担う。事務職員は紹介状や返書管理，研修会案内等の対外的な業務や紹介率，逆紹介率，平均在院日数，連携医療機関等のデータ管理，分析等の事務作業を行う。

Ⅵ 在宅療養生活と医療・介護

在宅療養者の緊急時の対応

1 在宅療養者の特徴

　在宅療養者には，医療ニーズと介護ニーズを併せもつ高齢者が多く，高齢者夫婦世帯や単独世帯が増加しています。在宅療養者は入院の必要性は低い慢性期状態とはいえ，療養生活上の不安や急性増悪，さらに看取りがあります。

　訪問看護では，要介護等高齢者に限らず小児や精神障害者等も対象とし，あらゆる年齢層の疾病・障害のある在宅療養者に対し，療養上の世話または必要な診療の補助を行って，疾病の悪化防止から最期の看取りまでを支えています。退院した小児の中には医療的ケア児等も多く含まれています。さらに，在宅で最期を迎えるがん末期の療養者も増加し，24時間体制での支援は欠かせません。

　訪問看護師は医療の専門的知識をもって頻回に訪問し，病状などを観察して，医師と密に連携し指示による医療処置などができるため，夜間・早朝・深夜を含めた24時間体制での緊急時対応が期待されています。▷1

2 訪問看護ステーションの24時間支援体制と多職種連携

　訪問看護ステーションが24時間支援体制を提供するにあたっては，介護保険でも医療保険でも関係部署への届け出が必須です。▷2

　訪問看護ステーションは，携帯電話やタブレットなどを活用したオンコール体制で，電話相談と必要時訪問を行います。常勤看護師や保健師が当番制で携帯電話等を持ち回り，管理者等によるバックアップ体制で支えています。

　24時間支援体制を希望した利用者には，2つの携帯電話番号と担当看護師名を記載した文書を提供し，複数の看護師が対応することを説明します。

　利用者の健康状態が急激に悪化して緊急性が高い状態を急変といい，臨死期などがあります。老衰やがん末期の在宅看取りでは，訪問看護師が家族や介護職員，介護支援専門員などチームメンバーに利用者の状態の変化を伝えて情報を共有していきます。医師との連携も，訪問看護師が仲介することでスムーズにいくこともあります。

　訪問看護師には通常の訪問看護の質とチームワークにプラス電話での対応力と判断力が求められます。家族や介護職員と，予測される状態や病状変化時の対応を共有し連携を密にすることで，夜間等の緊急訪問が少なくなることもあります。例えば一日3回食事介助に訪問する介護職員から，「食事摂取量が少

▷1　訪問看護師は，利用者のQOL（またはQOD）の向上を目指し，①健康状態を観察して，疾病や介護状態の予防・悪化防止・維持，②病院等からの在宅移行支援，③在宅療養支援（緊急対応・24時間体制含む），④在宅看取りを，⑤本人・家族・介護職員・ケアマネジャー・医師等医療従事者と協働してチームで行う。

▷2　介護保険の訪問看護費では「緊急時訪問看護加算」の届出内容に，連絡相談を担当する職員数（保健師・看護師別，常勤・非常勤別）と，連絡方法，連絡先電話番号（複数）を届け出る。
医療保険の訪問看護療養費では，「24時間対応体制」または「24時間連絡体制」別に届け出る。職員に助産師が追加される。

94

なかった」「少し熱があるみたいで元気がない」などの情報提供を受け，日中に訪問看護師が電話（あるいは計画外の訪問）で利用者の状態を確認し，発熱時の対処法など療養上の助言をして「大丈夫ですよ。もし具合が悪かったらお電話ください」と伝え，夕刻や早朝に電話でフォローするなど，利用者に寄り添うことで安心して夜間を過ごすことができます。

一方，訪問して，病院等への救急搬送の必要を判断した場合は，医師に連絡し，訪問先から救急車に同乗して利用者や家族を安心させ，状態の説明や経過などの情報提供も行うことがあります。

週単位で最期を迎える時期が来ると予測される場合には，状態に応じて頻回の計画訪問を行い，家族の不安軽減を図ります。訪問看護師には最期の時に緊急に呼ばれることや，その後の対応についての心構えが必要です。

3 緊急訪問看護の内容と24時間支援体制の評価

訪問看護ステーションの看護内容では，病状観察はほとんど100％で，9％弱は緊急時対応でした（厚生労働省「平成25年介護サービス施設・事業所調査結果の概況」）。内容は，病状の変化に伴う相談・報告，発熱時の対処方法の相談，痛みや呼吸苦の訴え，留置カテーテルの自己抜去，点滴の流量や排尿の異常，本人・家族の不安症状，転倒・転落，夜間の不穏，排泄による創部汚染の処置，摘便などの排便コントロールです。在宅看取りでは，家族から「呼吸をしていない」と電話があり，訪問して主治医に連絡し，死亡診断後は，家族に付き添ってご遺体のケアを行うこともあります。

介護保険制度では訪問看護費において，緊急時訪問看護加算（540単位／月）が利用者の同意を得て算定できます。また，介護（予防）サービス計画上で夜間（18時～22時）・早朝（6時～8時）の訪問看護が位置づけられた場合は基本単位の25/100となり，深夜（22時～6時）の訪問が位置づけられた場合は基本単位の50/100の加算となります。

健康保険法等の医療保険制度では，利用者の同意を得て24時間対応体制加算（5,400円／月）または24時間連絡体制加算（2,500円／月），夜間・早朝加算（2,100円），深夜加算（4,200円）が算定できます（2017年12月現在）。また，24時間往診可能な診療所等の医師の指示に基づく緊急訪問を評価して，緊急訪問看護加算（2,650円）があります。[3]

▶3 日本訪問看護財団（2016）「訪問看護関連報酬・請求ガイド」20，22，50，58。

今後の課題としていかに予防的に関わって緊急時対応を減少させ，安心して在宅療養生活を継続させるかがあげられます。高齢者ケアは医療と介護を併せもつケアであり，24時間訪問看護対応と，かかりつけ医，さらに緊急時の入院体制も不可欠です。

（佐藤美穂子）

VI 在宅療養生活と医療・介護

6 食べることを支える多職種連携（NST）

▶1 呼吸ケアサポートチーム（RST）
医師や看護師，理学療法士，臨床工学技士，歯科医師，歯科衛生士などが専門的知識を持ち寄り，院内における呼吸療法が安全で効果的に行われるよう，サポートするチームのこと。

▶2 主観的包括的栄養評価（SGA）
①年齢，性別，②身長，体重，体重変化，③食物摂取状況の変化，④消化器症状，⑤ADL（日常生活動作），⑥疾患と栄養必要量との関係など，外来診療で入手できる情報で，栄養障害や創傷の治癒遅延，感染症などのリスク評価が行える。

▶3 客観的栄養評価（ODA）
SGAにおいて栄養障害があると判定された患者を対象に実施する。SGAが不可能な場合は，最初からODAを実施する。血液・尿生化学検査，身体計測など各種検査データを収集し，それに基づいて栄養状態を客観的に判定する。

▶4 アルブミン（Alb）
アルブミンは血液中のたんぱく質で，低栄養状態では血清アルブミン値は低くなる。2009年度の介護報酬改定時には予防給付と介護給付における栄養改善対象者

1 NST（nutrition support team：栄養サポートチーム）

近年，病院では多職種がチームで取り組むNSTが施設ごとに構成され，栄養状態に問題のある患者のサポートを行っています。NSTでは多職種が協働し（表VI-2），それぞれの専門性を活かしながら，患者の適切な栄養管理や退院指導などを行います。目的は，治療による合併症や感染症，褥瘡の予防，治療期間・在院日数の短縮，医療費の削減など複数あります。このほかに栄養との関連が深い病態である，褥瘡，摂食嚥下，感染対策，**呼吸ケアサポートチーム（RST）**▷1 を専門とするチームも同時に稼働させ，コラボレーション対応を行うことで，施設全体で医療の質を高め，効率的な医療を提供することが可能となります。

2 栄養評価とリスク管理

高齢者が低栄養状態に陥る要因は，複数の要因が絡み合う場合が多くみられます。独居や老老介護などの社会的要因，うつや認知症などの精神的要因，味覚や嗅覚障害，食欲低下などの加齢的要因，口腔機能や日常生活動作（ADL）の低下などの疾病要因などさまざまです。その他，不適切な食形態も多く，食欲の低下に結びつきやすいため，多角的に栄養評価を行う必要があります。

栄養評価は，**主観的包括的栄養評価（SGA）**▷2 と**客観的栄養評価（ODA）**▷3 に大別されます。ODAは主にSGAで栄養障害があると判定された患者に実施します。ODAにおける血液検査では，**アルブミン（Alb）**▷4，**RTP（rapid turnover protein）**▷5，**総リンパ球数**▷6 などを確認します。

身体の回復機能を十分引き出すためには栄養改善が不可欠ですが，嚥下機能が低下し誤嚥の危険性がある場合には，患者や家族へ十分説明の上，いったん食事を禁止する判断も必要です。現在では段階的リハビリテーションと栄養法が示されており，非経口的栄養摂取（経鼻経管・経静脈栄養・胃瘻など）とゼリー食から開始して，徐々に舌で押しつぶせる形態にしていくなど，経口的栄養摂取量を段階的に調節していきます。非経口的栄養摂取においては，消化管の廃用を促すことになるため，なるべく早期に消化管からの栄養摂取に切り替える検討を図ることが大切です。また，栄養剤の逆流による誤嚥や誤嚥性肺炎，細菌感染などのリスク管理が重要です。経口摂取においては，安全に摂取する

VI-6 食べることを支える多職種連携（NST）

表VI-2 NSTチームメンバーと役割（在宅医療における役割含む）

職　種	役　割
医　師	症状・病態の把握，主治医の治療方針の確認，栄養状態の評価，医学的観点からの現状評価・介入の提案
看護師	外来・入院患者の栄養評価，対象患者の抽出，静脈・経腸栄養ルートの管理・維持，生活状況を踏まえた退院時指導（患者・家族）
管理栄養士 栄養士	外来・入院患者の栄養評価，対象患者の抽出，栄養管理計画書の作成，具体的な食事対応，摂取栄養量の評価と具体的な改善策の提示，生活状況を踏まえた退院時栄養指導（患者・家族）
薬剤師	対象患者の抽出，使用薬剤（内服薬・経腸栄養剤等）の確認，薬剤と食物の相互作用の確認，栄養改善につながる薬剤の提示，栄養療法に伴う合併症の早期発見・予防，患者・家族へ栄養薬剤の説明と服薬指導
臨床検査技師	検査値の解析・検証，低栄養状態の入院患者リストの提示
理学療法士 作業療法士	身体機能やADLの評価，栄養状態に見合った運動処方，栄養状態の予後予測や病気を考慮したリハビリゴールの設定
言語聴覚士	嚥下評価・嚥下訓練，食形態や食事環境について，退院後の食事に関するアドバイス
歯科医師	口腔内の病態把握と診断，口腔ケアプランの作成，口腔機能の維持・管理，歯科治療，口腔衛生の維持・向上
歯科衛生士	口腔ケアプランの提案，口腔衛生管理（感染予防），口腔機能の維持・向上，家族に対する支援（患者・家族へ口腔衛生指導）
医療ソーシャルワーカー（MSW）	退院支援（患者・家族と地域の調整・連携役），地域社会的資源の紹介
ケアマネジャー（介護支援専門員）	在宅における患者・家族支援，ケアプランの作成，地域社会的資源の連絡・調整

出所：東口高志編（2010）『「治る力」を引き出す　実践！臨床栄養』（JJNスペシャル）医学書院より抜粋。

ことを意識し，誤嚥・窒息しにくい正しい姿勢で食べる，その人に適した食形態や一口量で摂取するなど，食べ方や調理・介助法にも注意が必要です。

3 在宅におけるNSTの役割

　病院のNSTでは多職種がチームで患者の栄養サポートを実施しているように，在宅においても，地域の医療や福祉機関と連携し，多職種が関わり，栄養管理や感染などのリスク管理を行うことは不可欠です。病院と地域のサービス提供者との連携を強化し，多職種間の情報交換を密にすることは，患者の早期のリスク回避につながります。それぞれの役割を明確にしながら，途切れることのない支援を行うことが望まれます。

　「食べる」ことは「生きること」であり，人間の基本的な行為です。最期まで，「食べる」ことを楽しみながら，住み慣れた地域で生活できるよう，患者や家族のQOLの向上に向けて支援できるネットワークづくりが必要です。

（木村有子）

の基準が明確化され，その一つが血清アルブミン値が3.5g/dl以下であった（厚生労働省（2009）「栄養改善マニュアル〔改訂版〕」）。

▶5　RTP(rapid turnover protein)
栄養状態の「今」を知ることができるデータ。レチノール結合蛋白（RBP），プレアルブミン（トランスサイレチン・PA），トランスフェリン（Tf），のことをいう。

▶6　総リンパ球数(TLC)
免疫機能を簡単に評価できる指標。免疫は病原体による感染防御機構として重要。総リンパ球数の減少は易感染状態を示す。すでに感染症を併発している場合は，容易に改善を見込めない状態にあたるともいえる。

▶7　栄養管理については，⇨VI-2参照

参考文献
　東口高志編（2010）『「治る力」を引き出す　実践！臨床栄養』（JJNスペシャル）医学書院。
NSTが担う，栄養管理に関する基本的な知識・技術が，新たに業務に参加するスタッフにもわかりやすく記載されている。

Ⅵ 在宅療養生活と医療・介護

エンドオブライフ・ケア

1 人権としてのエンドオブライフ・ケアとは

　人は誰でも死を避けることはできません。エンドオブライフ・ケア（End-of-Life Care）とは人生の終末期におけるケアのことです。すなわちライフの意味はその人の生命・生活・人生です。したがってこの時期のケアの目標は，その人の生命・生活・人生の価値が高められるように質の高いケアを行うことです。エンドオブライフ・ケアは単に専門職が手順に従ってケアを行えばよいというわけではありません。人として大切にされ尊厳が保てるようなケアです。「終わり良ければすべて良し」の言葉どおり，エンドオブライフは当人にとって人生の集大成です。意味ある人生であったと思えるケアが望まれます。

　エンドオブライフ・ケアは，家族・親族・知人・友人などその個人にとって重要な人々とともに，専門職として看護師，医師，リハビリテーション職（理学療法士，作業療法士，言語聴覚士），薬剤師，栄養士，ソーシャルワーカー，介護支援専門員（ケアマネジャー），介護職など，多くの人々がケアを行います。これらの人々が「医療と生活を統合したケアの目標を共有して，個人と家族にとってより良い経験となるようなケア」を行う必要があります。

　人には生きてきた個人史・生活習慣・価値観・家族・親族・友人・知人・所属集団（過去の職場・趣味・同窓など）とともに育んできた歴史と文化があります。そのため個々人でニーズの種類や重みが異なります。

　死は本人のみのものではなく，家族・親族・友人・知人・所属グループなど関わりのある周囲の人々を大切にすることが，本人を大切にすることにつながります。

2 エンドオブライフ・ケアにおける身体症状，心理精神状態の特徴とケア

　がん事例においては，日常生活自立度が死の約2カ月くらい前まで保たれていることが多く，非がん事例よりも痛みや薬剤の副作用症状（便秘・吐気・倦怠感など）が出やすいです。非がん事例は脳血管疾患・関節疾患などにより自立度が低く，嚥下問題などで食事摂取，排泄，転倒などが問題になりやすいです。しかし死の2週間くらい前になると，がんも非がん事例にも類似の多くの症状が出現します。認知症や知的障害者や子どもでは，苦痛を感じても適切な訴えができないこともあり，適切な判断と早めのケアや合併症予防が必要となりま

す。

　心理的な状態としては死が迫ることや症状による苦痛，自立を保つことができないことなどによる抑うつ・不安・いらだち・意欲減退，生きている目標や自己存在価値を感じることができなくなるとうつ状態も発生しやすくなります。とくに自己が存在する価値を確認できる他者とのつながりは重要です。また，家族にとっても，いらだち・介護負担・過労に対するケアが必要です。

　各種の生活行動能力の低下に対する生活上の安全性，不便への改善サポートが日常的に必要となるため，基本的日常行動を補助具を用いてできる限り保持できるようにします。家族の負担を軽減するため，介護手順の指導や介護職や家事援助者などのサービスを活用することもよいでしょう。

3　具体的なケアと準備

○ケア体制の確立

　在宅ケアの場合には，ケア体制を各人や家族の条件や希望に合わせて行う必要があります。とくにエンドオブライフ・ケアにおいては，ケアチームの昼夜体制の構築・ケアマネジメント・医療処置・福祉用具・物品の用意をできる限り退院前や在宅ケアの開始期初期に準備することが必要です。

○死の直前の準備

　本人と家族にとっての悔いのない死別準備と死別サポートが必要です。会話ができるうちに言い残して，後悔しないように，本人にとって親しい人々と会えるように家族に伝えます。家族は最期が近づくにつれて，24時間気が抜けなくなります。専門職にたびたび確認や連絡を行うことへのタイミングを含め，連携・支援が必要となります。

○死の直後における全身の清拭と整容（エンゼルケア）

　本人が好きな洋服や着物へ着せ替えを行います。自然な日常性を残すようなものと方法で本人の希望をかなえられるように，家族・看護師・介護職などによって美しく清潔でおだやかな表情となるようにします。家族がいる場合は悔いのないお別れができるように支援します。

○グリーフケア

　死別後には家族の喪失感・後悔（もっとよい判断でよい医療が選べたかもしれない・本人の願いを十分かなえられなかったと思うことなど）への精神的ケアも重要です。一方，家族自身の介護による心身疲労へのケアも必要です。家族は死別後まもなくの家庭訪問を求めているという研究結果からも，死別後の家族への心身へのケアや生活の立て直しのためのケアも重要です。　　　　　（島内　節）

▶1　島内節（2013）「在宅終末期緩和ケアパスの評価によるケアの充実及びシステムの改善に関する研究報告書」40-41。

Ⅵ　在宅療養生活と医療・介護

情報の共有と仕組み

1　在宅ケアにおける情報共有の必要性とICT化

　医療やリハビリテーション，介護が必要な人々が施設に入院・入所したあと，再び住み慣れた地域・住まいで医療・看護・介護等のサービスを活用し，在宅療養生活を再開することが多くあります。在宅で療養生活を支えるためには，本人家族を含め各専門職間の情報共有とケア目標の共有は欠かせません。例えば利用者宅に「連絡ノート」などをおいて，本人・家族，サービス提供者間の情報共有に活用するなどの工夫が必要となります。

　施設内の職種間連携と異なり，地域には各サービス機関や職種が点在しています。いわゆる「顔の見える関係」で連携を進めるために，頻回のミーティングや担当者会議，カンファレンスなどを効率化することや，ICT化が必要です。

▶1　ICT
情報通信技術で，information and communication technology の略称。2000年代前半までは IT（information technology）がほぼ同一の意味で使われてきた。ICT は，サーバー，インターネットなどの技術だけでなく，ビッグデータ，ソーシャルメディアなどのサービスやビジネスについてもその範囲に含めることが多い（小学館日本大百科全書（ニッポニカ）より）。
https://kotobank.jp/word/ICT-13781（2017年8月13日閲覧）

2　訪問看護等在宅ケアにおけるICT活用の実際

○国・市区町村など行政レベルでのICT化

　介護保険関係では，介護認定の一次判定システム（二次判定は介護認定審査会を開催して実施），介護報酬請求・支払システム，さらに介護給付費実態調査のデータ管理と活用などが行われています。

　保険医療機関では，診療報酬請求・支払システム（訪問看護ステーションを除く）や電子カルテなどが普及しています。医師の電子署名による訪問看護指示書の交付，訪問看護管理者の電子署名による訪問看護計画書・訪問看護報告書の提出についても2016年から認められています。

○定期巡回随時対応型訪問介護看護におけるICT化

　地域密着型サービスである「定期巡回随時対応型訪問介護看護」では，各利用者宅にICTを配備し，オペレーターが24時間対応を行うシステムが稼働しています。

○訪問看護ステーション内のICT化

①訪問看護ステーション内の事務効率化の例

　訪問看護師が入力した記録から請求事務までつながる訪問看護業務支援ソフトが活用されています。訪問看護師がモバイル端末から利用者情報を確認して緊急訪問に活用することもできます。データは統計処理や事業経営等にも活用されています。また，本体とサテライト事業所のミーティング等をテレビ会議

で行うところもあります。

しかし，ICT 化は，現在のところ同一事業所・法人内での取組みが主です。

②訪問看護実践の電子的記録化の例

ICT 化に備え，医療情報システム開発センター（看護領域標準化委員会）が看護実践用語標準マスター（現場で実際に使用されている用語を収集し整理した電子的記録に用いる用語集〔①看護観察編，②看護行為編〕）を開発しています。[2]

③訪問看護の成果の可視化，質の標準化の例

これまで知識や経験に頼っていた訪問看護を，ICT を利用することで客観的なアセスメントを行い，看護計画を立案できれば，訪問看護の質を向上させることができ，在宅ケアの最適化にもつながります。また，在宅ケアデータを安全なクラウドサービスを通じて蓄積し，AI を使って詳細に分析することで，看護計画の成果を見える化し，異常の早期発見や重症化の予測にもつながります。

④医師と訪問看護師の情報の共有化の例

医師との連携にもタブレット等を活用し，創傷などの写真データを医師に電送し，指示を受けることも可能になってきています。各地で，医療法人内のネットワークや県医師会などにより訪問看護ステーションとの連携システムの構築が進められています。

⑤利用者の住まいでの ICT 機器活用の例

テレナーシングは，遠隔コミュニケーション技術を看護に利用するものです。バイタルデータ，音声，動画によるコミュニケーション信号などで，たとえば，COPD 患者への在宅モニタリングに基づくテレナーシングの例などがあります。エコー検査機器を在宅療養者に活用し，画像による便秘，残尿量や腹水の観察と画像電送システムも行われています。さらに，今後の多死社会への対応として医師の死亡診断に関する ICT 活用では，一定の研修を受けた看護師による画像電送等があげられます。[3]

3 地域包括ケアシステムを推進する ICT 化

それぞれの地域において，医療機関や介護施設等をネットワークでつなぎ，患者の診療情報や生活情報等の共有を図るシステム（医療情報連携基盤〔Electronic Health Record：EHR〕）があります。

クラウド技術を活用し，多職種の施設が参加可能な双方向かつ標準準拠のデータ連携を実現する HER の高度化を進めることで，効果的な地域包括ケアや地域を越えた広域のデータ連携等を推進することが期待されます。[4]

（佐藤美穂子）

▷2　医療情報システム開発センター（看護領域標準化委員会）
・http://www2.medis.or.jp/master/kango/koui/
・http://www2.medis.or.jp/master/kango/kansatsu/
（2017年8月13日閲覧）

▷3　厚生労働科学特別研究事業（2017）「ICT を利用した死亡診断に関するガイドライン策定に向けた研究」（平成28年度総括・分担研究報告書）12-14。

▷4　総務省情報流通行政局情報流通高度化推進室（2017）「未来投資戦略2017」の第2「具体的施策」39-42。

Ⅵ 在宅療養生活と医療・介護

9 個人情報の保護

1 個人情報とは

2013年に「個人情報の保護に関する法律」が制定され、2015年に一部改正を経て2017年5月に施行となりました。

「個人情報」とは、生存する個人に関する情報であって、当該情報に含まれる氏名、生年月日、顔画像等により特定の個人を識別することができるもの（他の情報と容易に照合することができ、それにより特定の個人を識別することができることとなるものを含む）、身体的特徴等「個人識別符号」を含むもの、本人の人種、信条、社会的身分、病歴、犯罪の経歴、犯罪により害を被った事実その他本人に対する不当な差別、偏見その他の不利益が生じないようにその取り扱いにとくに配慮を要する「要配慮個人情報」をいいます。「要配慮個人情報」には、診療記録や介護関係記録に記載された身体状況、治療等があげられます。

特定の個人を識別できないようにする方法としては匿名化、目の部分のマスキングを行いますが、あわせて本人の同意を得るなどの配慮も必要です。

なお、死亡後も個人情報を保存している場合には、漏えい・滅失またはき損等の防止のために個人情報と同等に安全に管理することが求められています。

2 個人情報を取り扱う医療・介護関係事業者の義務等

○個人情報の取得

医療・介護関係事業者は、個人情報の保護に関する方針の宣言が求められています。個人情報を取り扱うにあたっては、利用目的をできるだけ特定する必要があり、適正な医療・介護サービスを提供するという利用目的に必要な範囲において、個人データを正確かつ最新の内容に保つことに努めることとされます。

個人情報を取得する場合は、口頭による意思表示、書面の受領、メールの受信同意確認欄のチェック、音声などによって、あらかじめ本人の同意を得なければなりません。また、個人情報の目的外利用や第三者（姉弟など）に提供する場合は、原則として本人の同意を得る必要があります。

○医療・介護関係事業者の義務等

個人情報は個人の人格尊重の理念のもとに慎重に取り扱うこととされ、守れない場合は、「**個人情報保護委員会**」の立ち入り検査、指導などが行われる仕組みになっています。

▶1 「個人情報の保護に関する法律」（平成15年5月30日制定，平成29年5月30日全面施行）。https://www.ppc.go.jp/files/pdf/290530_personal_law.pdf（2017年8月13日閲覧）

▶2 　個人情報保護委員会
特定個人情報保護委員会が行ってきたマイナンバー（個人番号）の適正な取り扱いの確保を図る業務を引き継ぐとともに、個人情報保護に関する法律を所管し、取り扱いのためのガイドライン作成等個人情報の適正な取り扱いに関する業務を行う。また、個人情報取り扱い事業者に対する指導監督も担う。

医療・介護関係事業者は安全管理措置として，個人情報の保護に関する規定を整備し事業所内での掲示やホームページへの掲載を行って利用者などに知らせます。事業者は責任体制を整備し，個人情報を扱う従業者の監督をしなければなりません。従業者の雇用契約や就業規則において離職後も含めた守秘義務を課すこと，教育研修も実施して意識づけを行うことなどです。個人データの盗難・紛失等を防止するためにパソコン等の記録機能を有する機器の接続の制限や個人データに対するアクセス管理・アクセス記録の保存，不要データの廃棄・消去などです。情報漏えいとは，もともとその情報を扱うことのできない人に情報が伝わることで，対処方法は外部からの侵入を防ぐことです。

3 本人からの請求による保有個人データの開示

個人情報取り扱い事業者は，本人から当該本人が識別される保有個人データの開示の請求を受けたときは，本人に対し，書面の交付による方法など，速やかに開示しなければなりません。ただし，本人または第三者の生命や身体財産等の利益を害する恐れのある場合，業務の適正な実施に著しい支障を及ぼす恐れがある場合は，全部または一部を開示しないことがあります。

本人ではなく法定代理人等から開示の請求があった場合は，利用者本人に開示を行うことを説明後に開示を行います。

個人情報取り扱い事業者は，開示等の手続き方法を決めておきます。請求等の申出先，提出すべき書面の様式，請求の方式，開示請求者が本人または代理人であるかを確認する方法，手数料の徴収方法などです。

4 医療・介護事業者に作成・保存が義務づけられている記録例[3]

病院・診療所では，診療録・処方箋・麻酔記録・助産録・照射録・診療に関する諸記録・歯科衛生士業務記録・歯科技工指示書です。薬局では，処方箋・調剤録，指定訪問看護事業者では，訪問看護計画書・訪問看護報告書です。

指定訪問介護事業者では，居宅サービス計画・サービスの提供の記録・訪問介護計画・苦情の内容等の記録，指定通所介護事業者では，居宅サービス計画・サービス提供の記録・通所介護計画・苦情の内容等の記録です。

特別養護老人ホームでは，行った具体的な処遇の内容等の記録・入所者の処遇に関する計画・身体的拘束等に係る記録・苦情の内容等の記録です。

5 個人情報の保護に関するまとめ

個人情報は利用目的を定めてその範囲内で利用し，本人以外の第三者に提供する場合は，あらかじめ本人の同意を得ます。とくに電子的な**個人情報データベース**[4]の取り扱いでは，情報の漏えい，情報の改ざん・破壊などの被害にあわないような情報セキュリティ対策が必要です。 （佐藤美穂子）

▷3　個人情報保護委員会・厚生労働省（2017）「医療・介護関係事業者における個人情報の適切な取り扱いのためのガイダンス」。

▷4　個人情報データベース

特定の個人情報をコンピュータを用いて検索できるように体系的に構成した個人情報を含む情報の集合体，または紙面でも五十音順等に整理・分類し，他人によっても容易に個人情報が検索可能な状態にあるものをいう。

Ⅶ　保健予防と介護予防

1　介護予防の概念

1　介護予防とは

　公衆衛生の発展に伴い，平均寿命は延伸しています。できる限り長い期間，住み慣れたところで健康でいきいきした生活を送るためには，国民一人ひとりが健康な生活習慣や生活環境に関心をもつこと，また社会的，環境的な整備を行うことが必要です。

　介護保険法第4条「国民の努力及び義務」においては，「国民は，自ら要介護状態となることを予防するため，加齢に伴って生ずる心身の変化を自覚して常に健康の保持増進に努めるとともに，要介護状態となった場合においても，進んでリハビリテーションその他の適切な保健医療サービス及び福祉サービスを利用することにより，その有する能力の維持向上に努めるものとする」と記載されています。

　「介護予防」は，①要介護状態に陥いることをできる限り防ぐこと，そして要介護状態にあっても，さらに悪化することがないように予防をすること，②生活機能が低下した高齢者に対しては「心身機能」「活動」「参加」の各要素にバランスよく働きかけることが重要であり，③単に高齢者の運動機能や栄養状態といった個々の改善を目指すのではなく，日常生活の活動性を高め，心身機能や生活機能，社会参加を通じて生活の質の向上を目指しています。

2　介護保険制度と介護予防

　2000年の介護保険制度開始から5年後の介護保険法の改正の見直しの大きな柱となったのが，予防重視型システムへの転換です。介護保険制度施行後から5年間で認定者は急増し，中でも「軽度者（要支援・要介護1）の増加が著しい」ことが明らかになりました。さらに調査の結果，軽度者の介護が必要になった原因が，骨折・転倒，関節疾患，高齢による衰弱などの廃用症候群が約半数を占めていることがわかり，適切な支援や活動によって生活機能の低下を予防することが可能であると考えられたからです。

　要支援・要介護状態になる前からの介護予防を推進するとともに，地域での包括的・継続的なマネジメント機能を強化する観点から市町村が実施する地域支援事業が，2005年の介護保険法改正で創設され，すべての第1号被保険者を対象とする一次予防事業（ポピュレーションアプローチ）と，主として要介護に

▶1　厚生労働統計協会編（2014）『国民の福祉と介護の動向　2014/2015』156。

陥るリスクの高い虚弱高齢者を対象とする二次予防事業（ハイリスクアプローチ）が実施されてきました。虚弱な高齢者の把握には，基本チェックリストを用いて要介護状態に陥るリスクの高い高齢者をスクリーニングします。基本チェックリストは自己記入式の総合評価をするもので，1〜3は手段的 ADL，4，5は社会的 ADL，6〜10は運動・転倒，11〜12は栄養，13〜15は口腔機能，16〜17は閉じこもり，18〜19は認知症，21〜25はうつに関する質問項目です。一定の基準によって二次予防事業対象者と判定され，運動機能向上，栄養改善，口腔機能向上，閉じこもり予防，認知症予防，うつ予防等の介護予防プログラムへの参加が実施されます。

　従来の介護予防事業では，「心身機能」の回復を目的とした機能回復訓練が多用される傾向がみられましたが，介護予防事業参加により高齢者の生活機能が改善されても，「事業終了後の日常生活に戻ったとたん活動性が低下し，成果を持続させることが困難である」[2]ことなどが報告されています。また，介護予防事業の目標として，「基本チェックリストの高齢者人口に対する実施率が40〜60％，予防事業への対象者の参加率が5％とされていたのに対し，実施率が29.4％，参加率が0.4％と低い水準であった」[3]という報告もあるように，介護予防事業は十分な効果を上げることができませんでした。

　2011年の改正では，各市町村の判断により行う介護予防・日常生活支援総合事業が加わり，要支援者と虚弱高齢者を対象として介護予防は生活支援と一体的に，住民自身やボランティア等，専門職以外の担い手を含めた多様な主体による多様なサービスを市町村の判断で総合的に提供できるようになりました。さらに，2014年の介護保険制度改正では，介護予防は一次予防・二次予防の区別をなくした新しい介護予防・日常生活支援総合事業として，すべての市町村で実施されるようになりました。従来の二次予防事業で実施されていた運動器の機能向上プログラム，口腔機能向上プログラムなどに相当する介護予防（通所介護予防事業，訪問介護予防事業）については，新しい総合事業の中の介護予防・生活支援サービス事業として，介護予防ケア・マネジメントに基づき実施されています。

　介護予防は，要支援・要介護に陥るリスクが高い虚弱高齢者だけではなく，すべての高齢者が対象です。人の健康は生活様式や生活環境とも関連しており，単に疾病を予防するだけでは十分ではありません。介護予防は特定の疾患を予防することが目的ではなく，生活習慣，生活環境の改善を含めた健康づくりを地域の取組みとして実施することで，効果が期待されます。　　　　（吉野亮子）

▷2　三菱 UFJ リサーチ＆コンサルティング（2015）「地域支援事業の新しい総合事業の市町村による円滑な実施に向けた調査研究事業」介護予防・日常生活支援総合事業への移行のためのポイント解説，7。

▷3　日本公衆衛生学会（2009）「今後の介護予防事業のあり方に関する研究報告書」。

Ⅶ 保健予防と介護予防

2 介護予防の医学的知識とケアの視点

高齢者の場合，日常生活機能に支障をきたす原因は，加齢に伴う疾患に起因することが多くあります。「平成28年国民生活基礎調査」によると，要介護度別にみる介護が必要となった主な原因は，要支援者では「関節疾患」が17.2%でもっとも多く，次いで「高齢による衰弱」16.2%，「骨折・転倒」15.2%となっており，要介護者では「認知症」が24.8%でもっとも多く，次いで「脳血管障害（脳卒中）」18.4%，「高齢による衰弱」12.1%となっています。

疾病の潜在的な原因の多くは行動や生活習慣に関係しています。例えば食生活，運動，住居形態，一般的な生活環境であり，これらの健康を害する原因をコントロールすることで疾病の予防は可能であることを意味しています。「食事や飲酒，運動などのような行動的な要因は，個人的な選択と同じくらい，社会環境や供給程度に影響を受ける」[1]ため，集団的に非健康の潜在的な原因をコントロールすることが発生率の低下につながります。

▷1 ジェフリー・ローズ／水嶋春朔ほか訳（1997）『予防医学のストラテジー』医学書院，97。

1 老 化

高齢になるにつれて，すべての人に例外なく現れる生理的機能の衰退の過程を老化といいます。老化が進むと，感覚や免疫機能，防衛力や適応力等が低下し，病気にかかりやすくなったり，回復に長期間かかったりするようになります。外見的な変化だけでなく，**骨粗しょう症**[2]など，骨や身体の組織の変化，臓器の萎縮を伴い，感覚機能，精神機能等のさまざまな機能低下が起こります。また身体的な衰えだけではなく，親しい人との別れや社会的役割の喪失など，老年期にはさまざまな喪失体験等により精神的な健康観が損なわれ，閉じこもりやうつ状態になることも少なくありません。

老化の進行の度合いには個人差が大きく，個人の栄養状態，生活習慣や運動習慣，また高齢者にみられる**生活習慣病**[3]や主観的健康観等が影響します。

▷2 骨粗しょう症
骨を構成するカルシウム量などが減少し，骨量が減少して骨折しやすくなる疾患。

2 高齢者の疾病

要支援の場合，運動器（骨，関節，椎間板，筋肉，神経等の身体を支え運動を実施する器官）の疾患が原因の割合が多いです。運動器の疾患や機能障害によって，痛みや「立つ」「歩く」機能が低下することによって，日常生活に困難さが生じ，不活発な生活に陥りやすくなります。その結果，さらに運動器の機能の低下が進むという悪循環が生じます。高齢者の骨折は，骨粗しょう症が基礎にあ

▷3 生活習慣病
がん，高血圧症，動脈硬化症，脳血管疾患，心疾患など。

ることが多く，予防には栄養改善とともに加重運動による下肢筋力やバランス力の保持を図り，つまずきや転倒を予防することが重要です。

　要介護の原因に多いのは認知症と脳血管障害です。認知症は，脳の器質的な障害によりいったん獲得された知能が病的に低下し，日常生活に支障をきたす疾患群を指します。もっとも多いのがアルツハイマー型認知症で，大脳に老人斑や神経原繊維変化が生じ，海馬を中心に脳の広範囲にわたって神経細胞が死滅していくものです。次に多いのが，脳梗塞，脳出血などが原因で脳の一部が壊死してしまう脳血管性認知症，次いでレビー小体という特殊な異物ができることで神経細胞が死滅してしまうレビー小体型認知症です。

　脳の血管が破れる脳出血と，血管が詰まり血流が途絶えて生じる脳梗塞を合わせて脳血管障害といいます。片麻痺や言語障害などの後遺症が残ることも多く，発症後早期にリハビリテーションを開始し，寝たきり状態にさせないことが重要です。

　これらの原因疾患により，過度な安静を続け，あまり身体を動かさなくなると，筋肉がやせおとろえ，関節の動きが悪くなります。身体を動かさないことに伴う二次的な障害を廃用症候群といいます。身体の活動性の低下は，悪循環をきたして，痛みを発生させ，閉じこもり状態となれば，ますます全身の身体機能に悪影響をもたらし，寝たきり状態にもなりかねません。より重度の機能低下に陥らないようにするためには，日常生活における工夫や予防が重要です。

（吉野亮子）

▶4　認知症については，
⇨ Ⅷ-4 参照

▶5　脳血管障害については，⇨ Ⅸ-2 参照

▶6　片麻痺
⇨ Ⅸ-2 参照

Ⅶ 保健予防と介護予防

フレイル・ロコモ・サルコペニアと介護予防

1 フレイル・ロコモ・サルコペニアとは

「フレイル」とは，2001年に Fried, L. P. らの「Frailty」をもとに2014年に老年医学会が提唱した「体重減少」「筋力低下」「**易疲労感**」「歩行速度低下」「身体活動低下」の5つの要因から評価される身体の状態のことをいい，①加齢による脆弱性，②介入による可逆性，③要因の多面性を特徴とします。一般には，フレイルは「健康」と「要介護」の間の状態と位置づけられることが多くなっています。診断の基準を表Ⅶ-1に示します。

「ロコモ」とは「ロコモティブシンドローム（Locomotive Syndrome）」の略であり，「運動器症候群」を表します。日本整形外科学会が2007年に提唱したもので，「運動器の障害により要介護になるリスクの高い状態になること」と定義されています。ロコモティブシンドロームの原因は①運動器自体の疾患（筋骨格運動器系），②加齢による運動器機能不全とされています。ロコモティブシンドロームの診断の際に用いられるチェック表を表Ⅶ-2に示します。

「サルコペニア（Sarcopenia）」とは「筋量と筋力の進行性かつ全身性の減少」を特徴とする症候群です。サルコペニアの分類を表Ⅶ-3に，診断基準を表Ⅶ-4に示します。

2 フレイル・ロコモ・サルコペニアへの専門職の対応

フレイル・ロコモ・サルコペニアを有する高齢者，高リスク者を放置すると，その後高い割合で介護が必要となります。逆に，これらの状態を有する高齢者，高リスク者を早期に発見し，運動や栄養指導等を実施することによって，筋力をはじめとした身体機能の維持，改善が可能であることも明らかとなっています。ただし，身体機能を改善するためには，単に運動する，食事を摂取するように指導するのみではなく，フレイル・ロコモ・サルコペニアに至った原因を調査し，疾病の治療や全身状態の管理を行う，筋力トレーニングと持久力トレーニングを取り入れた運動を実施する，高エネルギー食かつ高**タンパク質**食を摂取するなど，さまざまな方面から介入することが重要です。さらに，改善した身体機能を良い状態で維持するためには，日中の活動性向上に努める必要があります。そのため，医療，福祉，介護の多くの専門職が連携して関わっていくことが重要です。

（朝井政治）

▷1 易疲労感
疲れを感じやすい状態。単に身体的に疲労している状態ではなく，背景に貧血，心疾患，糖尿病などの病気が原因で生じることが多いため，注意が必要。

▷2 Fried, L. P., Tangen, C. M. and Walston, J. et al. (2001) Frailty in older adults: Evidence for a phenotype, *J Gerontol A Biol Sci Med Sci*, 56, M146-156.

▷3 『週刊日本医学会新聞』第3216号，2017年3月20日。http://www.igaku-shoin.co.jp/nwsppr/pdf/3216.pdf（2017年10月17日閲覧）

▷4 日本整形外科学会ホームページ http://www.jcoa.gr.jp/locomo/teigi.html（2017年10月17日閲覧）

▷5 Rosenberg, I. (1989) Summary comments: Epidemiological and methodological problems in determining nutritional status of older persons, *Am J Clin Nutr*, 50, 1231-1233. Rosenberg, I. H. (1997) Sarcopenia: Origins and clinical relevance, *J Nutr*, 127, 990S-991S.

Ⅶ-3　フレイル・ロコモ・サルコペニアと介護予防

表Ⅶ-1　フレイルの評価方法（J-CHS基準）

項　目	評価基準
体　重	６カ月で２〜３kg以上の体重減少
筋　力	握力　男性26kg未満，女性18kg未満
易疲労感	（ここ２週間）訳もなく疲れたような感じがする
歩行速度	1.0m／秒未満
身体活動	①軽い運動・体操をしていますか？ ②定期的な運動・スポーツをしていますか？ 上記２つのいずれも「していない」と回答

注：該当項目数　０項目：健常，１〜２項目：プレフレイル，３項目以上：
　　フレイル
出所：『週刊日本医学界新聞』第3216号，2017年３月20日。

表Ⅶ-2　ロコモティブシンドローム診断のためのチェック表

７つのロコチェック：Locomotion Check
１）片脚立ちで靴下がはけない
２）家の中でつまずいたり滑ったりする
３）階段を上るのに手すりが必要である
４）横断歩道を青信号で渡りきれない
５）15分くらい続けて歩けない
６）２kg程度の買い物（１リットルの牛乳パック２個程度）をして持ち帰るのが困難である
７）家の中のやや重い仕事（掃除機の使用，布団の上げ下ろしなど）が困難である

・「７つのロコチェック」項目の一つでもあてはまればロコモを疑う。
・ロコモが疑われたら，「整形外科専門医」のチェックを受けること。
出所：日本整形外科学会ホームページ http://www.jcoa.gr.jp/locomo/check.html（2017年12月21日閲覧）

表Ⅶ-3　原因によるサルコペニアの分類

分　類		原　因
一次性 サルコペニア	加齢性サルコペニア	加齢以外に明らかな原因がないもの
二次性 サルコペニア	活動に関連する サルコペニア	寝たきり，不活発な生活スタイル，無重力状態が原因となり得るもの
	疾患に関連する サルコペニア	重症臓器不全（心臓，肺，肝臓，腎臓，脳），炎症性疾患，悪性腫瘍や内分泌疾患に付随するもの
	栄養に関連する サルコペニア	栄養の吸収不良，消化管疾患，食欲不振を起こす薬剤使用などに伴う摂取エネルギーおよび／またはタンパク質の摂取力不足に起因するもの

出所：長寿科学振興財団ホームページ「健康長寿ネット」。https://www.tyojyu.or.jp/net/byouki/sarcopenia/about.html（2017年12月21日閲覧）

表Ⅶ-4　サルコペニアの診断基準（AWGS基準）

項　目	評価基準
筋　力	握力　男性26kg未満，女性18kg未満
歩行速度	0.8m／秒未満
筋　量 （補正四肢筋量減少）	①生体電気インピーダンス法（BIA） 　　男性7.0kg／㎡未満，女性5.7kg／㎡未満 ②二重エネルギーX線吸収法（DXA） 　　男性7.0kg／㎡未満，女性5.4kg／㎡未満 上記のいずれかに該当

・筋力，歩行速度のどちらかが低下し，かつ筋量の減少も認められる状態をサルコペニアと診断。筋量だけでなく，それに伴う機能低下が重要。
出所：表Ⅶ-1と同じ。

▷6　長寿科学振興財団ホームページ「健康長寿ネット」https://www.tyojyu.or.jp/net/byouki/sarcopenia/about.html（2017年10月17日閲覧）

▷7　タンパク質

糖質，脂質と並ぶ，身体に必要な栄養の一つで，身体を構成する筋肉や皮膚，細胞の基になる。肉や魚，牛乳，大豆に多く含まれる。

参考文献

荒金英樹・若林英孝編著（2014）『悪液質とサルコペニア』医歯薬出版。

荒井秀典（2014）「フレイルの定義」『日老医誌』51，497-501。

VII 保健予防と介護予防

介護予防と歯科保健

1 口の役割

ヒトは快食，快便，快眠であれば，日常生活を心身ともに健康に過ごすことができます。「食べることは生きること」といわれるように，口の機能は「食べる」「しゃべる」「笑う」といった摂食嚥下，呼吸，発音，顔の表情，コミュニケーション（キス）など，生命維持や社会生活を営む重要な役割があります。現在の超高齢社会では，寿命の延伸に伴い，口腔機能の維持は全身機能の維持にとって不可欠です。

2 口の病気と全身疾患との関連

口腔機能を担う歯を失う原因の2大疾患は，う蝕（虫歯）と歯周病です。いずれも口腔内常在細菌による感染症です。ヒトの口腔内には約300〜500種の細菌が生息しています。20世紀初頭から，口腔内の感染病巣が二次的に全身疾患（例えば細菌性心内膜炎）の原因になることがいわれていました（歯性病巣感染説）。近年，ペリオドンタルメディシン（歯周医学）[1]という学問領域として，歯周病が全身への細菌の供給源，あるいは他の臓器に影響を及ぼす可能性のある慢性炎症であるとして，研究が進められています。これまで歯周病が関連すると報告された疾患には，糖尿病，冠状動脈心疾患，肥満，早期低体重児出産，**誤嚥性肺炎**[2]，骨粗しょう症，免疫疾患などがあります。

「平成28年歯科疾患実態調査」（厚生労働省）[3]によると，80歳で20本の歯を有する8020（ハチマルニイマル）達成者は約5割になり，自分自身の歯を保持している高齢者が増加しています。一方で，75歳以上の後期高齢者のう蝕と歯周病が増加しています。これは高齢期になって唾液分泌量の減少（口腔乾燥症）による口腔内の自浄作用や酸の緩衝能（中和作用）の低下，認知・運動能力の低下によるセルフケアの巧緻度の低下などにより，口腔衛生管理が不十分になるためと考えられます。とくに在宅や老人施設での要介護者や認知症患者はう蝕と歯周病により短期間で歯を失うことによる咀嚼機能低下が，低栄養により全身機能が衰える負のスパイラルに陥る原因の一つになっています。

3 フレイルとオーラルフレイル

高齢期になり，加齢とともに生理的な予備能力が低下して，さまざまな外的

▷1 吉江弘正・伊藤公一・村上伸也ほか編（2013）『臨床歯周病学（第2版）』医歯薬出版。

▷2 誤嚥性肺炎
嚥下時における食物や唾液，または逆流による胃の内容物など，本来気道に入るべきでないものを吸引（誤嚥）することにより引き起こされる肺炎。口腔は感染源となる微生物が常在しているため，口腔清潔を保つことが重要である。

▷3 厚生労働省「平成28年歯科疾患実態調査結果の概要」。http://www.mhlw.go.jp/toukei/list/dl/62-28-02.pdf（2017年7月26日閲覧）

ストレスに対して脆弱になる状態を**フレイル**（frailty）と呼ばれ，要介護状態の前段階とされています。フレイルは適切な介入・支援によって可逆的に生活機能の維持向上が可能とされています。

　口腔領域においても身体的，社会的および精神・心理的フレイルに伴い，「口の健康への関心の低下」「虫歯や歯周病の放置」「滑舌の衰え」「わずかなむせ」「食べこぼし」「噛めない食品の増加」などの軽微な「口の衰え」が認められるようになります。これをオーラルフレイルの状態といわれています。この段階で改善するための介入は地域保健事業・介護予防事業による対応になります。

④ 口腔機能低下症

　オーラルフレイルが進行すると口腔不潔，咬合力の低下，咀嚼機能の低下，口腔乾燥，舌口唇運動機能低下，低舌圧，嚥下機能低下などを含むいわゆる口腔機能低下症になり，歯科診療所での対応が必要になります。さらに口腔機能障害が進行すると摂食嚥下障害や咀嚼障害になり，より専門的な対応が必要になります。なお，上記の7項目の口腔機能の低下を調べる検査のうち3項目以上が該当すると口腔機能低下症と診断されます。

⑤ 介護予防と口腔機能の向上

　介護予防は要介護状態になることを遅らせることと状態を悪化しないことを目的にしています。口腔機能が低下すると十分な栄養が取りにくくなります。それにより体力や免疫力が低下し，感染症にかかりやすくなります。とくに嚥下機能の低下は誤嚥性肺炎を引き起こす危険が大きくなります。このことから口腔機能訓練を含めた**口腔ケア**の取組みの重要性から，2006年度の介護保険制度の改正で介護予防給付として，「運動器の機能向上」，「栄養改善」および「口腔機能の向上」の加算が新設されました。さらに2015年度から全国一律の介護予防給付の一部が介護予防・日常生活支援総合事業に再編されて，2017年度までに市町村に介護予防に関する裁量が拡大されます。それによって要支援者等に対する口腔機能向上の取組みが地域の実情に応じて効果的・効率的に実施できることが期待されています。

（福島正義）

▷4　フレイル
⇨ Ⅴ-8 参照

▷5　荒井秀典編（2016）『フレイルハンドブックポケット版』ライフ・サイエンス，2-15。

▷6　平成26年度老人保健事業推進費等補助金老人保健健康増進等事業（2015）「『食（栄養）および口腔機能に着目した加齢症候群の概念の確立と介護予防（虚弱化予防）から要介護状態に至る口腔機能支持等の包括的対策の構築および検証を目的とした調査研究』事業実施報告書」（主任研究者飯島勝矢）。

▷7　日本老年歯科医学会学術委員会（2016）「高齢期における口腔機能低下――学会見解論文　2016年度版」『老年歯学』31(2)，81-99。

▷8　▷7と同じ。

▷9　口腔ケア
⇨ Ⅴ-3 参照

（参考文献）
　日本老年歯科医学会監修（2008）『口腔ケアガイドブック』口腔保健協会。高齢者に関わる人々に口腔ケアの基本的な知識と技術を紹介した専門学会による権威ある指針書。

Ⅶ 保健予防と介護予防

5 介護予防と地域保健活動

　高齢期を元気でいきいきと過ごし介護を受けずに最期を迎えることは，多くの人の願いです。平均寿命が延びても，介護の必要な期間が延びては意味がありません。健康寿命（健康で自立して暮らすことができる期間）と平均寿命の差（不健康な期間・介護が必要な期間）は，2010年では男性で約9年，女性で約13年です[1]。この差を縮めること（健康寿命を延ばすこと）は個人の生活の質の低下を防ぎ，人生の最終章まで豊かに暮らすことにつながります。

1 介護予防活動

　介護予防活動とは，要介護状態にならないため，あるいは要介護状態にある人が重度化しないための活動です。介護保険制度は自立支援という理念で構築されていますが，2005年の介護保険法改正では予防重視型のシステムが示され，要支援の枠組みが導入され，介護予防サービスも開始されました。2015年から介護予防・日常生活支援総合事業が開始しました。そこでは，リハビリテーション専門職等による介護予防の取組みを強化すること，住民主体の介護予防活動の推進，元気なときからの切れ目ない介護予防の継続が示されています。地域保健活動と連動した介護予防活動の実現が重要です。

2 地域保健活動

　地域保健活動とは，地域住民の健康の保持増進や，公衆衛生の向上のために行われる活動です。母子保健や学校保健，感染症予防対策等の対人保健や食品衛生活動など，人々の暮らしに関わる保健衛生全般に関わる活動です。**地域保健法**[2]を中心に**健康増進法**[3]，母子保健法，精神保健福祉法，食品衛生法等々の多くの法律が関連しています。2004年に策定された「健康フロンティア戦略」では，国民一人ひとりが生涯にわたり元気で活動できる明るい活力ある社会の構築のため，健康寿命を延ばすことが基本目標におかれました。2007年の「新健康フロンティア戦略」では，国民が自ら取り組んでいく9分野の一つに介護予防活動があげられました。そして，健康増進法の2012年7月の改正では，「ソーシャルキャピタルを活用した自助及び共助の支援の推進」「地域の特性をいかした保健と福祉の健康なまちづくりの推進」「医療，介護，福祉等の関連施策との連携強化」等が示されています。すべての人を対象にした地域保健活動は，高齢者を対象にした介護予防活動・まちづくりにつながります。

▶1　厚生労働省ホームページ http://www.mhlw.go.jp/bunya/kenkou/dl/chiiki-gyousei_03_02.pdf（2017年7月7日閲覧）

▶2　地域保健法
1947年に制定された保健所法から1994年に地域保健法と改正された。都道府県と市町村の役割を見直し，住民に身近で頻度の高い母子保健サービスなどの実施主体を市町村に変更し，生涯を通じた健康づくりの体制を整備することなどを規定している。

▶3　健康増進法
国民の健康の増進，栄養の改善その他の国民の健康の増進を図るための措置を講じ，国民保健の向上を図ることを目的として2002年8月に制定された。「健康日本21」や「受動喫煙の防止」などの取組みがすすめられている。

③ 地域保健活動から介護予防活動へ

　介護保険制度の介護予防活動やサービスの開始年齢は65歳（第2号被保険者は40歳）からですが，幼少期からの健康習慣や保健行動が高齢期の生活に影響します。2016年の国民生活基礎調査では，要支援になる要因の第1位は関節疾患や骨折・転倒などの運動器の障害によることが多く，要介護状態になる要因では，第1位に認知症，第2位が脳血管疾患となっています。これらの疾病の早期発見（二次予防）には，循環器検診や骨密度検診をはじめ，各種の検診や健康活動が重要になります。発症予防（一次予防）として，喫煙防止，適切な食習慣・運動習慣が重要です。高齢期以前の高血圧や糖尿病等の生活習慣病の予防が，認知症や脳血管疾患の予防につながります。運動器の疾病予防としての骨粗しょう症予防には，青年期・壮年期からの保健活動が重要です。さらに8020運動は乳幼児期からの歯科保健や学校保健から始まっています。

▷4　厚生労働省ホームページ http://www.mhlw.go.jp/toukei/saikin/hw/k-tyosa/ k-btyosa16/dl/05. pdf（2017年7月20日閲覧）

▷5　8020運動については，⇨ Ⅶ-4 参照

④ 地域保健活動・介護予防活動の推進機関

　地域保健活動・介護予防活動は住民主体の活動が基本です。その活動を保健師や栄養士，理学療法士，介護支援専門員等の保健福祉の専門職や専門機関が支援しています。地域保健活動の支援・推進機関は保健所および市町村保健センターです。保健所は広域的に設置（2016年4月現在480カ所）されており，住民に身近な活動は市町村を基盤とした保健センター（2015年4月現在2,477カ所）が，健康相談，保健指導，健康診査など，地域保健に関する事業を行っています。しかし現在，高齢者を対象とした事業は多くはありません。介護保険制度が開始されてから，高齢者を対象とした介護予防活動は，市町村の高齢介護担当課や地域包括支援センターの職員が主に担っています。

▷6　厚生労働統計協会編（2016）『国民衛生の動向 2016/2017』33-34。

⑤ 最終目標は住民主体のまちづくり

　地域包括ケアシステムの中では住民の自助・互助活動が重視されています。地域保健活動や介護予防活動も，自らが健康管理（自助）を行い，住民が主体的に活動することが基本です。多くの地域では，自治会単位や老人クラブ等のグループで介護予防体操に取り組んだりしています。介護予防体操のグループから交流活動に発展し，新たなまちづくりにつながっていく例も珍しくありません。個人としての取組みと，集団としての取組み，地域としての取組みが相互に重なり合いながら安心で安全なまちづくりにつながっています。

　専門職と市民が協働した地域保健活動や介護予防活動が，健康寿命を延ばし，健康で尊厳のある暮らしが実現するまちづくりにつながります。

（佐瀬美惠子）

▷7　住民主体については，⇨ Ⅱ-4 参照

（参考文献）
　厚生労働統計協会編（各年）『国民衛生の動向』。わが国の公衆衛生に関するデーターや保健医療行政の歴史や動向が学べる。毎年出版されている。福祉関係については同編『国民の福祉と介護の動向』が参考になる。

Ⅷ　認知症の人を支える地域包括ケア

1 地域包括ケアの実践（多角的視点からの課題抽出と支援）

1 認知症をとりまく現状

　65歳以上の認知症患者数は，2012年時点で約462万人，さらに，認知症の前段階である軽度認知障害（MCI）は約400万人と推計され，65歳以上の4人に1人が認知症とその予備軍といわれています。2025年には認知症患者数が700万人を超える見込みです。

　認知症の症状には記憶障害などの中核症状と周辺症状（BPSD behavioral and psychological symptoms of dementia）があります（⇨Ⅷ-4 参照）。BPSDには徘徊，興奮，妄想，睡眠障害，暴言・暴力，不潔行為などがあります。夜間の徘徊や自分の排泄物を押し入れに隠したりする不潔行為がある認知症の人の介護者の介護負担が大きく，BPSDのことを「問題行動」と呼んでいた時代もありました。BPSDの症状が強い認知症の人を介護する家族が崩壊の危機に陥ることから，認知症の人を施設に収容する施策が続いていました。また，医学的にも薬物療法により「問題行動」を押さえるという治療が中心でした。

2 認知症の人とその家族を支えるための視点

○本人の視点からニーズを捉える

　「認知症になれば本人は何もわからなくなる」と考えられ，認知症施策では介護者の介護負担軽減が重視されていた時代がありました。しかし，現在では認知症の人を中心とする「パーソンセンタードケア」が重視されています（⇨Ⅷ-2 参照）。

　BPSDにはその行動が生じる理由や背景があります（⇨Ⅷ-5 参照）。認知症の特性やBPSDが生じる理由を把握し適切なケアを行うことで，BPSDが緩和するということが専門職の認識となっています（⇨Ⅷ-4，Ⅷ-5 参照）。

○認知症の早期発見と早期対応

　医学の発達により，認知症の前段階であるMCIが解明され，認知症の発症に関連する要因もわかってきました（⇨Ⅷ-4 参照）。そのため，現在はアルツハイマーの予防が認知症施策に盛り込まれています。MCIの段階で発見してもその症状が改善したり，認知症の発症を遅らせることが可能となりました。認知症を予防するための介護予防や，MCIの段階での早期発見と，認知症の発症を遅らせるために適切なケアを行う地域の体制づくりが進められています

（⇨ VIII-9 ， VIII-10 参照）。

○認知症の進行に即した支援体制

認知症はステージ（MCI から認知症の軽度，中等度，重度）に応じた適切なケアが必要です。認知症と診断された人や家族は，どうしていいのかわからず不安を抱えています。不安を少しでも軽くするために，認知症と診断されたときから適切な支援を行う認知症初期集中支援チームがあります（⇨ VIII-3 参照）。また，介護者の介護負担の軽減や精神面でのサポートなど地域での生活を支援する専門職による家族への支援体制が大切です（⇨ VIII-7 参照）。

○認知症支援のための多職種連携

認知症の人と家族を支援するためには，医療と介護の連携が不可欠です。医療的な支援の中核には認知症疾患医療センターがあります。認知症疾患医療センターを認知症支援の中核として，医療と介護の連携や地域づくりが進められています（⇨ VIII-6 ， VIII-7 ， VIII-9 参照）。

○認知症の人と家族を支えるための地域づくり

認知症の人と家族を支援するための地域づくりが大切です（⇨ VIII-8 参照）。また，認知症サポーターの養成や認知症の人の見守りネットワークの構築など地域住民を含めた地域づくりが進められています（⇨ VIII-9 ， VIII-10 参照）。認知症カフェや家族会など当事者が集まる場所づくりも大切な支援の一つです。

事例（ VIII-11 ）では，医療や介護の専門職がどのような視点で認知症の人と家族のニーズを捉え，どのような視点で支援しているのかということに焦点を当てています。

（隅田好美）

VIII 認知症の人を支える地域包括ケア

2 認知症の人が主体的に生きるための支援

1 パーソンセンタードケアから考える認知症施策

認知症の症状には記憶障害などの中核症状と周辺症状（以下，BPSD）があります。BPSDには徘徊，興奮，妄想，睡眠障害，暴言・暴力，不潔行為などがあり，家族介護者の負担を大きくする要因の一つです。「痴呆性老人対策に関する検討会報告書」（1994年）では，BPSDへの対応が家族にとって困難なことから，必要な場合にはいつでも施設が利用できるように認知症高齢者を受け入れることができる施設を増やすという方針を示していました。

イギリスでは，トム・キッドウッドが「その人を中心としたケア（パーソンセンタードケア）」を提唱しました。その人らしさは「人として認めること，尊重，信頼を意味している」とされています。パーソンセンタードケアにおける認知症の人の心理的ニーズの要素は図Ⅷ-1のとおりです。中心的ニーズとしての愛があり，その周りに重なり合って，なぐさめ（くつろぎ），結びつき（愛着），共にいること（社会的一体性），たずさわること（主体的活動），自分であること（同一性）の5つのニーズがあります。この5つのニーズを満たすことで，その人らしさを保つことができると説明しています。

トム・キッドウッドは今までの認知症ケアを「ケアの古い文化」と呼び，疎外と隔離の文化であると批判しています。また，古い文化のケアは身体的ケアが中心で，認知症の人びとの心理的ニーズの存在を否定するか，精神安定剤を使って消し去ってしまっていると批判しています。これまでの日本の認知症施策は，認知症の人への支援を考慮することなく，家族の介護負担軽減に着目している古い文化のケアであったといえます。

認知症の医療的な解明が進歩したことで，認知症施策も変化しました。認知症の前段階である軽度認知障害（MCI）が解明され，アルツハイマーの予防が認知症施策に盛り込まれています。また，BPSDにも原因疾患や病期による症状の違いがあることがわかってきました。軽度のBPSDには薬物療法よりも非薬物的療法を先行して進めることが望ましく，適切なケアを行うことでBPSDを緩和できるということが専門職の認識となっています。「今後の認知症施策の方向性について」（2012年）の基本目標は，「認知症になっても本人の意思が尊重され，できる限り住み慣れた地域のよい環境で暮らし続けることができる社会」であり，ようやく認知症政策に本人の意志の尊重が明記されまし

▷1 BPSDについては，⇒Ⅷ-4 参照

▷2 痴呆性老人対策に関する検討会（1994）「痴呆性老人対策に関する検討会報告書」。

▷3 トム・キッドウッド／高橋誠一訳（2005）『認知症のパーソンセンタードケア――新しいケアの文化へ』筒井書房，20。

図Ⅷ-1 認知症の人びとのおもな心理的ニーズ

出所：トム・キッドウッド／高橋誠一訳（2005）『認知症のパーソンセンタードケア――新しいケアの文化へ』筒井書房，142。

▷4 高橋智（2011）「認知症のBPSD」『日本老年医学会雑誌』48(3)，195-204。

▷5 厚生労働省認知症施策検討プロジェクトチーム（2012）「今後の認知症施策の方向性について」。

VIII-2 認知症の人が主体的に生きるための支援

た。

❷ 認知症の人からの発信

1993年，島根県出雲市にある精神科クリニック「エスポワール出雲クリニック」に認知症のためのデイケア施設「小山のおうち」（現在は重度認知症デイケア）が開設されました。小山のおうちでは「物忘れを認め合う」支援が行われています。また，「認知症を生きる不自由」を認知症の人自身が言葉にする試みが行われています。「認知症になれば本人は何もわからないのだから，かえって幸せかもしれない」という考えの専門職が多かった時代に，認知症介護をテーマとしたシンポジウムで，小山のおうちの利用者がスタッフの支援を受けながら，自分の言葉で物忘れの辛さを話しました。参加していた精神科の医師は，自分たちの常識が覆されたと感想を述べました。[7]

また，オーストラリア政府の要職に就いていたクリスティーン・ボーデンが認知症と診断され，当事者の視点から「アルツハイマー病と共に歩んだ感情的，身体的，精神的な旅」について著書を執筆しています。[8]その中で，アルツハイマー病協会でさえ，介護者にだけ注意が向けられ，患者本人は無視されているように見えると批判しています。また，介護者が書いた著書は「見方が違っている」と指摘し，「本人に焦点づけたケア」の大切さを伝えています。[9]クリスティーンの夫であるポールは，一方的に介護するのではなく，ともに認知症に向き合う「ケア・パートナー」だといい，[10]ケア・パートナーは認知症の人の世界で動くことと，クリスティーンの長所を見ることが大切だと考えています。

クリスティーンは世界中で当事者の体験を講演しています。2004年には京都で開催された国際アルツハイマー病協会国際会議で，当事者が自らの体験を語るワークショップの司会を務めました。それらの刺激を受け，日本の認知症をもつ人達も当事者の声を伝えるようになり，2006年には日本の認知症本人会議が京都で開催されました。

トム・キッドウッドは認知症の人を中心とした最初のケアとして，リアリティ・オリエンテーション，バリデーション・セラピー，回想法をあげています。バリデーションは「認知症高齢者へのコミュニケーションを通して，感情レベルに訴える方法」です。[11]キッドウッドは1960年代に開発されたバリデーションが，認知症の人の気持ちや感情に焦点を当てることで，心理学的成果があるかもしれないという認識をもたらしたと評価しています。また，1980年代に知覚・感情・言語による包括的コミュニケーション技法として，ユマニチュードが登場しました。ユマニチュードは「"人間らしさ"を尊重し続ける」ケアです。[12]現在，ユマニチュードを情報学的に客観的に評価することで，根拠に基づいたケア（Evidence Based Care：EBC）の高度化を進められ，採用する施設や病院が増えています。

（隅田好美）

▶6 小澤勲（2005）『認知症とは何か』岩波書店，78。

▶7 原田勉（1997）『いい風吹いて──痴呆老人出雲からの報告』今井書店，80。

▶8 クリスティーン・ボーデン／桧垣陽子訳（2003）『私は誰になっていくの？──アルツハイマー病患者からみた世界』クリエイツかもがわ出版，71。

▶9 ▶8と同じ，219。

▶10 ▶6と同じ，100。

▶11 都村尚子（2008）『バリデーション 認知症高齢者とのコミュニケーション』介護労働安定センター，4。

▶12 本田美和子・イヴ・ヘネスト・ロゼット・マレスコッティ（2014）『ユマニチュード入門』医学書院，4-5。

Ⅷ 認知症の人を支える地域包括ケア

認知症の人を支えるための政策

1 認知症施策の変遷

2004年,「痴呆」から「認知症」に用語が変わり,認知症施策は推進されるようになりました。2005年「認知症を知り地域をつくる10ヵ年」の構想が始まり,認知症を理解し,支援する人(サポーター)が地域に数多く存在し,すべての町が認知症になっても安心して暮らせる地域になっていくことを目指してきました。認知症サポーターの証として**オレンジリング**というものがあり,全国自治体に事務局があります。同年,認知症サポート医養成研修も開始しました。

2008年の「認知症の医療と生活の質を高める緊急プロジェクト」報告書では,今後の認知症対策の全体像として,早期の確定診断を出発点とした適切な対応を促進することを基本方針として,①実態の把握,②研究開発の促進,③早期診断の推進と適切な医療の提供,④適切なケアの普及および本人・家族支援,⑤若年性認知症対策を積極的に推進した短期・中期・長期目標が示されました。医療と介護の連携強化を目的に,**認知症疾患医療センター**の設置と介護との連携担当者,地域包括支援センター等には医療との連携を強化する認知症連携担当者(現在の認知症地域支援推進員)が配置されましたが,認知症疾患医療センターの指定が進まないといった課題もありました。

2012年の「今後の認知症施策の方向性について」では,「ケアの流れ」を変えることを基本目標とし,「認知症の人は,精神科病院や施設を利用せざるを得ない」という考え方を改め,「認知症になっても本人の意思が尊重され,できる限り住み慣れた地域のよい環境で暮らし続けることができる社会」の実現を目指すことが示され,「認知症施策推進5か年計画(オレンジプラン)」が策定され,目標数値と実施時期が示されました。そこには初期集中支援チーム・認知症地域支援推進員の配置が示され,「**認知症ライフサポートモデル(認知症ケアモデル)**」の策定も含まれました。

2 認知症施策推進総合戦略(新オレンジプラン)

2015年の「認知症施策推進総合戦略(新オレンジプラン)」は,国家戦略として策定されたものです。新オレンジプランの基本方針や**7つの柱**は,これまでの経緯を踏まえ,新たに指針を示したもので,2025年までを対象期間としてい

▶1 オレンジリング
認知症サポーター養成研修を受講するともらえる。認知症サポーター養成講座の講師役は,キャラバン・メイトといい,キャラバン・メイト養成研修を受講している。

▶2 全国の自治体事務局連絡先一覧はホームページで参照できる。http://www.caravanmate.com/office/ (2017年12月24日閲覧)

▶3 認知症サポート医養成研修の実施主体は都道府県および指定都市。認知症サポート医の役割として,①都道府県・指定都市医師会を単位とした,かかりつけ医を対象とした認知症対応力の向上を図るための研修の企画立案,②かかりつけ医の認知症診断等に関する相談役・アドバイザー,他の認知症サポート医(推進医師)との連携体制の構築,③各地域医師会と地域包括支援センターとの連携づくりへの協力(→地域における「連携」の推進役)が期待されている。厚生労働省ホームページ http://www.mhlw.go.jp/topics/kaigo/dementia/d01.html (2017年12月24日閲覧)

ます。地域の実情に応じた柔軟な事業の実施ができるように，先駆的な取組みをしている都道府県・市町村の情報を共有し，広域での連携体制構築に資する事業などを実施していきます。具体的には，自分がどこにいるかわからなくなった認知症の人を捜索する広域の見守りネットワークの構築や，認知症の本人同士が集って語らうことができる取組みの普及，初期集中支援チームや認知症地域支援推進員の設置の加速化，認知症医療と介護の連携の枠組み構築などがあります。また，認知症介護の専門家や経験者が対応するコールセンターの設置，成年後見制度の利用を促進するための相談機関やネットワークの構築などの体制整備，若年性認知症の人に対するコールセンターの設置，コーディネーターの配置などがあり，官民協働で実施されています。

③ 介護保険制度改正による認知症施策の推進

2014年の介護保険法改正で，市町村が実施主体である地域支援事業が見直されて内容が拡充し，認知症施策の推進が盛り込まれました。認知症初期集中支援チームは，早期に認知症の鑑別診断に導き，速やかに適切な医療・介護等を受けられる初期の対応体制構築を推進します。認知症地域支援推進員は，必要な医療・介護および生活支援を行うサービス機関が有機的に連携したネットワークを形成するために，認知症ケアパスや連携ツールの普及・推進，効果的な支援体制を構築し，認知症ケアの向上を図るための取組みを推進するため，認知症カフェや認知症ライフサポート研修などの多職種協働研修の企画・調整など，市町村の実情に応じた取組みを実施しています。

④ 今後について

日本の認知症対策は，厳しい経済事情の中で，創意工夫しながら取り組まれています。認知症のステージ（軽度認知機能障害〔MCI〕から軽度，中等度，重度）に応じた適切な環境やケアを提供する直接的な援助である個別支援と，間接的な援助である地域づくりや多機関・多職種のネットワークづくりなどは，同時進行で取り組んでいかなければならないものです。認知症施策を推進していくには，認知症施策や認知症の人に携わる専門職や事務職などの継続的な人材育成も必要ですが，多くの国民が認知症サポーターとなり，認知症をもつ人への理解を深め，「我が事」として捉える感性をもち，大人も子どもも含めた社会全体で，認知症をもつ人を支えていくことが必要であると考えられます。

（森岡朋子）

参考文献
宮島渡監修，ニッセイ基礎研究所編（2015）『認知症ライフサポート研修テキスト——認知症ケアの多職種協働実践ガイド』中央法規出版。
浴風会認知症介護研究・研修東京センター（2015）「認知症地域支援推進員の活動の手引き」。https://www.dcnet.gr.jp/pdf/kensyu/t_h26suishin_tebiki.pdf（2017年12月24日閲覧）

▷4 認知症疾患医療センター
認知症疾患に関する鑑別診断の実施など，地域での認知症医療提供体制の拠点としての活動を行う。実施主体は，都道府県・指定都市で，都道府県知事または指定都市市長が指定する。

▷5 「今後の認知症施策の方向性について」（7つの視点からの取り組み）
①標準的な認知症ケアパスの作成・普及
②早期診断・早期対応
③地域での生活を支える医療サービスの構築
④地域での生活を支える介護サービスの構築
⑤地域での日常生活・家族の支援の強化
⑥若年認知症施策の強化
⑦医療介護サービスを担う人材の育成

▷6 認知症ライフサポートモデル
⇨ Ⅷ-7 参照

▷7 新オレンジプランの7つの柱
①認知症への理解を深めるための普及・啓発の推進
②認知症の容態に応じた適時・適切な医療・介護等の提供
③若年認知症施策の強化
④認知症の人の介護者への支援
⑤認知症の人を含む高齢者にやさしい地域づくりの推進
⑥認知症の予防法，診断法，治療法，リハビリテーションモデル，介護モデル等の研究開発およびその成果の普及の推進
⑦認知症の人やその家族の視点の重視

VIII 認知症の人を支える地域包括ケア

認知症の医学的知識の概要

1 認知症の診断基準

　認知症とは，一度正常に発達した認知機能が，慢性あるいは進行性の脳疾患によって持続的に低下し，社会生活や日常生活に支障をきたすようになった状態をいいます。主な認知症の診断基準には，世界保健機関による国際疾病分類第10版（ICD-10），米国国立老化研究所／Alzheimer病協会（NIA／AA），米国精神医学会による精神疾患の診断・統計マニュアル第5版（DSM-5）があります。認知症と区別すべき病態として，せん妄とうつ状態があります。せん妄は，意識障害の一種であり，身体疾患，薬剤，環境の変化が誘因となります。注意力や判断力が低下し，興奮，幻覚，暴言等が急激に出現し，症状に動揺を認めます。うつ状態は，思考の緩慢や注意力・集中力・判断力の低下を認め，食欲低下や睡眠障害を伴うことがあります。

2 認知症の症状

　すべての認知症患者に認め，病気の進行とともに悪化する「中核症状」と認知症患者にしばしば出現する気分あるいは行動の障害を表す「行動心理症状」（BPSD：Behavioral and Psychological Symptoms of Dementia）に分類されます。中核症状には，新しく経験した出来事を覚えることが困難となる「記憶障害」，日付や場所がわからなくなる「見当識障害」，料理や旅行ができなくなる「実行機能障害」などがあります。行動心理症状には，身近な人に物を盗まれたと言う「ものとられ妄想」，人の声が聞こえる，人・動物・虫が見える等の「幻覚」，大声で叫ぶ，罵る，叩く，噛む等の「暴言・暴力」，気持ちが落ち込んでやる気がないという「抑うつ」があります。

3 認知症をきたす主な疾患

　認知症および認知症様症状をきたす疾患は数多くあり，もっとも頻度の高い疾患がアルツハイマー型認知症です。その他の原因疾患には，脳炎，甲状腺機能異常，ビタミン欠乏や肝性脳症などの代謝性疾患，正常圧水頭症などの脳外科疾患，てんかん等の適切な治療により改善する治療可能な疾患が含まれます。

　○アルツハイマー型認知症
　近時記憶障害，とくにエピソード記憶障害で発症し，次第に見当識障害，構

成障害，失語・失行・失認などの大脳皮質症状，実行機能障害が加わります。アパシー，うつ症状，妄想などの精神症状や取り繕い反応もみられます。

○血管性認知症

脳血管障害に関連して発症する認知症を総称したものです。記憶障害に比較して実行機能障害が高度である傾向があり，行動の遅滞，うつ状態，不安などを認めます。また，筋力低下，歩行障害，尿失禁などの神経症候も伴います。

○レビー小体型認知症

注意や覚醒レベルの変動を伴う認知機能障害，パーキンソニズム，繰り返し出現する具体的な幻視，レム期睡眠行動異常，抗精神病薬に対する感受性，便秘・排尿障害・起立性低血圧等の自律神経症状を特徴とします。

○前頭側頭葉変性症

前頭葉と側頭葉の萎縮を特徴とする神経変性疾患です。本能のおもむくままの行動「脱抑制」，自発的な行動が減る・身だしなみや他者に対しての関心がなくなる「無為・無関心」，同じ行動を繰り返す「常同行動」，同じ語や話題を繰り返す（反復言語，滞続言語）・問いかけに対してそのまま返答をする（反響言語）などの「言語症状」がみられます。

④ 認知症の検査

・認知症のスクリーニング検査には，**改訂版長谷川式簡易認知評価スケール**や[1]**Mini-Mental State Examination**[2]があります。
・画像検査には，脳萎縮や脳血管障害を評価するMRIや脳血流を評価する脳血流シンチグラフィーがあります。

⑤ 認知症の治療

アルツハイマー病の治療には，薬物療法と非薬物療法があります。薬物療法には，神経系のアセチルコリン濃度を高めるコリンエステラーゼ阻害薬とNMDA受容体拮抗薬があります。非薬物療法には，回想法，見当識訓練法，音楽療法，芸術療法，記憶訓練，レクリエーション療法等があります。早期から治療を開始することが，認知機能の長期維持や行動心理症状の軽減において重要です。

⑥ 認知症の予防

確立された認知症の発症予防法はありませんが，認知症の危険因子と防御因子として遺伝的危険因子，血管危険因子（高血圧・糖尿病・脂質異常症），生活習慣因子（運動，魚・野菜・果物などの食事，余暇活動，社会参加）等が数多く報告されています。防御因子は，年齢ごとに異なり中年期には血管危険因子の治療，晩年期には身体的・精神的・社会的活動がとくに重要となります。　（木村成志）

▷1　改訂版長谷川式簡易認知評価スケール
質問式の認知機能検査であり，日時の見当識，場所の見当識，単語の記銘，計算，数字の逆唱，遅延再生，物品再生，言語の流暢性の設問から構成されている。

▷2　Mini-Mental State Examination
質問式の認知機能検査であり，日時の見当識，場所の見当識，単語の記銘，注意・計算，遅延再生，物品の呼称，復唱，口頭命令動作，図形描写の設問から構成されている。

Ⅷ　認知症の人を支える地域包括ケア

認知症の人へのケア

1　認知症の非薬物療法はその人の何に働きかけるのか

　非薬物療法による治療介入で目的とされているのは、認知、刺激、行動、感情の4つです。すなわち、認知を刺激するものとしては、見当識を意識させる試みである現実見当識訓練などが行われ、刺激に関するものとしては、各種の芸術療法、レクリエーション療法などが行われています。また、行動に関するものとしては、行動療法的アプローチなどが行われ、感情を刺激するものとして、回想法、バリデーションなどが行われます。また、初期認知症では、個人的な精神療法、回想法、認知リハビリテーションなどがあり、進行期認知症では、アロマテラピー、マッサージ療法など、「感情」や「刺激」に働きかけるものが多くなっています。

　また実際の非薬物療法の提供の場であるデイサービスなどの現場では、日付を書いた貼り紙を用いて、現実見当識訓練的に環境を整えることで「認知」機能にはたらきかけ、作品づくりやゲームや音楽などで刺激をあたえ、昔のことを回想する話し合いで感情に働きかけるなど、さまざまな「療法」を組み合わせながら活動を行っています。

2　生活を支えるための認知症ケア

　認知症の人は、徐々に低下している認知機能障害によって、今自分は何をしていたのか、自分はどこにいるのか、やりたいことはどうやったらできるのか、など、今までなら悩まずにこなせたことに、つまずき、途方にくれています。そこで、生活のしづらさについて、認知症ケアの視点で支援することが大切になってきます。

　ここでは、本人の言葉に基づいて、軽度期の認知症の人の記憶障害、見当識障害へのケアを点検してみます。[1]

○記憶障害のケアの点検
①話し方のスピードは考えていますか

　「最後の方だけ聞こえたけど」「早口で話されると何にも残らへん」という本人の言葉から、私たちの話すスピードは速すぎるのでは？ということに気がつくことができます。

②一気に多くのことを伝えようとしていませんか

▶1　奥村典子・伏木久代・遠藤淑子・佐治千恵子（2013）「認知症ケアにおける人的環境について──『人』と『病気』に配慮したケア」『認知症ケア事例ジャーナル』282-297。

「そんなたくさん，わからへんわ」「一つずつ言ってな」という本人の言葉で，私たちは長い文章で物事を一気に伝えようとしていることに気づきます。

③繰り返し伝えることを怠ってはいませんか

「何遍も聞いたり書いたりしたら覚えるやろうか？」「同じことをしていると何となく覚えられることもあるな」という本人の言葉からは，私たちは一度伝えてしまったら，「伝えた」と安心してしまっていることに気づきます。

④目で見て，気づける工夫はありますか

「すぐ忘れるけど字は読める」「書いてあると，それを読むことで安心できる」という本人の言葉からは，私たちは本人の残っている能力である，文字を読む力，それをもとに行動へ移す力を，有効に活用していないことに気づきます。視覚を活用した環境づくりが必要です。

○見当識障害のケアの点検

①日付や時間を意識できるような言葉のかけ方等を考えていますか

「もう暗くなってきたし帰らんとあかん（雨天）」「これは，昼ご飯なの？」という本人の言葉から，本人が自覚している時間や場所がわかります。それを単に修正するのではなく，時間や季節などを日常的な会話で繰り返し伝えることで，本人にとって，正しいことを知る機会となり，安心できるようになります。

②どこを見ればいいのかが，わかりやすい空間になっていますか

「ごちゃごちゃでわからへん」「たくさんあると先に見たものが頭から消えていく」という本人の言葉からは，わかりやすく整理された張り紙，目線の高さに合わせた掲示物になっているか，アラームなど視覚や音で気づける工夫はできているかの点検が必要です。

❸ BPSD へのケアについて

BPSD は，脳の障害を起因とする認知機能障害によって起こる生活障害を背景にして，身体状況，心理状態，環境，性格などの影響を受けて出現します。認知機能障害によって生活のしづらさに直面し，それでも，何とか生活を維持しようと踏ん張っていた認知症の人が，体調不良や薬の副作用，家族との言い争いなどの心理的な要因，環境変化などによって混乱し，異常な行動をとってしまうのです。したがって，BPSD への対応を考えるときには，起こっている現象の背景にある認知機能障害に対してのケアとは何かを考えることが必要です。

（藤本直規）

VIII 認知症の人を支える地域包括ケア

認知症初期支援と重度化の予防

認知症についての社会啓発が進み，早期発見・早期対応の意義が強調されていますが，診断直後の人に対する非薬物療法的な支援の受け皿が今のところ少なく，支援の空白期間と呼ばれています。その原因は，徐々に悪化する記憶障害などを少しでも維持したいと望み，自分のやりたいことを実現したい，社会の中で役割をもちたいといった本人が求めていることに，支援者が具体的な方策をもって応えていなかったからです。ここでは，筆者によるもの忘れクリニックの取組みの中で，当時者の声に応えながら継続している診断直後の非薬物療法と，その後の重度化予防の工夫を紹介します。

 初期支援のための非薬物療法の具体例

○仕事の場

診断後の若年認知症の人が，最終的に職場を退職となった。就労意欲は衰えていない彼は，「自分のしたことが仕事として評価され，少しでも対価をもらいながら何か社会に役立ちたい」と就労を希望しました。そこで，毎週水曜日の午後12時から午後4時まで，内職を請け負う仕事として提供しています。仕事は1クール約45分行い，残りの約15分間は休憩し，病気のことなどを話し合い，計4クール行います。2017年4月現在の参加者は，若年者20名，高齢者7名で，平均年齢64.8歳，平均MMSE24点，ほかに，発達障害，うつ病の人などが参加し，毎回約40名で継続しています。診断直後の軽度期の人に仕事の場を紹介すると，多くが参加します。「ここでは，気兼ねなく話せる。誰かの顔色を見なくてよい」などと，仲間とともに病気を語れ，社会参加できること，作業ができなくなってもできる方法を探せることで，参加中は診断直後の不安が軽減されるようです。

○本人・家族の心理教育

高齢の軽度者のうち，病名告知後，病気の受容が十分でなく，病気と向き合う気持ちが不完全な人たちに，月2回，1回約1時間，1グループ約12名で心理教育[41]を行っています。本人には，認知症の症状について書かれたものを読み合い，仲間同士の自由な話し合いの場を設けながら，さまざまな知的活動を行っています。また家族へは，認知機能障害やそれへの対応などの説明とピア・カウンセリングの場を提供しています。「自分たちがゆっくり考えて，次のことに取りかかろうとしているのに，『まわりから，"やいのやいの"と急が

▶1 心理教育
診断直後の本人や家族に，病気や症状に関する正しい知識や情報を，心理面への十分な配慮をしながら伝え，病気の結果もたらされる生活機能障害に対する対応方法を，仲間とともに学んでもらう。

124

VIII-6　認知症初期支援と重度化の予防

せないでよ』と，参加者全員が異口同音に口にし，隣の部屋にいる家族に伝え
てよ！」と盛り上がります。

○本人・家族交流会

　2カ月ごとに，本人とその家族の交流会を2時間行っていますが，毎回
15〜20名の認知症の人と30〜50名の家族の参加があります。ミニ講義を行った
後に小グループを作り，ピア・カウンセリングの場を提供しています。介護
サービスに結びつかない人が，交流会に参加することで，集団活動の場になじ
み，人と接することで抵抗感がなくなり，何回かの参加の後，地元のデイサー
ビスを利用できるようになった例は多くあります。

○初期支援のための非薬物療法の重要性

　認知症の人への初期支援は，診断後の「病名告知」と「経過と予後の説明」
によって，"何が起こっているかわからないという不安"を少しでも軽くする
ことから始まります。発症早期の人に対する非薬物療法的な介入は，認知症で
あるという告知を受けた絶望感を少しでも減らし，本人が病気に向き合おうと
する気持ちを支え，認知機能障害への対処の仕方を学ぶ機会を作ることにつな
がります。そして，病初期に出会った仲間や支援者の存在は，病状が進行して
も精神的な支えになり，この時期の支援のありようが，その後の経過に影響を
与えます。

2 見落しがちな認知症の人の重症化予防

○身体疾患を適切に治療する

　認知症の人は，症状が進行すると，脱水，感染，便秘などの身体疾患による
体調の不調を周囲に訴えないことも多く，家族も，本人の活動性が減っている
ことに気づいても，身体疾患に気づかないことがあります。したがって，家族，
介護職にかかわらず，早めに体調の異常を見つけて治療を行うことが，認知症
の悪化予防にとってもっとも重要です。

○多職種連携が重要である

　診断後の薬物治療の効果判定では，ケアスタッフとの双方向性の情報交換が
必要です。具体的には，介護事業所が，起こった本人にとっての困り事の背景
にある認知機能障害についての考察と対応方法，対応後の結果，薬物治療の希
望の有無などを記載した用紙を持ってきます。定型的な記入用紙にとらわれる
必要はなく，必要な情報が書かれていることがポイントです。それを，本人や
家族と共有することで，当事者も治療のプロセスに参加できるようになります。
また，身体疾患の治療では，かかりつけ医と専門医の連携も重要で，多職種連
携は，その時の容態にもっともふさわしい支援が提供されるための仕組みです。

（藤本直規）

▶2　認知機能障害
認知機能とは，記憶，思考，
理解，計算，学習，言語，
判断などの知的な能力を指
すが，認知症では脳の障害
のため，これらのはたらき
に障害をきたす。認知症の
生活機能障害の原因になる。

VIII 認知症の人を支える地域包括ケア

認知症の人の生活支援

認知症という病気は，脳の器質的変化に伴う機能の低下やそれに伴う症状などが出現します。認知症の病気が進行していくと，これまでできたことができなくなったり，人とのコミュニケーションがうまくとれなくなったりすることがあります。認知症という病気を抱えた人を支援するには，医療と生活の両面からのサポートが必要となりますが，認知症をもつ人の生活は地域の中で営まれるので，コミュニティを視野に入れたケアや視点が大切な要素になります。

① 小規模多機能型居宅介護による顔なじみの支援

2005年の介護保険法改正により，小規模多機能型居宅介護[1]が制度化されました。それ以前より民家などを活用した家庭的な雰囲気の中で，気の知れた仲間同士で安心して過ごすことができる「宅老所」と呼ばれる取組みがありましたが，小規模多機能型居宅介護は，そうした取組みを前身として，住み慣れた地域で安心して暮らすことができるように，「通い」「宿泊」「訪問」の3つのサービスを組み合わせて24時間365日体制で在宅介護を支援する事業です。介護が必要になった高齢者にとって，住み慣れた地域の中で地域住民との交流のもとで日常生活支援や機能訓練を受けることができます。小規模多機能型居宅介護事業所の介護支援専門員がケアプランを作成し，提供される「通い」「宿泊」「訪問」サービスは，すべて顔なじみのケアスタッフにより行われます。認知症をもつ人にとって，顔なじみの関係の中で継続的なケアを受けることができることは，メリットの一つと考えられています。

② 認知症の人と家族会

認知症をもつ人の家族には，配偶者，子ども，親などの身内の人がいます。家族だけで介護している人もいますが，介護保険サービスを利用している場合でも，介護支援専門員とのサービス調整のためのやり取りや，制度で対応できない隙間の時間帯などは，家族が対応していることも多いため，家族の介護負担軽減のためのレスパイト[2]が必要といわれています。認知症という病気と生きる人を介護している家族は，病気が進行していく本人やその生活のことなどを考えて，どうしていいかわからずに途方に暮れたり，悩んでしまうこともあります。認知症をもつ人の家族会は，介護する立場の人同士が出会う場です。そこで介護の知恵や情報を共有することができます。また，介護者同士がお互い

▷1 小規模多機能型居宅介護の登録は，1事業所当たり29名以下で，通いは概ね15名以下，宿泊は概ね9名以下と定められている。
⇨ II-8 参照

▷2 レスパイト
「休憩」「小休止」の意味をもつ英語で，日常介護をしている家族が，一時的に介護から解放され，リフレッシュしたり，休息が取れるようにすることである。介護保険ではレスパイト・ケアとして短期入所生活介護や短期入所療養介護などがあり，医療保険ではレスパイト入院などがある。

▷3 認知症ライフサポートモデル
「認知症の人への医療・介護を含む統合的な生活支援」医療も介護も生活支援の一部であることを十分に認識し，医療と介護等が相互の役割・機能を理解しながら，統合的な支援に結びつけていくことを目指そうとする認知症のケアモデル。「認知症施策推進5か年計画（オレンジプラン）」で策定。

の体験を語り合うことで，心や精神面のサポートを得られることもあります。家族会がまとまって行政などにはたらきかけ，施策に反映していくように活動していることもあります。

③ 認知症をもつ人の生活支援に必要な多職種専門職の連携

認知症をもつ人を支える制度には，「医療が担ってきた領域」と，「介護が担ってきた領域」があります。同じ認知症の人に対して，それぞれの領域の専門職がバラバラな視点や考え方では，統一感のある支援を提供することはできません。認知症の本人が望むところで，安心・安全に生活を続けるためには，認知症の人のニーズを捉え，保健・医療・介護・福祉等の専門職間で，情報や目指すイメージを共有し，コミュニケーションが図られていることが必要です。このような考え方を**認知症ライフサポートモデル**[13]といいます。認知症ライフサポートモデルは，認知症の人を中心とした，「自己決定を支える」「住み慣れた地域で継続性のある暮らしを支える」「自らの力を最大限に使って暮らすことを支える」の３つの視点を重視しています。

本人の自己決定を支えるためには，**認知症のステージ**[14]のできるだけ早い段階から，認知症の本人と専門職が出会うことが大切です。認知症の人と専門職の出会いが遅くなればなるほど，コミュニケーションが困難になり，本人が望む生活が何かわからないまま，支援せざるを得ない状況になるからです。

本人の思いや情報，人生の歩みなどを記載した**認知症ケアパス**[15]，帳票や連携シート，連絡ノートなどを活用して専門職間の情報共有を図る取組みも始まっています。

④ 医療・福祉・介護・地域のつながりについて

認知症の人は，本人の自覚の有無にかかわらず，地域の馴染みの関係の中で見守られ，支えられていることがあります。認知症をもつ人の生活支援には，コミュニティを視野に入れることが必要です。認知症に関する研修，会議，多職種事例検討会，**認知症カフェ**[16]などで，医療・福祉・介護・地域の関係者が顔なじみの関係になる機会があります。関係者がつながることは，協力や連携が促進され，その結果，認知症の人が安心して地域で生活していくために，後方支援的な役割を果たすことができます。認知症の人が必要としている生活支援は，地域の課題や地域特性によって影響を受けます。例えば，冬場の雪下ろしや，都会の孤立した環境でのひとり暮らしなどがあります。内容に応じて，社会全体で支援する視点をもつことも大切な要素となります。　　　　　（森岡朋子）

▷4　**認知症のステージ**
認知症の疑い⇒軽度⇒中等度⇒重度を指し，ステージが進むほど重度になる。

▷5　**認知症ケアパス**
厚生労働省「今後の認知症施策の方向性について」では，認知症の人やその家族が認知症と疑われる症状が発生した場合に，いつ，どこで，どのような医療や介護サービスを受ければよいか理解できるよう標準的な認知症ケアパスの作成と普及を推進するとある。認知症ケアパスには地域のケアパスと個々のケアパス（専門職間の連携の仕組み，連携ツールの活用）の２種類がある。財形福祉協会「認知症ケアパス作成の手引き」。http://www.zaikei.or.jp/hbdcp.pdf（2017年12月24日閲覧）。⇒ Ⅷ-8 参照

▷6　**認知症カフェ**
認知症の人と家族，地域住民，専門職等の誰もが参加でき，認知症の人や家族等に対する支援を推進する「集う場」のことをいう。⇒ Ⅷ-8 参照

【参考文献】
宮島渡監修，ニッセイ基礎研究所編（2015）『認知症ライフサポート研修テキスト――認知症ケアの多職種協働実践ガイド』中央法規出版。

Ⅷ　認知症の人を支える地域包括ケア

8　認知症の人を支えるための地域づくり

認知症の人を支えるための地域づくりでは，認知症の人の「自立を支える」こと，「尊厳を遵守する」ことがすべての基盤になります。

認知症の人を支えるための地域づくりには，認知症の本人・家族を中心に捉えた「地域全体の連携・ネットワーク」と，「個々の認知症の人を支える連携・ネットワーク」両方の仕組みが機能していくことが不可欠です。具体的に地域づくりを促進するための手段としては，制度の枠組み整備のほか，ICT活用，連携するツール等の開発などのハード面と，認知症の人への地域の人の理解と見守り，対人援助サービス，専門職人材の育成などのソフト面の充実が必要です。

1　広域の見守りネットワークの構築

○認知症の人の見守り・SOSネットワークの経緯と取組み

認知症が進行すると，家の中や外で歩き回る行動がみられることがあります。一般的に「徘徊」といいますが，徘徊の言葉の意味どおり，目的もなくうろうろと歩き回っているわけではありません。認知症の本人にとっては，目的や理由が存在しているのです。いったん外に出ていくと時間や場所がわからなくなる**見当識障害**[1]のある認知症の人は，自宅がどこにあるのかわからず，帰宅できないことがあります。警察庁が発表した2015年の行方不明者のうち，認知症または認知症の疑いのある人は1万2,208人もおり，3年連続で1万人を超えています。認知症高齢者等の見守り・SOSネットワーク[2]は，認知症の人の行方がわからなくなった際に，いち早く発見できるネットワークシステムで，広域で機能します。しかし，いくらハード面が整備されても，認知症かもしれない人を発見したときに，認知症の人に対応するといったソフト面が機能しないと，絵に描いた餅になりかねません。SOSネットワークの「模擬訓練」[3]や「声掛け訓練」など，万一に備えた訓練をしている市町村もあります。

○SOSネットワークの構成要素

認知症の本人や家族が地域の中で暮らしていくには，町のあらゆる人が認知症の人と家族を見守り，支えることができるパートナーであることが重要です。官・民・産・学の分野[4]での連携やネットワークが求められています。

▷1　見当識障害
認知症の中核症状の一つ。時間や場所がわからなくなる状態をいう。

▷2　都道府県，市町村のホームページなどで，登録方法や利用方法が周知されている。

▷3　SOSネットワーク模擬訓練発祥の地は，福岡県大牟田市である。2004年度より年に1回，認知症SOSネットワーク模擬訓練を実施している。大人から子どもまで町ぐるみの取組みである。「通報～連絡～捜索～発見・保護」の情報伝達の流れを訓練している。

▷4　例として，市町村，警察，消防，医療・介護・福祉機関，学校などの教育機関，企業，コンビニ，商店，宅配業者など，銀行・郵便局などの金融機関，鉄道・タクシー・バスなどの交通機関，地方テレビ局・FMラジオ局・新聞などの報道機関などがある。

VIII-8 認知症の人を支えるための地域づくり

――― エピソード ―――

　SOS ネットワーク発祥の地は北海道釧路市です。1990年4月朝，「釧路地区障害老人を支える会（たんぽぽの会）」会員の認知症の母親（79歳）が，いつもしているゴミ出しに出たまま行方がわからなくなり，4日後に遺体で発見されました。疲労と寒さによる心不全で亡くなるまでの間，多くの人に目撃され，会話しているにもかかわらず，「道に迷った」と他人に助けを求めることができず，家に帰りつくことができなかったのです。4月といっても雪が降ることもある極寒の地で「家に帰れない」こと，人に助けを求めることができなかったことが，命と直結する事態になったのです。最初に作られた SOS ネットワークのチラシは，赤い羽根共同募金（市民の善意の募金）で作られました。

❷ 認知症カフェ

　認知症カフェとは，認知症の人と家族，地域住民，専門職等の誰もが参加でき，認知症の人や家族等に対する支援を推進する「集う場」のことをいいます。
　日本の認知症カフェは，1997年に始まったオランダのアルツハイマーカフェをはじめ，イギリスなどの先進事例の取組みを参考にして，取り入れられました。2015年の新オレンジプランでは，**認知症地域支援推進員**の役割として明記されたこともあり，認知症カフェを拠点とした地域づくりの視点から，市町村の実情に応じた取組みがなされています。「認とも」とは，認知症カフェなどを通じて顔なじみになったボランティアのことで，一定の資質のある人（例えば，認知症サポーター上乗せ講座修了者など）が，認知症地域支援推進員の企画・調整のもと，認知症の人の居宅を訪問して，一緒に過ごすような取組みのことです。認知症の本人同士が集い，自分たちのこれからのよりよい暮らし，よりよい地域のあり方を一緒に話し合っていく場を「本人ミーティング」といいますが，行政や関係者が同席し，本人たちの生の声から本人への理解を深め，地域の実情やニーズを捉えながら，やさしい地域づくりを具体的に進めていきます。地域づくりの拠点として，認知症カフェの場を活用している市町村もあります。

❸ 認知症ケアパス等ツールの活用

　認知症ケアパスを地域づくりに活かしている市町村もあります。「地域のケアパス」「個々のケアパス」作成のプロセスで，地域住民，多職種専門職，認知症の本人や家族が参画し，ケアパス作成を通じて顔の見える関係づくりを行い，協働して啓発します。認知症ケアパスとは別に，認知症の人を支えるための専門職間の情報連携の仕組みとして，連携ツール等を活用している例などもあります。ケアパスをはじめとしたツールの活用は，連携やネットワークを「見える化」した，地域づくりの具体的な方法の一つであるといえます。

（森岡朋子）

▷5　認知症カフェは，地域の実情に応じて実施している。実施事業者，設置場所，運営方法，開催状況などは市町村で異なる。各市町村のホームページや最寄りの地域包括支援センターなどで情報が入手できる。

▷6　認知症地域支援推進員
⇨ III-3 参照

▷7　認知症ケアパス
⇨ VIII-7 参照

（参考文献）

　北海道釧路市ホームページ「高齢者の見守り・SOS ネットワークを築こう！〜認知症高齢者の行方不明者0作戦」。

　福岡県大牟田市ホームページ「認知症 SOS ネットワーク模擬訓練」。

　警察庁生活安全局生活安全企画課「平成27年中における行方不明者の状況」。

　東北福祉会認知症介護研究・研修仙台センター（2017）「認知症カフェの実態に関する調査研究事業報告書」。

　「本人ミーティング開催ガイドブック」http://www.ilcjapan.org/study/（2017年12月24日閲覧）

Ⅷ　認知症の人を支える地域包括ケア

9　認知症予防のための地域づくり（専門職と行政の連携）

1　多職種連携による認知症予防

　認知症の人を含む高齢者にやさしい地域づくりの実現には，多職種が各々の機能を担いながら連携することが不可欠です。大分県臼杵市では，市医師会，介護・福祉，市行政，大分大学医学部による多職種連携体制を構築し，認知症の予防を最重要課題としたさまざまな取組みを実践してきました。認知症の予防には疾病の進行過程によって，認知症発症の危険性を低くする（一次予防），早期に診断して薬物や非薬物的治療によって進行を抑える（二次予防），本人らしい生活を維持するための支援や環境づくりによって症状の悪化を防ぐ（三次予防）があります。認知症対策ではすべての段階における予防が必要となります。

2　多職種連携体制の構築

　臼杵市における認知症対策は，2006年に市医師会と大分大学との医療連携から始まりました。2009年から行政の協力が得られるようになり，認知症対策が加速しました。2010年には市医師会，介護・福祉，市行政による「臼杵市の認知症を考える会」を設立し，認知症の正しい知識の啓発，認知症の早期診断・早期治療，在宅介護支援の充実，認知症を予防し，認知症になっても安心して暮らせるまちづくりを目標とした活動を開始しました。

○一次予防に向けた取組み

　臼杵市全域における在宅高齢者を対象とした認知症検診では，地域によって認知機能低下者の割合が異なっており，生活習慣が認知機能の低下と関連する可能性が示唆されました。この活動が契機となり，2015年から認知症のリスク因子の発掘と予防法の開発に向けた産官学共同研究を開始しました。この取組みは，地域住民1,000人を対象として**ウェアラブル生体センサー**[1]による活動量・会話量・睡眠時間・摂食時間などの生活習慣データの収集，認知機能検査，**アミロイドPET**[2]や**FDG-PET**[3]等の先端画像検査を実施し，これらのビッグデータを解析することによって科学的根拠のある認知症発症リスクおよび予防法を探索するものです。最終的に3年間の縦断的検討によって新たな認知症発症リスク因子および効果的な予防法を明らかにします。

▶1　ウェアラブル生体センサー
腕時計のように直接身に着けることが可能な小型のコンピューター等を指し，生体情報を収集することができる。

▶2　アミロイドPET
アミロイドPETは脳内Aβ蓄積を画像化できるため，アルツハイマー型認知症の発症予測や鑑別に有用である。

▶3　FDG-PET
脳糖代謝を測定することができ，認知症の鑑別診断や脳腫瘍の悪性度診断に有用である。

VIII-9 認知症予防のための地域づくり（専門職と行政の連携）

○二次予防に向けた取組み

①認知症啓発活動「なるほど認知症講座」および認知症検診

認知症の啓発と早期発見を推進するために小学校区ごとに認知症講座および認知症検診を実施しています。

②早期診断・早期治療のための医療連携体制の構築

在宅医療を行う内科および精神科を中心とする12医療施設，地域中核病院，大学病院を包括する医療連携体制を構築しています。これにより，かかりつけ医での外来スクリーニング，地域基幹病院での専門医による鑑別診断，大学病院での画像検査といった医療機能の分化と連携により早期診断・早期治療から在宅医療支援まで切れ目のない医療の提供が可能となりました。

▷4 医療連携体制については, ⇨ I-7 参照

○三次予防に向けた取組み

①多職種事例検討会

多職種間の連携強化と認知症ケアの向上のため，かかりつけ医，認知症サポート医，専門医，地域包括支援センター，介護サービス事業所等が認知症の医療および介護における問題点や対応方法に関して検討する事例検討会を定期的に開催しています。

②認知症介護者のつどい

同じ悩みをもつ仲間と自由に話し合うことで精神的なストレスを軽減するために患者および介護者を対象に認知症家族の会大分県支部による「家族支援プログラム」や「介護者のつどい」を開催しています。

③認知症サポーター養成講座

地域や職場における認知症の早期発見や認知症をもつ人や家族の支援を推進するためさまざまな年齢層および職種の人を対象に認知症サポーター養成講座を開催しています。

④認知症お助けマップの作成

地域全体で認知症をもつ人と家族を見守る体制づくりを推進するため医療機関，介護事業所だけでなく認知症に理解のある商店や事業所の参加による「認知症地域資源マップ（お助けマップ）」を作成しています。

⑤認知症高齢者等 SOS ネットワーク

行方不明になった場合に関係協力機関へ情報発信が行われ，早期発見につなげるため徘徊のおそれのある認知症高齢者の情報を，家族の同意を得て高齢者等 SOS ネットワークに事前登録するシステムを構築しています。

認知症予防のための地域づくりには多職種連携体制の構築が不可欠であり，そのためには①関係者間で十分に話し合い，知識や目的を共有する，②顔の見える関係を築き，自由な意見交換を可能とする，③取組みを継続して発展させることが重要となります。 （木村成志）

▷5 SOS ネットワークについては, ⇨ VIII-8 参照

参考文献

Fratiglioni, L., Paillard-Borg, S. and Winblad, B. (2004) *An active and socially integrated lifestyle in late life might protect against dementia*, Lancet Neurol.

VIII 認知症の人を支える地域包括ケア

認知症予防のための地域づくり（住民への啓発）

1 認知症の啓発

認知症をもつ人とその家族が住み慣れた場所で安心して暮らし続けるまちづくりを実現するためには，地域住民が認知症を身近な病気として理解を深め，地域全体で認知症対策に取り組むことが求められます。近年，メディアによって認知症に関する話題が多く取り上げられるようになっても，地域では，「物忘れがあることを他人に知られたくない」「認知症は治らないので病院には行かない」「認知症の人が独居で生活すると困る」といった負のイメージをもたれている方が少なくありません。このような状況では，認知症をもつ人を含む高齢者にやさしいまちづくりを実現することは不可能です。このため2015年の**新オレンジプラン**では地域全体で認知症への理解を深めるための普及・啓発の推進が目標としてあげられています。これまで大分県臼杵市では，認知症に関する知識を地域全体に普及するため市民全体を対象とした講演に加えてアウトリーチ活動による地道な啓発を継続してきました。

○認知症啓発の取組み
①小学校区ごとの認知症講座

在宅高齢者を対象として小学校区（19校区）ごとに「なるほど認知症講座」（3回／年）を実施しています。この講座は，参加者が認知症の早期診断・早期治療・予防の重要性について正しく理解することを目的としています。臼杵市役所と地域振興協議会が連携して地域住民に参加を促すことによって毎回100〜200人が参加しています。これまでに16小学校区で開催し，2,033人（男：女＝688：1345）が受講しました。また，講座に参加できない方のために認知症ノートおよび**認知症予防プログラム**を作成しました。

②認知症市民フォーラム

さらに，2年ごとに「認知症市民フォーラム」を開催し，市民全体を対象とした啓発を実施しています（参加人数：第1回1,600人，第2回1,300人，第3回800人，第4回1,100人）。認知症の講演に加えて市長，医師会，歯科医師会，薬剤師会，介護施設，地域包括支援センター，家族会，理学療法士などによる討論会を行います。毎回，認知症に関する新たな取組みを提案することで市民の認知症に対する関心を高めることを目指しています。

▷1 新オレンジプラン
認知症をもつ人の意思が尊重され，できる限り住み慣れた地域のよい環境で自分らしく暮らし続けることができる社会の実現を目指すことを基本的な考え方としたもの。認知症への理解を深めるための普及・啓発の推進，認知症の容態に応じた適時・適切な医療・介護等の提供，認知症を含む高齢者にやさしい地域づくりの推進など7つの柱からなる。⇒ VIII-3 参照

▷2 認知症予防プログラム
地域において認知症予防を実践する際に活用する運動と交流プログラム。

VIII-10 認知症予防のための地域づくり（住民への啓発）

❷ 認知症の早期診断・早期介入

　認知症が進行し，幻覚・妄想・徘徊等の**行動心理症状**を認めるようになると薬物および非薬物的治療による症状の改善が得られにくくなり，入院や入所を余儀なくされます。認知症の進行を予防するには，早期に診断し，**薬物療法・非薬物療法**・適切なケアによる早期介入を行うことが重要です。実際に，薬物療法は早期から行うことで長期治療効果が期待でき，早期からの非薬物的介入は患者の行動心理症状の改善だけでなく，介護者の負担も軽減することが報告されています。さらに，早期介入は，介護者が適切なケアを身につけて患者の行動心理症状の出現を防ぐことや患者が今後の生活を自らの意思で決定することを可能にします。このような背景から臼杵市では，65歳以上の在宅高齢者に対してタッチパネル式コンピュータによる認知症スクリーニング機器（**物忘れ相談プログラム**）を用いた認知症検診を実施しています。

◯認知症の早期診断・早期介入の取組み

　小学校区ごとの「なるほど認知症講座」参加者に対して認知症検診を促し，希望者には物忘れ相談プログラムによる一次検診，専門医の面接による二次検診を実施しています。一次検診で「認知機能低下あり」と診断された参加者に対しては，専門医が，面接，神経学的診察，神経心理検査による二次検診を実施します。認知症と診断された場合は，かかりつけ医に結果を伝えて早期治療につなげ，軽度認知障害と診断された場合は，地域における予防活動へ参加を促します。これまでに約530人に認知症検診を実施し，陽性率は23.0％であり，加齢とともに高くなっていました。さらに，軽度認知障害と診断され，予防活動への参加を希望した人を対象に運動と対人交流を組み合わせた予防プログラムを週1回（2時間）実施し，6カ月間継続しました。予防活動に参加した介入群（n＝10）と評価のみの非介入群（n＝10）に分けて介入前後で認知機能および運動機能を評価したところ，介入群では全般的な認知機能に有意な改善を認めませんでしたが，注意力と記憶力が維持され，Timed Up & Go Test（TUG），30秒椅子立ち上がりテスト（CS-30）などの運動機能が有意に改善しました。

　認知症の啓発は，地域住民の認知症に対する理解を深めて認知機能を維持するための一次予防に，早期診断・早期介入は認知症の進行や行動心理症状の出現を防ぐ二次予防に効果的であり，これらを組み合わせたアウトリーチ活動が地域全体で認知症対策に取り組む街づくりにおいて重要となります。

(木村成志)

▶3　**行動心理症状**

認知症患者にしばしば出現する知覚や思考内容，気分あるいは行動の障害をいう。攻撃性，徘徊，不穏などの行動症状と不安，抑うつ，幻覚，妄想などの心理症状に分けられる。

▶4　**薬物療法**

アルツハイマー型認知症の治療薬には，ドネペジル，ガランタミン，リバスチグミン等のコリンエステラーゼ阻害薬とNMDA受容体拮抗薬であるメマンチンがある。

▶5　**非薬物療法**

認知症の非薬物的治療には，作業活動，音楽療法，身体活動，認知リハビリテーション等がある。

▶6　**物忘れ相談プログラム**

物忘れ相談プログラムは，早期に障害される①言語の即時再認，②日時の見当識，③言語の遅延再認，④図形の認識を約5分間で評価できる簡便な検査法であり，15点満点で12点をカットオフとした場合，感度96％，特異度97％で「認知機能低下あり」と診断することが可能である。

VIII 認知症の人を支える地域包括ケア

認知症の人への支援事例

1 支援の視点

　認知症になると，原因疾患，病気の進行や治療状況，周囲の環境により状態はさまざまですが，基本的には**認知機能**が障害され，**生活機能障害**が起こり，社会生活が困難な状況になります。認知症の原因疾患の一つであるアルツハイマー病の人が「入浴しない」という状況を例に関連を考えてみましょう（図VIII-2）。

　このように「入浴しない・できない」原因はさまざまです。認知症の人を地域で支援するときにはこれらの状況を多面的に捉え，統合的にアプローチすることが基本です。

2 事例：認知症の人を地域で支える

> 　A子さん（70代）は3年前から物忘れや家事の失敗が増えてきた。最近は，外出，着替え，入浴をしなくなり，1日中寝間着で過ごしている。運動量の減少に伴い体重が増加し，歩行やズボンの上げ下ろしに時間を要し，時に排尿の失敗がみられる。A子さんは50代の頃，高血圧を指摘されたが放置し，長年受診歴はない。最近，夫が受診を勧めたが，本人は「必要がない」と拒んできた。専業主婦で，今の家には40年近く住み，近隣とはあいさつ程度の交流はあるが，内向的な性格で行き来する友人はいない。夫の書道教室を手伝っていた頃は生徒の世話をよくしていた。「夫と最後までこの家に住んでいたい」と話す。
> 　夫（70代後半）は長年自宅で書道教室を開いていた。5年前に教室を閉じ，現在は地域の高齢者サロンへボランティアに通っている。その頃から夫が家事を担うようになり，現在は買い物，調理，洗濯，掃除のすべてをこなしている。A子さんが大事な話を何度伝えてもすぐ忘れる，書類を紛失した，入浴や着替えをしない等で叱責することもあるが，普段は物静かで優しく，夫婦二人で支え合って生活している。
> 　子どもは2人いるが結婚して他県に居住している。夫とボランティアで一緒に活動している民生委員が夫婦を心配して介護保険の申請を勧めたが，A子さんが受診や他者の出入りを嫌がるため，夫はA子さんの思いを尊重し，支援を拒否している。民生委員は市の地域包括支援センターに相談に来た。

▶1　**認知機能**
理解，判断，論理などで，言葉を話す，計算する，記憶する，状況を判断するなど人の知的機能のこと。

▶2　**生活機能障害**
筋骨格系，心肺機能，認知精神機能において，基本的日常生活活動度（Basic ADL）や手段的日常生活活動度（IADL）を支えるために必要な最低限の能力を保てなくなった結果生じる，生活能力の障害のこと。

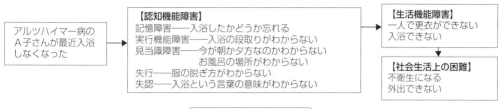

図Ⅷ-2　認知症の理解

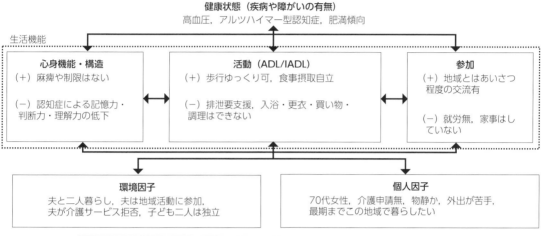

図Ⅷ-3　ICF（国際機能分類）モデル（2001）に当てはめたA子さんの初期の情報

注：(+) できること，能力。(−) できないこと。

3 事例の考え方

○課題の捉え方と計画の方針

　課題を捉えるときに大切なことは，認知症の人の尊厳を守り，本人が自立した生活を過ごすためにどう支援するかを考えることです。地域で生活する個人はさまざまな人々と接点をもちながら，その地域特有の文化・風習・環境の中で生活しています。認知症の人が入浴や受診，サービスを拒むのには理由があります。まず専門職として認知症を正しく理解し，多面的に生活機能や生活状態をアセスメントすることが重要です。最近では認知症の人の生活機能と環境との関わりをICF（国際生活機能分類）で理解する動きがあります。ICFを活用することで本人や家族，保健・医療・福祉等専門職が生活機能や疾病・障害の状態について共通理解をもつことができます。

　事例のA子さんは認知症で「入浴」の意味や服の着脱がわからず入浴ができなくなり，時間の感覚や状況もわからなくなり不安が増強しました。夫が支援を拒否することで夫以外の人との交流や社会参加の機会が減少し，行動範囲も縮小しました。コミュニケーション不足，運動不足から認知症の進行と筋力低下が懸念されます。図Ⅷ-3のように，A子さんの情報をICFで理解し，でき

▶3　ICF（国際生活機能分類）
International Classification of Functioning, disability and Health の略。人間の生活機能と障害の分類法として2001年に世界保健機関（WHO）によって採択された。

VIII　認知症の人を支える地域包括ケア

表VIII-1　認知症支援専門職別アセスメント項目の例	
【医療職】 医師・認知症支援 経験を有する看護 師または保健師等	医療的なニーズ ・総合的な健康状態，既往歴，通院歴，受療や服薬の状況 ・認知症か異なる疾患の症状か，認知症の原因 ・認知機能と行動心理症状 ・家族の健康状態
【セラピスト】 理学療法士 作業療法士 言語療法士等	生活機能のニーズ ・心身の機能 ・ADL（食事・更衣・移動・排泄・整容・入浴など） ・IADL（電話の使い方，買い物，家事，移動，外出，服薬の管理，金銭の 　管理など） ・社会参加の状況 ・生活機能と個人因子および環境因子の関連 ・生活機能向上の実現性
【福祉職】 社会福祉士 介護支援専門員 介護福祉士等	本人および家族の生活ニーズ ・生活史，ライフスタイル，価値観 ・就労，経済状況，金銭管理状況 ・家族の介護力，社会資源活用状況 ・地域特性，地域との関係 ・疾病や状況の受容状況，心理状態

ることとできないこと，それらの出来事の背景を洞察します。緊急性の高い課題から優先順位をつけ，本人の思いを尊重し，能力を引き出す支援を考えます。地域包括ケアに携わる他の専門職と連携を図り，それぞれの役割を理解するとともにA子さんの課題を共有し，目標を定め計画に基づいて実行し，評価を行います。

○アセスメント

認知症の人を多面的に捉えるためには地域の専門職との連携が不可欠です。各専門職の視点を表にすると表VIII-1のようになります。それぞれのアセスメントをICFに追記しながら整理すると，個人の全体像の把握につながります。

④　支援の実際

▷4　民生委員
民生委員法に基づき厚生労働大臣から委嘱される民間の奉仕者。人格識見が高く社会の実情に通じ，社会福祉の増進に熱意のある者が推薦される。援助を必要とする住民の身近な相談相手であり，行政と住民のつなぎ役として活動している。

今回の事例は，**民生委員**[14]が地域活動の中で夫から情報をキャッチし，地域包括支援センターへ相談に来ました。地域包括ケアシステムでは，地域の課題を解決するために，地域住民と専門職が協働することが求められています。A子さん夫妻の場合，早期に介入することでA子さんの認知症や生活習慣病の悪化，ADLの低下，徘徊等を予防することが期待できます。さらに夫の介護負担の軽減，虐待の回避が望めます。そのことが夫妻の尊厳を守りQOLの向上と本人や家族が望む「わが家で最後まで夫婦そろって暮らすこと」につながります。A子さんの支援の方向性を考えてみましょう。

○医療職の支援

▷5　認知症初期集中支援チーム
複数の専門職が，家族の訴え等により，認知症が疑われる人や認知症の人およびその家族を訪問し，アセスメントや家族支援などの初期の支援を包括的，集中的（おおむね6カ月）に行い，自立生活のサポートを行うためのチームをいう。⇒
VIII-3 参照

A子さんは受診を拒否しているため，初めは地域包括支援センターの訪問相談や**認知症初期集中支援チーム**[15]の利用，近隣の医師に往診を依頼する等訪問型で，認知症の判断，生活習慣病を含む健康状態の確認，必要な治療やリハビリ

136

の見立て，介護保険等制度利用に必要な意見書作成の支援を行います。認知症と生活習慣病は密接な関連があり，高血圧，肥満，糖尿病等の生活習慣病を治療することで認知症の進行予防が期待できるため，定期的な受療は自立した生活の維持に必要です。また，家族への病状と今後の見通しの説明，認知機能障害やBPSDへの対応の助言をします。医師による訪問が難しい場合は，保健師や看護師がアセスメントを行い医療機関につなぎます。

○作業療法士や理学療法士等のセラピストの支援

A子さんは家事や更衣，入浴，歩行，排泄などの生活機能障害がみられます。現在のA子さんの能力および生活機能障害が，なぜ，どの程度あるのか，個人と環境の関連を把握し，緊急性や優先順位を考慮した上で，どのような支援が必要かを判断します。セラピストが定期的にリハビリを行うこともありますが，身近な支援者へ効果的な関わりを助言する場合もあります。A子さんは日常生活での課題が多く認められます。歩行ができなくなるとQOLが低下するばかりか認知症がさらに進行し，夫の介護負担が増加するため，医師の指示を受け日常生活動作がスムーズに行えるよう，まずは家庭内のリハビリを導入し，時期をみて通所系サービスにつなげることが望ましいでしょう。

○福祉職の支援

A子さんと夫の意思および生活状況を踏まえ，「自助・互助・共助・公助」をバランスよく活用しA子さんに望ましい環境と生活支援体制を整えていきます。例えば，「互助」では認知症進行予防や生活機能維持のために，かつての書道教室の生徒さんや民生委員，ボランティアに認知症サポーター養成講座を受講してもらうことで，A子さんの話し相手や見守りをお願いすることができます。夫の介護負担軽減のため，認知症をもつ人の家族同士の交流や認知症カフェの開催，知人との交流も重要です。「共助」では本人と家族の同意を得て介護保険を申請し，ヘルパーに更衣や入浴の声掛け，見守りを依頼することができます。支援者に慣れてきたらデイサービス等通所系サービスを利用することもADL低下や認知症悪化予防につながり，夫のレスパイトにもなります。公助では，福祉制度の活用や地域活動の支援，行政相談や講演会の開催による正しい知識と必要な情報提供等があります。福祉職は地域包括支援センターに配置され，このようなサービスの調整を，多職種と連携してコーディネートする場合もあります。

○地域包括ケアシステムの構築に向けて

このように，認知症の人と家族が地域で安心して過ごせるためには，複数の支援者が連携を図りながらていねいに関わり，本人の尊厳を守り，QOLを維持する支援を心がけることが大切です。個々の住民のニーズが地域を発展させ，地域の取組みが住民の尊厳を守るコミュニティであれば，自ずと**地域共生社会**6の実現に資することでしょう。

(室谷牧子)

▶6　地域共生社会
2017年に厚生労働省が福祉改革の理念として提言した。子ども・高齢者・障害者などすべての人々を縦割りではなく，支え合うことができる地域社会の構築を目指している。

(参考文献)
　山川みやえ（2017）『認知症本人と家族の生活基盤を固める多職種連携』日本看護協会出版会。
認知症の原因となるさまざまな疾患，時期，年代の異なる10事例について，認知症の人と家族の体験・思いを盛り込みながら紹介。多職種の支援のポイントが示され用語解説もていねいでわかりやすい。

Ⅸ 脳卒中の人を支える地域包括ケア

 # 急性期から慢性期へ，病院から在宅への支援

脳卒中は麻痺など高度の運動障害を起こすことが多く，回復した場合も運動麻痺，失語などの後遺症が残り，就労や生活面での大きな支障となります（⇨ Ⅸ-2 参照）。厚生労働省の脳卒中に係るワーキンググループは，脳卒中患者では，回復期リハビリテーションの開始時期が早いほどADLの改善度が良好であることから，急性期の病態の安定後，速やかに回復期・維持期に移行する連携体制の構築が課題であると指摘しています。

1 脳卒中の人への支援の視点

○急性期から回復期・維持期への途切れない支援

急性期から回復期病棟や在宅療養までのすべての医療機関で一貫した地域連携クリティカルパスを作成し，効果的，継続的に医療やリハビリテーション，福祉支援を提供します。脳卒中の人への地域連携クリティカルパスを用いた退院支援は，一定の条件を満たすことで診療報酬の加算が認められています。その際，急性期病院と転移先の病院や福祉施設，在宅サービス提供者とクリティカルパスを共有することが大切です。また，病院スタッフ，在宅療養生活を支える支援者間で目標を共有することが重要です（⇨ Ⅸ-7 参照）。

○継続的なリハビリテーション

廃用症候群を予防するために，発症後早期からリハビリテーションを開始します。急性期の症状が安定した後には，回復期リハビリテーション病棟（病床）または福祉施設や在宅でリハビリテーションを継続的に行います（⇨ Ⅸ-6 参照）。リハビリテーションではADLの回復を目指すだけではなく，具体的な生活に向けた機能訓練を行います（⇨ Ⅸ-3 参照）。また，退院前に自宅の安全な生活環境の整備が必要な場合もあります（⇨ Ⅸ-6 参照）。

○摂食嚥下障害への支援

麻痺によっては摂食嚥下障害が生じ，誤嚥性肺炎になる可能性が高くなることがあります（⇨ Ⅸ-4 参照）。摂食嚥下障害のある人には摂食嚥下リハビリテーションを行います。食べる機能を維持・回復させて誤嚥性肺炎や窒息を防ぎ，栄養を維持・改善することが目的です。摂食嚥下障害のある人が安全に食事をするための方法は，障害により異なります（⇨ Ⅸ-5 参照）。障害を評価し専門職による摂食嚥下リハビリテーションを行うとともに，患者や家族，介護職に安全な食事方法を指導することが大切です。

IX-1　急性期から慢性期へ，病院から在宅への支援

IX

○身体的・心理的・社会的支援

　脳卒中の人に限らず中途障害の人には身体的・心理的・社会的支援が重要です。身体的には脳卒中による合併症を予防したり重度化しないための適切なケアを行います（⇨IX-3 参照）。

　心理的には障害を受け入れることができないことも多く，脳卒中後うつ病となることもあります（⇨IX-3，IX-7 参照）。そのような人には心理的支援が大切です。その際，「できること」に注目し，その人らしい生活に視点をおいて人生の再構築をしていきます（⇨IX-3 参照）。

　社会的支援として稼働年齢で発症した人には，職場へ復帰するための支援を行います。また，社会参加の機会を増えることがその人らしい生活を支える支援となる可能性もあります。

○家族への支援

　脳卒中を発症した人の5人に1人は重度の障害を伴っています。また，療養期間が長い人は加齢とともに ADL が低下することもあり，家族の介護負担は増える一方となります（⇨IX-3 参照）。家族の介護負担の軽減に配慮した支援体制を構築する必要があります。

　事例（IX-8 ）では，脳卒中による片麻痺の人のリハビリテーションを中心とした多職種連携を取り上げています。　　　　　　　　　　　　　　（隅田好美）

IX 脳卒中の人を支える地域包括ケア

脳卒中の医学的知識の概要

1 脳卒中とは

卒中の「卒」は，卒然というように突然なありさま，「中」は中毒などのように当たるという意味をもち，脳の疾患，とくに血管性の病変により突然意識を失って倒れる様を表しています。現在は脳血管障害といわれることが多くなっており，主な疾患として，脳出血，脳梗塞，くも膜下出血が含まれます（図IX-1）。

2 現 状

脳血管障害は，がん，心疾患とならびわが国の3大死因の一つと呼ばれています。1950年まで日本人の死因第1位を国民病と呼ばれた結核が占めていた後に，1951年より1980年まで長らく死因第1位にありました。その後1位がん，2位心疾患に次いで3位となり，2015年には，肺炎に次いで4位となっています[1]。2016（平成28）年厚生労働省国民生活基礎調査では，要介護者の原因1位は認知症（24.8％），次いで脳血管障害（18.4％）となっています。中でも介護度の高い要介護5は脳血管障害がもっとも多く30.8％を占めます[2]。脳卒中は高齢者に多く，また麻痺など高度の運動障害を起こすことが多いため，発症後も介護など生活面に大きな問題を抱えることになります。

3 脳出血

脳の動脈から脳実質内への出血を脳出血と呼びます。原因として高血圧がもっとも多いとされます。1960年代は脳血管障害の半数以上を脳出血が占めていましたが近年は減少し，代わって脳梗塞が半数以上となっています。急性期のCT画像では，出血部が高吸収域（白色調）となります（写真IX-1）。

出血を起こす部位により，被殻出血，視床出血，皮質下出血，小脳出血，脳幹出血に分類されます。とくに頻度が高いのは被殻出血であり，病巣側をにらむような共同偏視，病巣と反対側の**片麻痺**[3]（同側上下肢の麻痺）が特徴的症状です。視床出血は下方への共同偏視，対側の片麻痺，脳幹部出血では縮瞳と四肢麻痺，小脳出血は病巣

▶1 がん研究振興財団「がんの統計 '16」。http://ganjoho.jp/reg_stat/statistics/brochure/backnumber/2016_jp.html（2017年7月31日閲覧）⇨ IX-2 参照

▶2 厚生労働省「平成28年国民生活基礎調査」。http://www.mhlw.go.jp/toukei/saikin/hw/k-tyosa/k-tyosa16/index.html（2017年7月31日閲覧）

▶3 片麻痺
体の半側の上肢下肢が麻痺を起こすことを指す。運動神経は脳幹部で左右交叉するので，これより上の脳血管障害では，反対側に症状が現れる。

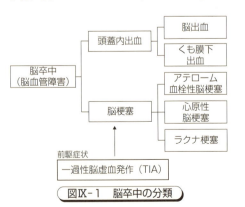

図IX-1 脳卒中の分類

側と反対側への共同偏視，激しい回転性めまいがそれぞれ特徴的症状とされます。いずれも意識障害が出現し，重症例では出血が脳を圧迫し致死的となります。

④ 脳梗塞

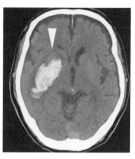

写真Ⅸ-1　脳出血のCT画像（急性期）

脳の動脈閉塞により，支配領域の脳が壊死を起こすものを脳梗塞といいます。これにはアテローム血栓性脳梗塞，心原性脳梗塞，ラクナ梗塞等が含まれます。急性期の梗塞巣は出血と異なり，CT画像では描出できず少なくとも数時間経過して低吸収域（黒色調）となります。近年はMRの拡散強調画像にて急性期にも描出可能となっています。

アテローム血栓性脳梗塞は，動脈硬化を原因とする脳梗塞で，高血圧，脂質異常症，糖尿病等が主な危険因子となります。

心原性脳梗塞は，心房細動などの不整脈により心臓に発生した血栓が脳の動脈を閉塞して発症します。心房細動とは，心房が1分間に数百回程度の不規則な収縮を示し，心室収縮も不規則になる不整脈です。左心房内に血栓が高頻度に形成され，この血栓が脳動脈に詰まることで脳梗塞を発症します。症状としては，梗塞を起こす部位によりますが，意識障害，手足や顔面の麻痺，失語などさまざまな重篤な神経症状が認められます。

近年，急性期の治療として組織プラスミノゲン活性化因子（t-PA）を用いた血栓溶解療法が行われますが，発症4.5時間以内が適応であり，発症時の迅速な対応が必要です。

ラクナ梗塞は，脳動脈の細い穿通枝が閉塞することによりおこる小さな梗塞巣であり，無症候性脳梗塞の多くを占めます。

脳梗塞の前駆症状として，顔面や四肢の感覚障害や脱力などを一時的に起こす一過性脳虚血発作（TIA）を生じることが多いといわれます。このような症状がある場合，早急な受診が望まれます。

▶4　血栓溶解療法
脳動脈に詰まった血栓を溶解させる治療法。発症後4.5時間以内が適応である。入眠中等の場合は，最後に症状がなかったと確認された時点からの時間となる。治療までの時間が短いほど有効だが，出血のリスクもあり適切な対処が必要である。

⑤ くも膜下出血

脳を覆うくも膜下腔の血管が破れ，出血をきたしたものがくも膜下出血です。脳動脈瘤の破裂によるものが多く，突然の激しい頭痛，意識障害等が出現します。身体所見として，項部が硬くなる等の髄膜刺激症状が高頻度にみられます。出血の量にもよりますが放置した場合の致死率はかなり高く，急性期治療として開頭脳動脈瘤クリッピングや血管内コイル塞栓療法等が行われます。

脳卒中は，いずれも発症が急激で死に至る場合も多い重篤な疾患です。回復した場合も運動麻痺，失語などの後遺症が残り，就労や生活面での大きな支障となります。生活習慣における予防，また発症後のケアが重要となります。

（兒玉雅明）

IX 脳卒中の人を支える地域包括ケア

脳卒中の人へのケア

▷1 厚生労働省の「平成28年国民生活基礎調査」によると、介護が必要となった主な原因では、「認知症」が24.8%でもっとも多く、次いで「脳血管疾患（脳卒中）」が18.4%となっている。また要介護別にみたとき、要介護1～4の原因の第2位が脳血管疾患（脳卒中）で、介護度のもっとも高い要介護5の原因では30.8%で第1位である。

▷2 木村真人（2010）「身体疾患とうつ病——脳卒中後うつ病の診断と治療」『綜合臨床』59（5），1273-1277。軽症例を含めたPSDの発症は脳卒中患者の約40%で、PSDに罹患する患者が100万人を超えることが推測され、社会的にもその対策は非常に重要である。PSDを放置すると、意欲の低下によりADLの回復が遅れたり認知機能がさらに障害される。

▷3 高次脳機能障害への支援体制
2006（平成18）年に「高次脳機能障害支援普及事業（現：高次脳機能障害及びその関連障害に対する支援普及事業）」が障害者自立支援法（現：障害者総合支援法）」の地域生活支援事業として位置づけられ、都道府県では、高次脳機能障害に関する専門的な相談支

　脳卒中は、突然発症し死亡を免れても、退院時に後遺症が残り人の手助けを必要とする人は60%にのぼり、そのうち5人に1人は家から外出できない全介助を含む重度の障害を伴い、寝たきりの要因となっています。急性期のケアでは、意識障害や血圧の変動、不整脈など全身状態をモニタリングし、病態を予測して重篤化を避けるようにします。そして、患者の退院後の生活を見据え、安静臥床や身体抑制による廃用性症候群を予防し、残存機能が維持できるように早期よりリハビリテーションを実践し、ADLを拡大するとともに、機能状態に応じて生活行為にあわせた目標をもつことも重要になります。治療を終えた患者（療養者）は、回復期のリハビリテーション機能をもつ医療機関へ転院するか、もしくは直接、「介護保険施設」「居住系サービス」「在宅」などに退院し、日常生活へ復帰して支援を受けながら生活を継続していくことになります。

　ここでは、退院後の「維持期（生活期）」における脳卒中の人へのケアについて説明します。

1 身体・精神的ケア

　退院後は、生活の場が病院から家庭・地域社会へ移ります。在宅復帰後の目標を療養者・家族・スタッフと共有し、随時確認をしていきます。脳卒中のケアでは、障害の部位に注目しがちで、療養者の可能性を低く評価することがあります。療養者に何ができるか、その人らしい生活に視点をおいて、人生の再構築をしていきます。患者の能力や年齢によっては職業復帰を考えることもあり、生活に適応した機能を維持・獲得していきます。また、退院後に閉じこもりになることで、体力や筋力の低下につながることがあります。デイケアやデイサービス、手すりや杖、車いすなどの福祉用具など社会資源を活用して活動範囲をひろげ、寝たきりの予防あるいは寝たきり状態を改善し、QOLの向上につなげます。疾患管理では、退院後に食事量が増えるなど生活習慣が元に戻ることがあるため、高血圧、糖尿病、脂質異常症のコントロールをして再発を予防していく必要があります。在宅療養に多く認められる合併症に、肺炎、浮腫、褥瘡、尿路感染などがあり、肺炎は廃用症候群にもつながることで、筋力低下、活動性低下から寝たきりを引き起こすことがあります。そこで、感染の予防や嚥下障害のある療養者には誤嚥性肺炎の予防が必要となります。また、

生活の変化による落ち込みは当然のことと捉え，脳卒中後うつ病（Post-Stroke Depression：PSD）[12]を見逃さないようにします。

② 家族（介護者）へのケア

　意識障害，高次脳機能障害により意思を十分表出できないときには，療養生活に家族の意思が反映されることが多くあります。脳卒中を発症する前の生活を目指し，できるだけライフスタイルを変えないでいる家族など，療養者および家族のそれぞれの背景や思いに寄り添ったケアが重要になります。また，脳卒中の発症は60歳以降で高くなるため，介護者には高齢者が多く，療養者の加齢とともにADLが低下することで，介護負担は増える一方となります。介護者の心身の状態を確認しながら，他の家族の協力を得ることや，必要なサービスを検討するなど家族・介護者の介護力を確認しながらケアをすることが必要になります。脳卒中の後遺症である高次脳機能障害は，一見，健常者に見えることもあり「見えない障害」といわれていますが，療養者の病識が欠如していることもあり，介助者がいないと生活に困難が生じる場合も多く，家族の介護負担も大きくなります。現在，**高次脳機能障害への支援体制**[13]は進んでいますが，医療職・介護職を含め，まだ知識が不十分な状況です。高齢者に対するケアとは異なり，できていないことのすべてを援助するのではなく見守ることが必要になることもあり，疾患の特徴を理解したケアが重要になります。

③ 地域における脳卒中の人へのケアの例 ──機能訓練事業（リハビリ教室）[14]

　40歳から64歳を対象に実施しているA区による機能訓練事業でのケアについて紹介します。この事業は，脳卒中の後遺症をもって地域に戻った人の閉じこもりの予防，同じ疾患や障害をもつ人の仲間づくりと障害の受容の場としての役割を担っています。利用者の多くはリハビリテーション病院からの紹介ですが，介護保険によるデイケア・デイサービスが合わない人も希望して来ています。ここでのケアは，対象者の目標を本人の思いに添って設定し，目標に向けて理学療法士，作業療法士，言語聴覚士等による判定を行い，ADLだけではなく具体的な生活に向けた機能訓練を行っています。また，地域での生活実態に合わせて，障害者手帳の申請など必要な制度やサービスを具体的に紹介していきます。機能訓練卒業後は，地域の社会資源（趣味の講座，障害者スポーツセンター，就労支援センターなど）[16]や，65歳以上の場合は地域包括支援センターにつなげ，地域の中で切れ目のないケアがされるようにします。

　脳卒中の人が地域で生活するさい，訪問介護や通所介護の利用以外にも，地域にある多様なサービスを利用し，その人に合った在宅支援を幅広く考えていく必要があります。

（山﨑恭子）

援，地域支援ネットワークの充実，研修等の支援体制の整備を行っている。

▶4　機能訓練事業（リハビリ教室）
市町村（特別区）で実施している機能訓練は，疾病，外傷，老化等により心身の機能が低下している人に対し，必要な訓練を行うことで，閉じこもり防止，日常生活の自立支援，介護予防を目的に「健康増進法に基づく健康増進事業」（平成20年3月31日）により実施されてきた。しかし，2017（平成29）年4月1日から健康増進事業実施要領の一部が改正され，他の事業へ委ねることで，廃止となった。

▶5　40～64歳の脳血管疾患，高次脳機能障害等の中途障害で発症後6カ月以上経過し，医療終了後も継続してリハビリテーションを行うことが望ましい人を対象に，機能訓練を行っている。自力での通所が前提となり，2017年7月現在，行政機関が直接運営し利用は無料である。

▶6　障害者福祉センターや区（または委託）が開設した障害者の社会生活支援を行う講座である。創作活動やデイサービス，機能訓練など，日中の生活を幅広く支えるサービスを行っている。

［参考文献］
　山﨑恭子（2016）「脳血管疾患と在宅ケア」日本在宅ケア学会編『在宅ケア学第5巻　成人・高齢者を支える在宅ケア』ワールドプランニング，11-16頁。

IX 脳卒中の人を支える地域包括ケア

4 摂食嚥下の医学的知識の概要

▷1 日本人の死亡原因は悪性新生物（がんなど），心疾患（心筋梗塞など），脳血管疾患（脳梗塞，脳出血など）が長く上位を占めていたが，2011年に肺炎が第3位に浮上した。

▷2 Teramoto S., Fukuchi Y., Sasaki H., Sato K., Sekizawa K. and Matsuse T. (2008) High incidence of aspiration pneumonia in community-and hospital-acquired pneumonia in hospitalized patients: a multicenter, prospective study in Japan, *J Am Geriatr Soc*, 56, 577-579.

2011年以降，日本人の死亡原因の第3位に肺炎が浮上しました[1]。肺炎で亡くなる人の90％が高齢者であること，高齢者の肺炎の多くが「食べる・飲む」機能の異常（摂食嚥下障害）から生じる誤嚥性肺炎であることから[2]，日本における高齢者数や高齢者率の増加と肺炎による死亡率の増加は，深く関連しているといえます。

1 摂食嚥下障害の原因

摂食嚥下障害の原因となる疾患はさまざまです。脳梗塞や脳出血，くも膜下出血といった脳血管疾患の後遺症，パーキンソン病や筋萎縮性側索硬化症，多系統萎縮症などの中枢神経疾患では，食べるために必要な筋肉の動きが弱くなったり，緩慢になって，誤嚥のリスクが上がります（写真IX-2）。舌がんなどの頭頸部腫瘍治療後には，重要な器官を喪失したことによって食物の送り込みが困難になります。その他，慢性呼吸器疾患，循環器疾患など全身機能に影響を与える疾患や，認知症および寝たきりを発端とする廃用や加齢変化などがあげられ，ことに要介護高齢者では，これらいくつかの疾患が重なることで摂食嚥下障害が生じやすくなります。食事中または食後にむせ込むことがある，食欲や食事量が減った，体重が減った，発熱や肺炎を繰り返す，食後に胸のつかえ感を感じる，などの症状がある場合には摂食嚥下障害を疑ってください。

2 誤嚥性肺炎

誤嚥性肺炎とは，食道に送り込まれるはずの食物や唾液が，喉頭を越えて気管や肺に落ち込んでしまって（誤嚥）引き起こされる肺感染症のことを指します。通常，食物を誤嚥しそうになると，防御反射である咳反射が起こって排出しようとするのですが，脳梗塞の後遺症があったり，覚醒状態が悪いなど，感覚能力が低下しているときには**不顕性誤嚥**を呈するようになります[3]。高齢者の肺炎の原因菌の多くは，口腔内の常在菌だといわれています[4]。一方，高齢者の特徴として，胃食道逆流による逆流物の誤嚥もあげられます。このような胃酸を含む食物を誤嚥すると，誤嚥性肺炎は重症になります。

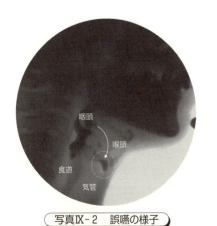

写真IX-2 誤嚥の様子

＊食物の一部が喉頭を乗り越えて気管に落ち込んでいる。

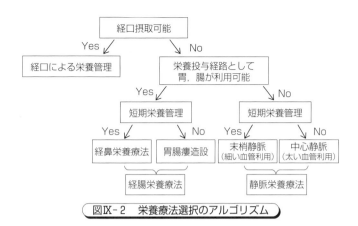

図IX-2 栄養療法選択のアルゴリズム

3 経鼻経管栄養と胃瘻

　摂食嚥下障害が原因で，誤嚥性肺炎を繰り返す，または口から食べる（経口摂取）量が少なくなって栄養が不足する場合は，口のほかから栄養摂取する手段を考えなければいけません。図IX-2に栄養摂取に関する選択方法を示します。まずは，口からは食べずに小腸での消化・吸収機能を使う栄養法（経腸栄養）を考えます。絶食すると消化管が使われなくなり，やがて消化管粘膜の萎縮や**腸管免疫機能**の低下など，さまざまな不利益をもたらします。経腸栄養が短期間の場合は鼻からチューブを入れて栄養を送り（経鼻栄養），長期にわたる可能性がある場合には，胃瘻や腸瘻などの選択を考えます。なお，口から食べる食べないにかかわらず，唾液などの分泌物誤嚥のリスクがある人には口腔ケアは欠かせません。

4 摂食嚥下リハビリテーション

　摂食嚥下リハビリテーションの究極の目的は，食べる機能を維持・回復させて誤嚥性肺炎や窒息を防ぎ，栄養を維持・改善することにあります。その内容として，口腔や咽頭内の衛生状態を改善する清掃を主目的とする口腔ケア，食物は使わずに，食べる機能に関連する要素的機能にアプローチする**間接訓練**，食物を使う，もしくは食事時を利用して指導を行う直接訓練があります。直接訓練にあたっては，義歯を装着して咀嚼機能を改善する，リクライニング位を利用して食物の口腔移送を手助けする，液体にとろみをつけるなどして誤嚥を防ぐ，などさまざまな方法を併用します。専門の医師，歯科医師，言語聴覚士などからのアドバイスをもとに行いましょう。

（井上　誠）

▷3　**不顕性誤嚥**
誤嚥してもむせなどが起こらないこと。誤嚥を繰り返すことによって，喉頭や気管粘膜の感覚が鈍くなり，刺激に対する反応が出にくくなることで，外部観察上，誤嚥を発見しにくくなる。

▷4　Yoshino A., Ebihara T., Ebihara S., Fuji H. and Sasaki H. (2001) Daily oral care and risk factors for pneumonia among elderly nursing home patients, *JAMA*, 286, 2235-2236.

▷5　**腸管免疫機能**
多くの病原細菌は口から入って腸に到達する。腸管にある免疫細胞の働きにより，これらの細菌が体内に入ることを防いでいる。

▷6　口腔ケアについては，⇒VII-4 参照

▷7　Yoneyama T., Yoshida M., Matsui T. and Sasaki H. (1999) Oral care and pneumonia. Oral Care Working Group, *Lancet*, 35 (9177), 515.

▷8　**間接訓練**
間接訓練のターゲットとなる要素の働きとして，口唇，舌，軟口蓋，喉頭，声門，頸部筋肉などがある。多くの訓練は本人の理解と協力が必要であり，そのため要介護高齢者に対する訓練には限界がある。

参考文献
才藤栄一ほか監修 (2016)『摂食嚥下リハビリテーション（第3版）』医歯薬出版.
摂食嚥下リハビリテーションに関わる各専門分野の先生が，それぞれの項目をわかりやすく，かつ詳細に解説している。

IX 脳卒中の人を支える地域包括ケア

5 摂食嚥下の機能が低下した人へのケア

摂食嚥下障害患者に対して，食べること，または食事時に気をつけることを意識してもらい，機能の維持・回復を図ることが直接訓練です。しかし，認知機能が低下した人は多くの場合，自分の病状やリスクを理解できていません。誤嚥や窒息のリスクを見極めて安全に食事を摂るためには，介助者の注意も大切になります。

1 食事前の注意

はじめに覚醒状態を確認します。覚醒状態が悪いと食物が口の中に入っても反応しない，嚥下反射が出にくく誤嚥や窒息を招く，などの原因になります。次に，食事前の口腔内を観察します。乾燥が強い場合は，口腔ケアを兼ねてスポンジブラシで口の中を清拭します。この際，冷たい水を使用すると覚醒をより効果的に促すことができます。義歯を使用している場合には，食事前に装着していることは勿論，汚れが付着していないか，適合が悪くないか，義歯が合わないために口腔内に傷がついていたり，はずれやすくなっていないか，などを確認します。すぐに食事を開始するのではなく，はじめにゼリーなどを数口摂取してもらって唾液分泌を促すことで，脳や口に食事の準備をさせるのも効果的です。

2 姿勢に関する注意

食事の際に姿勢を整えることは，正しく嚥下するためには食物の形態と同じくらい大切です（写真IX-3）。口の動きが悪くて口唇から食物をこぼしてしまう場合は，**リクライニング位**[q1]をとることが選択されます。こうすると，気管よりも食道が下に位置することから，誤嚥を防止できるといわれていますが，口腔から咽頭へ食物が容易に流れやすくなるために，かえって誤嚥しやすくなる場合もあります。さらにリクライニング位では，嚥下時の筋肉への負担が高くなることから，安易に姿勢を倒さないよう注意が必要です[q2]。状況に応じて一人ひとりに合った角度を決めます。脳梗塞などの後遺症の麻痺や失調などで，体幹や頸部の保持が難しい場合，ベッドや車いすにまくらなどを当てて，姿勢が不安定にならないようにします。可

▶1 リクライニング位
一般的には90度座位（端座位）から60度までの角度は，自力摂取が可能な角度といわれている。30度まで倒すと口唇からのこぼれが少なく口腔内の食物の移送が容易になる反面，食道で食物が停滞したり，胃から逆流する危険が増すので注意が必要である。

▶2 Shiino Y., Sakai S. and Takeishi R. et al. (2016) Effect of body posture on involuntary swallow in healthy volunteers, *Physiol Behav*, 155, 250-259.

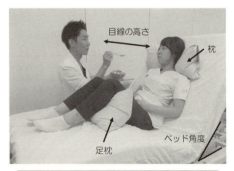

写真IX-3 ベッド上で摂食する場合の姿勢の一例

＊体幹（背もたれ）の角度のみでなく，頭部や頸部の角度，足の角度，介助者の目線などにも注意する。

能ならば足底部は床や車いすのフットレストについている状態が好ましいです。座面と背もたれが一定の角度で倒れるティルト型の車いすも有効です。

体幹の角度と同様に大切なのが，体幹に対する頭部や頸部の位置です。寝たきりや円背の人は頸部が後屈しています。この角度では嚥下時に必要な**喉頭挙上**[3]が妨げられ，さらに咽頭から声門が丸見えの状態になるため食物がすっぽり入り込んで窒息してしまう危険が増します。食事前に頸部のマッサージなどをして，なるべく頭部や頸部が前方に向かうよう配慮してください。また，脳梗塞の後遺症で片麻痺が認められる場合，頸部を麻痺側に回旋させることにより，誤嚥を回避する方法があります[4]。これらの方法を取る前には必ず専門家のアドバイスを受けましょう。

3 食事中の注意

食事の介助や見守りをする際の注意として，介助者の位置，介助方法，食事摂取時の注意点の確認があげられます。介助する際に相手の左右どちら側に居るかは，相手の運動，感覚，高次脳機能の障害の程度によって決定します。利き手が麻痺側であっても，介助によってスプーンなどの食具を持てる場合は，相手の右側に座り，スプーンの把持を助けます。脳梗塞の後遺症により**半側空間無視**[5]がある場合は，麻痺側に食器具を置かないよう配慮が必要です。

食物を口に入れる際には，スプーンを上唇にこすりつけてしまってあごが上がってしまわないよう注意します。また，相手の食べるペースや一口量，飲み込みのタイミングなどにも気を配ります。義歯を使ってしっかりと咀嚼ができているかどうかを観察するとともに，食べ物が口の中に残っているのに次の一口を入れてしまわないよう，いつ嚥下したのかを見極めなくてはなりません。さらに，易疲労性の高い人は，食事中に咀嚼や嚥下のペースが落ちることがあります。一般的には，30分で7割程度の摂取ができることが理想的とされています。食事時に問題があると感じたら，医師，歯科医師，看護師，言語聴覚士などの専門家に報告します。

4 食事後の注意

食後に行うこととして大切なのは口腔ケアです。自立度が高い人は，自分で歯みがきなどを行うこともありますが，食事介助を受けている・いないにかかわらず，口腔内の衛生状態は必ず確認します。また，食後すぐに横になることは避けます。これは，口から食べていない人にも当てはまります。胃瘻や経鼻経管栄養により消化管に入ったばかりの栄養剤の**胃食道逆流**[6]が起こりやすくなるからです。

（井上　誠）

▶3　喉頭挙上
嚥下時には，喉頭を作る甲状軟骨（いわゆる喉仏）が挙上して食道の入り口を広げることにより食物を食道へと移送する。あごが上がった状態では喉頭が上下に引っ張られて，動きにくくなる。

▶4　Logemann J. A., Kahrilas P. J. and Kobara M. et al. (1989) The benefit of head rotation on pharyngoesophageal dysphagia, *Arch Phys Med Rehabil*, 70, 767-771.

▶5　半側空間無視
大脳皮質の病巣と反対側の視覚が傷害されたものであり，主に右半球の後遺症として左側空間無視として発現する。左側に注意が向かないために，本人には見落としているという自覚ができにくい。

▶6　胃食道逆流
食道と胃の境目にある下部食道括約筋の働きによって，胃の中のものが食道にあがってくることはないが，加齢とこの筋の働きが弱くなることで胃酸を含む内容物が逆流しやすくなる。

【参考文献】
才藤栄一ほか監修（2016）『摂食嚥下リハビリテーション（第3版）』医歯薬出版。
摂食嚥下リハビリテーションに関わる各専門分野の先生が，それぞれの項目をわかりやすく，かつ詳細に解説している。

IX 脳卒中の人を支える地域包括ケア

 # 6 継続的なリハビリテーション

1 病院でのリハビリと福祉施設

　脳卒中を発症した後，麻痺の状態を含めた全身状態に応じてリハビリテーションが実施されます。最近では，急性期にはリスク管理を行った上で早期離床を，急性期を脱すれば，回復期病院に転院してリハビリテーションを集中的に行うことが多くなっています。

　脳卒中患者に対するリハビリテーションでは，歩行障害や日常生活動作（ADL）に支障がある場合には理学療法士，ADLの改善に加え，調理や掃除など**手段的日常生活動作能力（IADL）**[1]の再獲得を必要とする場合には作業療法士，言語障害や摂食嚥下機能障害を有する場合には言語聴覚士と，役割を分担して介入します。しかし，高次脳機能障害を有する場合やその他の合併症を有する場合には，単独の職種のみでなく，多職種が継続して介入します。具体的な介入は手や足の筋肉を伸ばす関節可動域練習（ストレッチ），寝返り，移乗等のADL練習，歩行練習といった運動療法が中心で，その他障害に応じて，言語訓練，調理訓練，計算練習などを実施します。

2 在宅でのリハビリと連携

　回復期病院退院後にリハビリテーションを実施する場合には，原則介護保険を利用して，在宅，介護施設等で実施することになります。そのため，病院退院前には介護保険の申請，利用する介護サービスの選択等の調整が欠かせません。多くの場合，病院退院前には退院前カンファレンス，**サービス担当者会議**[2]（要介護認定を受けている場合）を実施し，患者・利用者，家族の生活を支援します。

3 安全な在宅生活の確保

　介護保険下で利用できるリハビリテーションについては，訪問リハビリテーション，通所リハビリテーション（デイケア）が中心となりますが，一部の通所介護サービスでもリハビリテーションを実施可能です。訪問リハビリテーションでは在宅での生活を考慮した個別のリハビリテーションが提供されますが，通所リハビリテーションや通所介護サービスでのリハビリテーションの実施については，施設によって内容が異なるため，利用開始前には実際に見学し

▷1 手段的日常生活動作能力（IADL）
排泄・食事・移動等，日常生活の基本動作（日常生活動作〔Activity of Daily：ADL〕）に関連した，買い物・料理・掃除等の幅広い動作のこと。また薬やお金の管理，趣味活動，バスや電車などの公共交通機関連の利用，車の運転，電話をかけるなどの動作も含まれる。

▷2 サービス担当者会議
⇨ V-7 参照

IX-6 継続的なリハビリテーション

表IX-1　環境調整・家屋改修を実施する際のポイント

目標：動作を「安全」に実施できる環境整備を行う

観察のポイント	観察上の注意
患者の機能，やっているADLを考える	・患者の機能を最大限に活かす ・今だけでなく，少し先のADLを予想して調整する ・過度な支援を行わない
家族の支援が得られるか	・家族の介助のしやすさを考える ・家族の負担が大きくなりすぎないよう注意する ・サービスの利用も検討する
患者本人だけでなく，家族の使いやすさも考慮する	・福祉用具による代替手段も検討する ・家屋改修後の生活を観察・評価し，必要に応じて再調整する

出所：筆者作成。

ておく方が安心です。

　また，在宅生活に移行する前には，リハビリテーション従事者が家屋環境，自宅周囲の生活環境を評価し，必要に応じて住宅改修や福祉用具の導入の検討を行う必要があります。改修を行う際に観察するポイントを表IX-1に示します。

（朝井政治）

参考文献

　椿原彰夫（2013）「医療・保健・社会福祉とリハビリテーションの関わり方」椿原彰夫編著『PT・OT・ST・ナースを目指す人のためのリハビリテーション総論（改訂第2版）』診断と治療社，5-9。

　平岡崇（2013）「生活期（維持期）リハビリテーションは介護予防に役に立つ」椿原彰夫編著『PT・OT・ST・ナースを目指す人のためのリハビリテーション概論（改訂第2版）』診断と治療社，25-29。

IX 脳卒中の人を支える地域包括ケア

脳卒中の人への退院支援と多職種連携

　脳卒中の発症が，身体・心理・社会的側面に大きく影響し，患者・家族の生活が一変してしまうことは少なくありません。退院は，患者にとって社会生活の再スタートを意味します。将来に向けたよいスタートを切れるよう支援したいものです。

1 退院支援の視点：長期的支援，身体・心理・社会的サポート

退院後に下記のような相談を受けることがあります。
- 介護者の頑張りや緊張が続き，患者・介護者ともに疲弊傾向。
- サービス利用するもイメージと異なる。相談できず困っている。
- 病前同様の暴飲暴食の状態に戻ってしまい，再発した。
- 自宅内で繰り返し転倒し，大腿骨骨折により再入院した。
- 引きこもってしまい，誰とも話さなくなった。
- 病前とは別人格となり，家族・友人ともに混乱している。

▶1 ICF (International Classification of Functioning)
⇒ VIII-11 参照

▶2 就労準備性
就労する上で必要な能力。「健康管理」「日常生活管理」「対人スキル」「基本的労働習慣」「職業適性」の状況を理解し，必要な工夫をできること。

▶3 高次脳機能障害
注意・感情・記憶・行動などの認知機能を高次脳機能と呼び，この部分が損傷されると高次脳機能障害が起こるとされる。外見ではわからず，理解を得にくい特徴がある。各都道府県に高次脳機能障害相談支援センターが設置され，相談支援を受けることができる。

　退院準備は患者だけでなく支援に携わる家族等も含めた支援が必要です。リハビリテーションチームにおいては，アセスメントや支援プランにICF[1]を活用します。下記にICFのそれぞれの項目において，確認しておきたい事項を記載しました（図IX-3）。退院支援のゴールは次の療養先に移ることではなく，ありたい暮らし，ありたい人生に近づいていくことです。復職・復学も課題の一つになります。患者の希望に基づき，関係機関との相談を進めますが，復職支援においては，**就労準備性**[2]をアセスメントし就労支援事業につなげるタイミング等を検討します。

　高次脳機能障害[3]は，家族，友人・職場等の人間関係に影響する場合があります。障害の種類（記憶障害・注意障害・遂行機能障害等）と障害に合わせた生活上の工夫を共有しておくことが必要です。

2 多職種連携：支援をつなぐ・安心材料を増やす

　各地域で運営される脳卒中地域連携クリティカルパスは，多職種によるネットワーク構築により，急性期治療・回復期リハビリテーション・生活期サポート（再発予防・リハビリテーション）の流れを一連のパスとして患者に示し，治療や支援をつなぐツールとして活用されています。

　退院準備においては，図IX-3のような生活機能に関わる全項目にわたる退

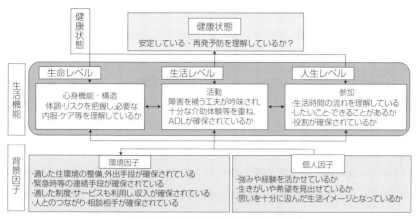

図Ⅸ-3　ICFによる生活機能モデル

出所：WHO（2001年）をもとに筆者追記。

院後の生活イメージを，院内の担当者（医師・看護師・リハビリテーション専門職・薬剤師・栄養士・社会福祉士ほか）だけでなく，院外の在宅支援チーム・施設支援チーム，患者・家族と一緒に作るプロセスが必要です。専門性や所属が異なる多職種連携においては，誰が何をするかに終始するのではなく，進捗状況を把握し，関係調整機能等のソーシャルワークスキルを発揮します。

○ 心理特性の理解

脳卒中発症により，自身の障害状態，激変した将来設計を受け止めきれないまま退院準備を進めざるを得ない人も少なくありません。障害受容の過程であることを理解し，退院後の社会生活の初めの一歩を踏み出すことができるよう支援することが必要です。

○ 目標の共有

退院準備の過程で検討すべき生活課題は多く，患者・家族の負担感は大きいものがあります。患者・家族をチームの一員とし，課題を外在化させ，「どんなこともチームで一緒に検討できる」という安心感を醸成できるチームづくりが必要です。ときに院外の在宅支援チーム・施設チームとの連携をうまく図ることができず，退院支援の過程で患者・家族が不安に陥ってしまう事例があります。多職種連携・院外連携においては，所属や立場の違いを超え，患者・家族の安心材料を増やすことが目標だと共有することが必要です。

○ 安心して暮らせる地域づくり

支援課題が地域特性や制度に起因する場合，ソーシャルワーカーや多職種の連携により，制度やまちづくりなどマクロ・メゾ領域の実践を行うことも可能です。支援者同士のつながりを活かして患者が安心してくらせる地域を作ることも可能です。

（藤井由記代）

▷4　ソーシャルワークスキルについては，⇒Ⅳ-3，Ⅳ-4 参照

▷5　中途障害者の心を理解する上での手がかりになる7つの心（大田仁史（1997）『芯から支える』荘道社より）。
・生活感覚の戸惑い
・社会的孤立と孤独感
・役割感の喪失
・目標の変更ないしは喪失
・侵襲された無力感
・見えない可能性
・障害の悪化や再発の不安

参考文献

大田仁史（2011）『大田仁史「ハビリス」を考える』三輪書店。
長年の地域リハ実践をもとに，わかりやすく心に響く言葉で「支える」とは何かを示してくれる書。

IX 脳卒中の人を支える地域包括ケア

8 脳卒中による片麻痺の人への支援事例

1 支援の視点

　脳卒中の医療体制は急性期病院と回復期病院の連携，さらに医療から介護サービスまでの継続した連携体制が重要となります．中央社会保険医療協議会は「脳卒中では命が助かったとしても麻痺，嚥下障害等の後遺症が発生する頻度が高く，リハビリテーション等の医療機関の連携が重要となる疾患」であるとしています．脳卒中の発症直後から在宅療養生活までの継続したリハビリテーションを提供するための体制が必要となります．

2 事例：歩行可能な片麻痺患者へのリハビリテーションの継続

○概　要
70歳代／男性，診断名・障害名：脳梗塞・左片麻痺，要介護度：要介護3

○経　過
家族情報：妻と2人暮らし．隣に息子夫婦が居住．
家屋情報：住居は持ち家，2階建て．居室と廊下に約3cmの段差があり，手すりは階段と廊下，トイレに設置済み．就寝は介護用ベッドを使用．

急性期から回復期

　約3年前に脳梗塞を発症．急性期病院，回復期リハビリテーション病院での約6カ月にわたる入院でリハビリテーションを受けた結果，杖を使って屋内歩行が可能なレベルまで回復しました．退院後は，週1回の訪問介護（入浴支援），月2回のショートステイを利用しながら在宅生活を継続することとなり，介護保険を申請し「要介護3」の認定を受けました．退院1週間前に，本人，家族，介護支援専門員，医師，看護師，理学療法士，作業療法士，言語聴覚士，介護事業所，特別養護老人ホーム職員が集まり，サービス担当者会議を実施しました．

維持期

　退院後，自宅では日中はテレビを見るなど屋内で過ごすことが多い状態でした．退院5カ月を過ぎた頃から，床への座り込み，床からの立ち上がりの際にバランスを崩し，後方へ転倒する頻度が増加しました．妻から「リハビリテーションの実施頻度を増やしたい」旨の希望があり，本人，家族，介護支援専門員，主治医が相談し，自宅の生活環境に合わせたADLの再獲得を目的とした

訪問リハビリテーション導入が望ましいとの方針が出されました。訪問リハビリテーション開始にあたり，本人，家族，介護支援専門員，医師，看護師，訪問リハビリテーションに携わる理学療法士，介護事業所，特別養護老人ホーム職員が集まり，サービス担当者会議を実施し，現状の問題点，今後の方針を共有した上で，訪問リハビリテーションが週1回の頻度で開始となりました。

○ADL レベル

杖を用いて自宅内歩行は可能でしたが，歩行スピードは遅く，実用性に欠けていました。そのため，通院時などの長距離の移動では車いすを利用し，介護者が操作していました。更衣，入浴，排泄（排泄後動作）にも介助が必要でした。食事，整容などその他の ADL は自立していました。

3 事例の考え方

アセスメントの内容から，安全に過ごせるように環境整備を行うことが大切です（前出表IX-1参照）。

○ADL および IADL に関するアセスメント

訪問リハビリテーション初回介入時に，転倒をきたしている動作を確認しました。その結果，床に座る動作では，床に手をつくとき，ならびにいったん床についた手を後方に移動させるときに右上下肢で体重を支えきれず，後方にバランスを崩しているものと予想されました。

また，床からの立ち上がり動作では，上体を起こすときに上半身の重さを右下肢のみで支えきれずに立ち上がれなくなっていると予想されました。脳梗塞の再発や新たな病気の発症など身体に影響を及ぼすエピソードはなかったため，転倒が増加した原因は加齢による身体機能（特に下肢筋力）の低下が影響していると考えられました。

4 支援の実践

問題点は左半身麻痺に加え筋力低下，バランス能力低下，和式動作困難と考えました。そこでリハビリテーションの目標を筋力向上，和式動作の安定性向上に定めて以下のような介入を行いました。

○リハビリテーションプログラム

　・上下肢のストレッチ

　・体幹，上下肢の筋力トレーニング

　・バランス練習：立位での膝関節屈伸，前後・左右への重心移動

　・ADL 練習：床からの立ち上がり，座り込み動作，歩行，段差昇降

○家屋改修・環境調整

　・居室・廊下の段差解消：廊下部分の床を高くする。

　・床への座り込み，床からの立ち上がりを行う場所の周囲にできるだけ物

を置かない。

・和式動作を回避するためのリフトの設置は検討したが，実際に導入は行わなかった。

◯自主練習指導

屋内歩行練習，椅子からの立ち上がり練習，いすに座ったままでの体幹前屈練習

◯家族への指導

床への座り込み，立ち上がりの際の近くでの見守りを依頼。

その後の経過は上記の訪問リハビリテーション（週1回）を約2年間継続しました。筋力，関節可動域，歩行レベルは維持できており，床への座り込み，床からの立ち上がり時の転倒回数は減少し，現在も在宅生活を継続できています。

⑤ リハビリテーションにおける多職種連携

◯医師との連携

訪問リハビリテーションを実施するためには，医師からの指示書が必要です。訪問リハビリテーションを行ったリハビリテーション専門職は，毎月の報告書で転倒に関する情報，歩行スピードなどの身体機能の変化を医師へ報告を行います。また，体調の変化に注意が必要なときには，患者と家族に主治医への受診を促します。本症例も，上記のような方法で医師との情報共有を行いました（図Ⅸ-4）。

◯介護職との連携

ホームヘルパーやショートステイ先の介護職に入浴する際の注意点を書面で説明し，家族からも伝えてもらいました。

◯ショートステイ先のリハビリテーション専門職との連携

在宅で行っているリハビリの内容と注意して欲しい動作について説明を行いました。

また，医師を除く職種でサービス担当者会議を定期的に実施していました。看護師については，この時点では関わっていませんでした。　　　　（朝井政治）

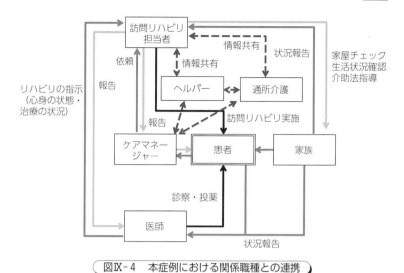

図Ⅸ-4　本症例における関係職種との連携

出所：筆者作成。

X 難病の人を支える地域包括ケア

医療処置が必要な人への支援

難病とは原因不明で治療法が確立していない希少な疾病で，長期の療養を必要とするものです（⇨ X-2 参照）。330疾患の指定難病（2017年4月）があり，それぞれの疾患に添った支援が必要となります。また，病状の進行により医療処置が必要になり，24時間の介護が必要となる疾患もあります。在宅療養生活の支援では，安全に安心して療養生活が継続できるように療養体制を構築することが大切です

1 難病の人とその家族を支えるための視点

○医療処置の自己決定への支援

難病を治すための治療方法は確立されていません。しかし，病状の進行に合わせてさまざまな医療処置が必要となります。病気に関する適切な情報を提供し，医療処置（人工呼吸器や胃瘻など）の選択に関する自己決定の支援が必要です（⇨ X-3 参照）。

○医療処置が必要な人の療養環境の整備

高度の医療処置が必要な人の在宅療養生活では，家族の介護負担が大きくなります。そのため，家族の介護負担軽減に配慮した療養体制を構築することが大切です（⇨ X-4 , X-8 参照）。その際，病状の進行に即して必要な医療サービスや福祉サービスが利用できるように支援します（⇨ X-8 参照）。

○リハビリテーション

進行性の難病ではADLに対する運動療法に加え，呼吸機能や摂食嚥下機能が低下した場合には呼吸リハビリテーション，摂食嚥下リハビリテーションが必要となります（⇨ X-5 参照）。口から食事をしていない場合は誤嚥性肺炎のリスクが高くなるため，口腔ケアも大切になります（⇨ X-6 参照）。また，コミュニケーション支援が患者のQOLの向上には大切です。（⇨ X-5 参照）。

○多職種連携

高度の医療処置を要する筋委縮性側索硬化症（ALS）患者などの退院支援は，「地域医療連携クリティカルパス」により行います（⇨ X-8 , X-12 参照）。人工呼吸器などの医療処置が必要な人の，医療処置の一部を非医療職が担う場合もあります（⇨ X-4 参照）。安全に医療処置を行うためには，医療職と介護職の連携が不可欠となります。

○**緊急時の対応**

安全に在宅療養生活を継続するためには，身体的な変化や医療機器の不具合，トラブルの対応の体制を構築しておく必要があります（⇨ X-4 , X-8 参照）。また，停電や災害時など緊急時の対応について，地域のネットワークづくりが必要です（⇨ X-8 , X-9 参照）。

○**就労支援**

難病患者の就労支援は，就職・復職前から就業を継続していくことを含めた継続的な取組みが必要です。とくに，治療と就労を両立させるために，医療，福祉，雇用等の関係分野の連携体制の整備が望まれます（⇨ X-11 参照）。

○**地域のネットワークの構築**

2015年に制定された難病の患者に関する医療等に関する法律が施行され，地域で総合的・包括的に支援するためのネットワークが重層的に整備されることになりました（⇨ X-6 , X-7 , X-9 参照）。支援の窓口として各都道府県に難病医療連絡協議会（難病医療ネットワーク）と難病相談・支援センターが設置されています。

❷ 難病に対する啓発

難病に対する正しい知識を広く国民に向けて普及・啓発することも，国の重要な責務です。基本方針では，難病患者が差別を受けることなく，地域で尊厳をもって生きることができる社会を構築するために，国と都道府県は難病情報センターや難病相談支援センターを通じて，広く国民や事業者に向けて難病に関する情報の発信に努め，地域において患者団体が実施する啓発活動を支援することとされています。

難病法の理念を継承していくためにもっとも重要なのは，学校教育の場で，あらゆる機会を捉えて，難病に対する啓発を続けることであり，カリキュラムの具体化が求められています。

事例（ X-12 ）は筋萎縮性側索硬化症患者の病状の進行に即した，多職種による支援です。

（隅田好美）

X　難病の人を支える地域包括ケア

難病の人を支えるための政策

1　「難病法」の施行とその理念

　わが国の難病対策制度は，2015年1月1日より「難病の患者に対する医療等に関する法律」(以下，難病法)が施行され，従来の厚生省令に基づく制度から，法律に基づく制度に改められました。難病法の「第2条　基本理念」には，「難病の患者に対する医療等は，難病の克服を目指し，難病の患者がその社会参加の機会が確保されること及び地域社会において尊厳を保持しつつ他の人々と共生することを妨げられないことを旨と」すると謳われています。

　難病法と時を同じくして，2015年1月末に公表された「新オレンジプラン」は，認知症に関するわが国の総合的な施策を示したものですが，ここでも「認知症の人の意思が尊重され，できる限り住み慣れた地域のよい環境で自分らしく暮らし続けることができる社会の実現を目指す」ことが基本的考え方として掲げられています。難病法と新オレンジプランが共通する目標を掲げているのは，ともに障害者基本法に採用されたノーマライゼーションの理念を基本としているためです。

　難病法のもとになった厚生労働省難病対策委員会の提言(2013年1月)では，難病医療の拠点となる病院と難病医療コーディネーターによる医療支援ネットワーク，難病相談・支援センターの相談支援員とピアサポーターによる福祉・就労支援ネットワーク，地域保健所の難病担当保健師と難病対策地域協議会による地域支援ネットワークがそれぞれ構築され，住み慣れた地域で難病患者さんと家族を総合的・包括的に支援するためのネットワークが重層的に整備されることになっていました。これからの難病患者支援体制は，難病法に今後厚生労働大臣が定めると規定されている「基本方針」がどのように呈示され，各自治体がそれを地域医療計画の中でどのように具体化するのかによって決まります。認知症の人に対する「地域包括ケアシステム」と同等の地域支援体制を，難病患者さんに対しても構築することが目標ですが，都道府県によって地域格差を生じないようにしなければなりません。

▶1　ノーマライゼーションについては，⇒Ⅳ-1参照

2　指定難病

　難病法下では，難病は，発病の機構が明らかでなく，治療法が確立していない希少な疾病であって，長期の療養を必要とするもの，と定義されました。こ

の中で，患者数が一定の人数（人口の0.1％程度）に達しないこと，客観的な診断基準が確立していること，の2要件を満たし，患者さんのおかれている状況からみて良質かつ適切な医療の確保を図る必要性の高い疾患が「指定難病」に指定され，医療費助成の対象となりました。指定難病は，従来の特定疾患治療研究事業対象の56疾患から，2017年4月時点で330疾患に増加し，対象疾患の指定における不公平感はかなり解消されました。

　また，難病患者さんの医療費の自己負担割合は原則2割となり，前年度の所得税額により負担額は細かく決められました。高額の医療費負担によって軽症を維持している場合には，一定の医療費助成が受けられる軽症特例制度も新設されました。旧来の特定疾患対策制度下で認定を受けてきた患者さんには3年間の移行措置が用意されましたが，2018年1月からは全員が新制度に移行しました。

　全国どの地域でも，難病に対して適切な診断がなされ，最適の治療が提供されるように，また地域の実情に応じた医療提供体制が構築できるように，国は平成2017年4月，具体的なモデルケースを都道府県宛に通知しました。また国は，国立高度専門医療研究センター，厚労省政策研究班，関連学会と連携して，難病の遺伝子診断など，診療を支援する仕組みを全国レベルで用意することになっています。さらに，小児慢性特定疾病児童が成人後も切れ目なく，適切な医療を継続して受けられるように，移行期医療に関する検討も始まっています。

③ 療養環境の整備

　難病患者さんの療養生活における環境整備に関しては，「基本方針」では，国は難病相談・支援センターの運営支援，技術支援を行い，都道府県は同センター職員の研修や情報交換の機会を提供し，患者会活動やピアサポーターの人材育成を支援するよう努めること，また，難病対策地域協議会を設置し，活用すること，引き続き訪問看護事業を推進し，レスパイト入院先の確保に努めることとされています。

　さらに国は，難病であることをもって差別されない雇用機会の確保に努め，治療と就労を両立できる環境の整備を目指して，「治療と職業生活の両立支援ガイドライン」を2016年2月に公開しました。また同年6月には，難病患者さんの雇用管理に資するマニュアルを改定し，ハローワークや難病患者就職サポーターによる地域支援機関との連携や特定求職者雇用開発助成金の活用などにより，難病患者さんの就労支援と職場定着支援を実施することになっています。

　地域には難病に関係するさまざまな専門職が活動していますが，難病患者さんと家族が抱えるさまざまな課題を解決するためには，それぞれの地域で多岐にわたる専門職が有機的に連携して包括的に対処しなければなりません。そのためには，関係者はそれぞれの業務をよく理解することから始める必要があります。

（西澤正豊）

参考文献

難病法：厚生労働省ホームページ「政策について」難病対策の項目を参照。www.mhlw.go.jp/seisakunitsuite/bunya/kenkou_iryou/kenkou_nanbyou/dl/140618-01.pdf（2017年12月20日閲覧）

X 難病の人を支える地域包括ケア

難病の医療的知識の概要

「難病の地域包括ケア」では，多職種による継続的な保健医療福祉の統合的支援が求められるため，難病に関する医療的知識について概説します。

1 難 病

1972年に厚生省の難病対策要綱で定められた難病は8疾患であり，そのうち4疾患への医療費助成が行われました。2009年には対象疾患は130疾患に増え，医療費助成対象は56疾患にまで広がりました。2011年には難病対策委員会で見直しがなされた結果，2015年1月1日に「難病の患者に対する医療等に関する法律」が施行されました。同年7月1日には，医療助成の対象となる指定難病は306疾患となりました。さらに2017年4月から指定難病は，330疾患に増加しました。指定難病は，主たる「神経筋疾患」「免疫系疾患」「消化器系疾患」を含む15疾患群に分類されています。個々の疾患の詳細については，難病情報センターのホームページを参照して下さい。ここでは，日常生活活動の障害が著しく高度な医療の必要性が高い，筋萎縮性側索硬化症（ALS）に代表される「神経・筋疾患」に関する医療的知識を説明します。

2 地域包括ケアに関わる多職種に必要な医療的知識

○病名の告知，インフォームド・コンセント（IC）

難病としての病名告知がいつどのようにされたかについて，多職種間での情報共有が必要です。また病気のICは，病気に関する適切な情報提供と，進行期の医療処置（人工呼吸器や胃瘻など）の選択（自己決定）の支援といった2つの側面をもち，症状の進行に伴って通常は段階的に行われます。生命維持に直結する医療処置を適切な時期に導入するかは，関係者が患者・家族と繰り返し話し合いを行い，正しい医療知識を得てもらった上で，いつでも変更できることも伝えながら，患者の意思を得ることが重要です。できれば同病の患者・家族の経験談を聞く機会（ピア・サポート）も提供したいものです。

○四肢・体幹筋の機能障害

脱力，運動失調，筋緊張の亢進等によって手足の各種動作や，寝返り，立位・歩行障害を呈します。進行すれば，通院も困難になります。現在残っている運動機能の維持，廃用性筋萎縮や関節拘縮予防を主目的にし，自宅の改造（屋内の手すり，バリアフリー化等）や介護保険の通所・訪問リハビリを行い，進

▷1 難病
1972年に厚生省は難病対策要綱を定め，難病を①原因不明，治療法未確立であり，かつ，後遺症を残すおそれの少なくない疾病，②経過が慢性にわたり，単に経済的な問題のみならず介護等に著しく人手を要するために家庭の負担が重く，また精神的にも負担の大きい疾病と定義した。難病であるか否かは，その時代の医療水準や社会事情で変化する。

▷2 指定難病
難病のうち医療費助成の対象となる疾患。患者数が本邦において人口の0.1%程度以下であり，かつ客観的な診断基準（またはそれに準ずるもの）が確立しているとの要件を満たし，厚生労働大臣が医療費助成の対象と定めた疾患である。

▷3 難病情報センターホームページ http://www.nanbyou.or.jp/entry/506

▷4 ピア・サポート
障害者が，当事者主体でお互いに助けあうことにより，自立していくことを意味する。

行に伴い移動補助具の導入（杖，歩行器，各種車いす），ポータブルトイレ，特殊尿器，シャワーチェア，リフトなどの移乗介助機器，リクライニング・ベッドの導入も考慮します。適切な時期に，身体障害者手帳や介護保険の申請をすすめます。

○嚥下障害に対して（栄養管理の重要さ）[5]

ほとんどの神経難病は，嚥下障害を呈するので，初期には体位の工夫や食事形態の変更（キザミ，ミジン食への変更，粘度を増す等）を行います。障害に応じて経管栄養を併用し，進行期には経管栄養単独（近年では経鼻胃管よりも胃瘻増設が好まれる）で栄養管理を行います。また気道を確保し誤嚥を防止する目的で，単純気管切開と声帯閉鎖術の併用や，喉頭摘出術，喉頭気管分離術を選択する場合もあります。また唾液の低圧持続吸引や，口腔内，鼻腔・咽頭吸引用の吸引器も準備します。

○呼吸障害に対して

ALS のように呼吸筋麻痺による呼吸障害のほかに，声帯外転制限を含む上気道の狭窄による呼吸障害，呼吸中枢の障害による呼吸障害等が合併する場合があります。呼吸筋麻痺の場合，呼吸筋のリハビリ，カフマシン，カフアシスト等による排痰法を指導します。また痰の吸引のための吸引器，ネブライザー（吸入器）の貸与も考慮します。進行した呼吸筋麻痺に対してマスクによる非侵襲的陽圧換気療法（NIV）や，気管切開による陽圧換気療法（TIV）の使用を選択する場合があります。

○コミュニケーション障害に対して（言語療法士と作業療法士との連携）

言語訓練とともに各種スイッチや透明文字盤，コミュニケーション機器の使用，マイボイス[6]（自分の声を記録し，活用する取組み）等を，指導します。

○その他の障害

加齢とともに記憶・見当識障害を主体とするアルツハイマー型認知症を呈する患者もいますが，ALS では人格障害・情緒障害などを初発症状とする前頭側頭葉型認知症の合併があり，レビー小体型認知症[7]では，初期に幻覚（とくに幻視）や妄想が目立ちやすいです。各種自律神経症状（起立性低血圧，発汗障害，排便・排尿障害等）も問題となります。

○介護者の健康状態への配慮

介護者の医療的負荷を軽減するため，痰の吸引や流動食の注入等の資格をもった介護職の導入を調整します。介護者に休息を取らせるため，デイケア，ショートステイの紹介やレスパイト入院も考慮します。

○その他に知っておくべき知識

終末期緩和ケア[8]，遺伝的問題：遺伝性疾患では，各種遺伝的な問題を，適宜遺伝診療部[9]に相談する，災害対策[10]などがあります。　　　　　　　（川田明広）

▷5　栄養管理
ALS では，病初期の急激な体重減少が呼吸筋麻痺を早めるとされ，十分なカロリー摂取が重要視されている。一方，進行期には，麻痺に応じた適正なカロリーが必要である。ALS では，%FVC が50%以下になる前に，内視鏡的胃瘻増設術（PEG）が勧められている。

▷6　マイボイス
将来自分の声が失われるとわかっている難病（とくにALS）の患者の声をあらかじめ録音し，声が失われた後も，パソコンを通して再生することを可能にするソフト。⇒ X-5 参照

▷7　レビー小体認知症については，⇒ VIII-4 参照

▷8　終末期緩和ケア
人工呼吸器等の生命維持装置を選択されない場合，繰り返す IC，傾聴を行い，消炎鎮痛剤・抗不安薬，その他の苦痛緩和方法（在宅酸素療法，麻薬使用等）を，いつどこで導入するかについて，患者・家族，地域主治医と相談していく。

▷9　遺伝診療部
大学病院，専門病院等にあり，遺伝子診断や遺伝相談を行う診療部門。

▷10　災害対策
薬剤の備蓄，電源確保，電気を要さない器具の使用の習熟など。

X 難病の人を支える地域包括ケア

 # 医療処置が必要な人のケア

在宅（地域）で必要とする医療処置は，「生活の場」で行われるというところに特徴があります。

1 難病の人に必要な医療処置

医療処置の例には以下があり，機器・機材を装着する，機器・機材を使って，目的の行為（たんや尿を排出するなど）を実施するものがあります。

　注射・点滴：皮膚あるいは筋肉，血管を穿刺し，薬剤を直接注入すること。
　酸素療法：体内の酸素が不足することに対して，酸素を補うもの。
　人工呼吸療法：呼吸の力が弱くなることに対して，肺に，空気を送りこむことにより補助する。
　腹膜透析：腎臓の機能が悪い場合に行われる透析の一つで，お腹の中に透析液を入れ，自分の腹膜を利用して血液をきれいにする。
　たんの吸引：たんや唾液など吸引器を使って吸い出すこと。
　経管栄養：鼻からいれた管や胃瘻によって栄養を注入すること。
　膀胱留置カテーテル：尿が出にくい場合など，膀胱に管を置き，尿の排泄を促すもの。

難病は，疾患特性により，医療処置が必要であり，在宅（地域）で実施するには，必要性と適切性の判断と実施する体制の整備が必要不可欠といえます。

2 医療処置に対するケア

医療処置に対するケアとしては，以下の視点があげられます。

　○**機器・機材の供給管理**

使用する機器・機材が適切に供給されていること，それぞれに決まった消毒や保管の方法，廃棄の方法を遵守すること。例えば，注射器や薬剤などは，定期的な受診によって処方されることが一般的ですが，吸引器は，医療機器でありながら，福祉の日常生活用具として購入費用の補助があるのみです。病態にあった適切な吸引力を有する機器の選定や使用におけるメンテナンスについては，カバーされていません。使用に必要な機材（吸引チューブや消毒液）が，適切に供給されているか，その保管方法，交換頻度は適切かを判断することが必要です。とくに，不適切な管理による感染の危険には留意が必要です。

◯医療機器等の正常作動維持・確認

　酸素療法，人工呼吸療法，腹膜透析など，常時作動している機器が，正常に作動しているかの確認が大切です。チェックリストを用いて定期的な確認を習慣化することが望ましいです。また，生活の場での作動環境の調整は大事です。酸素療法中には，火に近づく危険を避けること，在宅人工呼吸療法では，室内の空気の取り込み口を塞がない，加温加湿器を使用している場合には，水が逆流しないなど機器の配置も重要です。さらに，在宅で使用する医療機器は，ほぼ電気駆動である点からは，電源管理が非常に重要な支援になります。作動時の作動電源の確認や，停電時の電力供給方法など日常的な備えが重要です。

◯医療行為の実施

　医療処置の中には，経管栄養や吸引，褥瘡の処置など，**医療行為**[1]を実施する場合があり，医療職のほかには，基本的には，本人・家族（この場合，業務でないため）のみが実施することになっています。生活の場での医療行為が安全に行えているか，また吸引など不定期に頻回に必要となるような医療行為によって，介護負担が増すこともあり，「誰」がその行為を担うかについては，ケアプランの中で総合的に判断される必要があります。

◯トラブル対応（リスクマネジメント）

　生活の場での医療処置は，病状の安定を維持するために行われることが多く，基本的には，日々ルーチンで行われるものが多いです。日常変わりないことを確認することが大きなケアになり得ますが，「変わっているとき」にどうするか，その連絡や対応方法を事前に取り決めておくことが必要です。「変化」には，対象自身のバイタルサインの変化や処置を続けていても悪化があるなど，「受療」が必要な場合と，医療機器の作動停止など突発的な事象で生命維持を脅かすものまでさまざまです。

❸　連携の重要性

　難病は，原因不明で治療法未確立，さらに進行性であることから，常に医療を必要とします。症状の変動があり，見えにくいものもあることから，個別性の高い生活支援が必要にもなります。このため，多くの職種による支援を必要とします。とくに，医療処置を要する場合，在宅では，常に医療従事者がそばにいる体制ではないため，医療処置の一部を非医療職が担う場合もあります（例：たんの吸引や経管栄養などの**特定行為業務従事者**[2]）。この場合，その技術の習得（研修・試験・認定），対象者の個別性に配慮した実施方法の伝達（実地研修）と安全に実施できているか（実施評価）といった段階ごとに，医療職と介護職との継続的な連携が求められます。日頃変わりがないことをそれぞれの視点で確認し合い，共有することが大切です。　　　　　　　　　　　　　　（中山優季）

▷1　医療行為
医師法第17条「医師でなければ，医業をなしてはならない」など，医師，歯科医師，看護師等の関係法規により，業として行う医療行為は禁止されている。何が医行為であるかは，個々の行為の態様に応じ個別具体的に判断する必要があるとされている。

▷2　特定行為業務従事者
介護の業務に従事する者のたんの吸引，経管栄養の医療行為は，一定の研修（喀痰吸引等研修）を受け，たんの吸引等に関する知識や技能を修得し，都道府県から「認定特定行為業務従事者認定証」の交付を受けるとともに，当該職員が所属している事業者が「登録特定行為事業者」として登録を行うことで初めてできるようになる。

（参考文献）
河原仁志・中山優季（2016）『快を支える　難病ケア　スターティングガイド』医学書院。
さまざまな難病当事者，支援者から，難病のこれまでと今，そしてこれからが満載された一冊。

Ⅹ 難病の人を支える地域包括ケア

リハビリテーションとコミュニケーション支援

▷1 動脈血中の酸素が少なくなったときの症状：低酸素血症という。

▷2 動脈血中の二酸化炭素が増加したときの症状：高炭酸ガス血症という。

▷3 脱力系・失調系・緊張系
脱力系：時間の経過とともに筋力低下が進む（筋萎縮性側策硬化症など）。
失調系：失調や震え，不随意運動が目立つ（脊髄小脳変性症など）。
緊張系：全身の筋緊張の高まりや硬さなどが進むもの（パーキンソン病など）。

▷4 本間武蔵（2016）「第Ⅱ部 対象疾患・作業療法の展開 7. 中枢神経・ケイン疾患」大島伸雄編『中枢神経・筋疾患身体領域の作業療法（第2版）』中央法規出版，411。

▷5 笠原良雄・鳴海俊明・本間武蔵・原田明子（2015）「疾患別リハビリテーションの実際 筋萎縮性側索硬化症（ALS）」小森哲夫監修『神経難病領域のリハビリテーション実践アプローチ』メジカルビュー社。

▷6 ALSのコミュニケーション障害の進行のステージ分類
ステージⅠ：患者や家族が筆談など自分たちで工夫している時期。
ステージⅡ：支援者のサポートにより特殊な用具や

1 難病のリハビリテーション

筋萎縮性側索硬化症（以下，ALS）や筋ジストロフィーに代表される難病のリハビリテーションでは，長期間の継続的なリハビリテーションの介入が必要となります。また，患者の症状，病期に合わせて介入の目的，方法を変更・調整していくことが重要です。

例として，ALSの病期に沿ったリハビリテーション介入例を表Ⅹ-1に示します。病気の進行や障害される機能は一律ではないため，繰り返し評価を行い身体機能の変化を見逃さないように観察すること，運動を実施する際には，評価の結果に基づいて適切な介入・プログラムを実施していくことが重要です。

身体機能の変化の中でも，とくに呼吸機能と嚥下機能には注意が必要です。それは，これらの機能の障害は生命維持に直接影響を与えるためです。食物の飲み込みにくさ，食事の際のむせ，風邪でもないのに常に痰が絡んだような咳をしている場合などは摂食機能に障害が生じたサインであり，摂食嚥下リハビリテーションの導入を検討する必要が生じていることを意味します。また，身体を動かしたときの息苦しさや覚醒時の頭重感の自覚は，呼吸機能の低下を疑うサインであり，酸素療法や人工呼吸療法の導入が必要となります。気管切開を行った症例では，発語や意思表示が困難となります。この状態にはトーキングエイドなどの意思伝達装置を導入することになりますが，病気が進行しADLの低下をきたしている状態であっても，認知機能は正常に保たれているため，生活の質（QOL）を高く保つことを考慮していく必要があります。

2 神経難病における運動機能障害と生活機器・用具

神経難病の人の地域療養生活は，病状変化や障害特性に合わせた支援が必要です。神経難病における運動機能障害は，**脱力系・失調系・緊張系**の3つの特性に分類できます。「脱力系の疾患では電動車いすや電動リフトなど電力などの外力を利用することで，患者本人や介護者の負担を減らすことができます。「失調系」の疾患では手すりの確保など，移動時の対策が基本となります。また，食事のときには上半身を安定させ肘を脇につけ，手首をテーブルの上においたまま口をスプーンに近づけるなど，具体的なアドバイスを行います。「緊張系」の疾患は日内変動や薬の効きなどコンディション変化に注目して生活を

リハビリテーションとコミュニケーション支援

表X-1　ALS患者の病期を考慮したリハビリテーションの介入例

病　期	確定診断〜ADL に支障がでるまで	〜ADL 全介助	〜呼吸機能低下，発声・嚥下困難	〜人工呼吸管理
リハビリテーションの目的	運動機能維持・向上 ADL 維持・向上	ADL 維持 拘縮・褥瘡予防 呼吸・嚥下機能維持	拘縮・褥瘡予防 呼吸・嚥下機能維持 意思伝達方法の獲得	拘縮・褥瘡予防 呼吸・嚥下機能維持
リハビリテーション介入の実際	関節可動域トレーニング 運動療法（筋力トレーニング，筋持久力トレーニング） ADL トレーニング	関節可動域トレーニング ADL トレーニング 環境調整（家屋改修，福祉用具導入） 体位管理 口腔ケア 呼吸リハビリテーション（排痰法，呼吸練習） 家族指導	関節可動域トレーニング 環境調整（家屋改修，福祉用具・コミュニケーションツール導入） 体位管理 口腔ケア 呼吸リハビリテーション（排痰法，呼吸練習） 家族指導	関節可動域トレーニング 体位管理 口腔ケア 呼吸リハビリテーション（排痰法，呼吸練習） 家族指導：人工呼吸器管理，吸引法
介入上の注意	疾患の特徴・進行度に注意 運動時の過度な負荷量に注意	転倒予防 嚥下機能評価を行う 過度の安静を避ける	患者に合った意思伝達方法の選択 患者・家族の希望を考慮した援助の実施 誤嚥性肺炎の予防	患者・家族の希望を考慮した援助の実施 誤嚥性肺炎の予防

出所：筆者作成。

組み立てます。支援者は障害の特性に応じた福祉用具や機器を提案します。介[5]
護保険や障害者総合支援法を利用した福祉用具のレンタルや購入も可能です。

3 神経難病におけるコミュニケーション支援

　コミュニケーション支援は，疾患や病状の進行に応じて支援の内容が変わる
うえ，個別性に富む支援です。

　ALS のコミュニケーション障害の進行のステージ分類[6]のステージⅡでは，
コミュニケーション機器の利用を患者にすすめます。コミュニケーション機器
の入り口はスイッチです。コミュニケーションツールやスイッチは障害の特性
に合わせ，随意性が保たれる部分や実用性が得られやすい方法を用います。ま
た，瞬きなど単純な動作や表情で合図する方法，患者の口の動きを読み取る方
法，視線透明文字盤を利用する方法などがあります。複数の手段を生活場面や
意思疎通内容によって使い分けることができます。

　ステージⅢでは，スイッチ動作や患者の表情を読み取ることが困難となりま
す。脳血流の変化や脳波，額の生体電位を利用したコミュニケーション機器や
視線による入力装置が開発されています。この時期では本人が「伝えよう」と
することを，周囲が「知ろう」とあきらめないことが大切です。

　病状や障害の進行により自分の声で話せなくなることはつらいことです。そ
のため，声の出るときに自分の声を録音し，パソコンから自分の声が出せるよ
うにする取組みがあります（マイボイス）[7]。コミュニケーション支援は，人と人
の関わりを支える支援，その人らしい生活を支えるための支援として初期の段
階から行うことが必要です。

（朝井政治・本間武蔵）

機器を用いる時期。
ステージⅢ：意思疎通が困
難な時期。
日本 ALS 協会編（2013）
『新 ALS ケアブック——
筋萎縮性側索硬化症療養の
手引き（第2版）』川島書
店，87-89。
▶7　本間武蔵・長尾雅祐
（2013）「自分の声を残す
（最小限の人の声の録音に
よる聞き取りやすい音声再
生）」『東京都病院経営本部
臨床研究報告書』71-77。
⇨ X-3 参照

参考文献

　日下博文（2017）「Ⅲ 神
経疾患各論　B．変性疾患
4．運動ニューロン疾患」
江藤文夫・飯島節編『神経
内科学テキスト（改訂第4
版）』南江堂，191-201。
　八木光一（2017）「神経
難病に対する理学療法」島
田裕之総編集，牧迫飛雄
馬・山田実編『高齢者理学
療法学』医歯薬出版，334-
337。

X 難病の人を支える地域包括ケア

誤嚥性肺炎の予防と口腔ケア

2011年に肺炎が脳卒中を抜いて日本人の死因第3位となりました。肺炎で亡くなる人の95％は65歳以上の高齢者であり、高齢者の肺炎のおよそ70％以上が誤嚥性肺炎であるとの報告があります[1]。誤嚥性肺炎の原因は**摂食嚥下障害**[2]であることが多く、摂食嚥下障害をきたす病気には、パーキンソン病、進行性核上皮麻痺、筋委縮性側索硬化症（ALS）など難病の多くが含まれています。誤嚥性肺炎は生命を脅かす病気であり、それを予防するには摂食嚥下障害を患者自身や家族、関わる医療従事者が理解することが重要になります。

1 誤嚥性肺炎とは

通常、食物や唾液などは食道に入り胃へ送り込まれます。摂食嚥下障害があると、飲み込んだ物が胃ではなく気管に入ってしまうことがあります。これが「誤嚥」です。誤嚥するとむせや咳をして吐き出そうとします。しかし、嚥下反射や咳反射が低下していると、むせなどの自覚症状もなく、知らない間に食物や唾液が気管を通り肺に入りこんでいることがあります。これを不顕性誤嚥（サイレントアスピレーション）といい、唾液などとともに口腔内の細菌を誤嚥することで、肺で細菌が増え、肺炎を起こします。これが「誤嚥性肺炎」です。誤嚥と似た言葉に**誤飲**[3]がありますが意味が違うので勘違いしないよう注意が必要です。

2 誤嚥性肺炎の原因と症状

誤嚥性肺炎は食物や唾液などを誤嚥したからといって必ず起こるものではありません。①**口腔・咽頭部の微生物（細菌）**[4]の増加、②気管への細菌の侵入（誤嚥）、③感染防御能（免疫力）の低下の3大リスク因子が重なることによって生じるといわれています[5]。とくに、高齢者や神経疾患などで寝たきりの患者は口腔内の清掃が十分に行えないこともあり、口腔内で肺炎の原因となる細菌がより多く増殖してしまいます。また、口から食事をしていない場合は誤嚥性肺炎のリスクが高くなります。食事をすることで唾液が分泌され、口腔内に残留した食物を自浄作用により流してくれます。唾液には抗菌作用もあるため、食事をすることで良好な口腔内環境が維持されています。しかし、口から食事をしていないことで唾液の分泌が低下し、口腔内が乾燥して細菌が繁殖しやすい環境になります。

▷1　Teramoto S. et al. (2008) High incidence of aspiration pneumonia in community- and hospital-acquired pneumonia in hospitalized patients：A multicenter, prospective study in Japan, *J Am Geriatr Soc*, 56, 577-579.

▷2　摂食嚥下障害
食物を認知することからはじまり、口腔内に取り込み、咽頭、食道を経て胃に至るまでの過程を摂食嚥下という。この過程で起こる障害が摂食嚥下障害で、「飲み込めない」などが症状として現れる。⇒ IX-5 参照

▷3　誤飲
食物以外の異物を誤って飲み込んでしまうこと。

▷4　口腔・咽頭部の微生物（細菌）
口腔内には約300種類の微生物（細菌・真菌）が常在菌として棲息している。口腔常在菌の総数は健康な成人で約1,000億個といわれている。病気などで免疫力が低下し口腔清掃が不良であると病原性細菌が増殖する。

▷5　櫻本亜弓・櫻本祐子・岸本裕充（2015）「『食べられるお口』を保って防ごう！誤嚥性肺炎の最新知識」『歯科衛生士』39, 45-57.

誤嚥性肺炎になると，発熱，咳，膿のような痰が出るなど肺炎の典型的な症状がみられます。しかし，これらの症状がなく，いつもより元気がない，食欲がない，意識障害，不穏，せん妄など非典型的な症状がみられることもあります。食事中のむせ込み，食事中，食後の**湿性嗄声**および繰り返す微熱などは誤嚥を疑う必要があり，これらの症状を理解していなければ見落としてしまう可能性が高いので注意します。このような症状があれば摂食嚥下に詳しい医師や歯科医師に相談する必要があります。

3 誤嚥性肺炎の予防と口腔ケア

誤嚥性肺炎の予防として重要なのが口腔ケアです。口腔内の衛生状態を改善することで，リスク因子の一つである口腔・咽頭部の微生物（細菌）の増加を防ぐことができます。口腔内が清潔で細菌が少なければ，たとえ誤嚥が起きたとしても肺炎になる確率は低くなります。また，口腔ケアを行うことで，唾液が分泌され自浄作用の向上や口腔乾燥の改善，嚥下反射や咳反射の活性化などの効果も期待できます。

疾患や病状の程度によって違ってきますが，寝たきりの状態では患者自身が歯磨きをすることが難しい場合が多く，その場合は家族や介護者が口腔ケアをする必要があります。写真は清掃用具の一例です（写真X-1）。歯ブラシ，**歯間ブラシ**，**スポンジブラシ**，**保湿剤**などをよく使用しますが，患者の状態に合わせて清掃用具を選択します。

【介助が必要な人への基本的な口腔ケア方法】

- 患者の状態，病状を確認する（バイタルの確認など）
- 姿勢を整える（誤嚥しにくい姿勢にする⇒なるべく座位に近い姿勢）
- 口腔内を観察し，汚れている場所や汚れの程度などを確認する
- 唇や口腔内が乾燥していたら，保湿剤を薄く塗る
- 歯ブラシ，スポンジブラシ，ガーゼなどを用いて口腔清掃をする
- 清掃後，うがいができる場合はうがいをしてもらう
- うがいができない場合はスポンジブラシやガーゼで口腔内に残留した水分を拭い取る
- 唇や口腔内が乾燥していたら，保湿剤を薄く塗る

誤嚥が疑われる場合は口腔ケアによって分泌された唾液や汚れた水分，細菌などを誤嚥して肺炎になる可能性が高くなるので，とくに口腔内に水分を残さないよう注意することが重要になります。具体的な口腔ケア方法は歯科医師や歯科衛生士に相談し，患者個人に合わせた安全な方法で行うようにしてください。

（柴田由美）

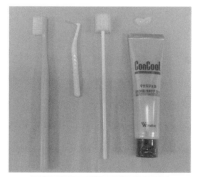

写真X-1　清掃用具の一例
＊左から：歯ブラシ，歯間ブラシ，スポンジブラシ，保湿剤（ジェルタイプ）

▷6　湿性嗄声
湿り気を帯びたゴロゴロ・ゼロゼロした声をいう。咽頭部に食物や唾液が残留している可能性が高いことを示している。

▷7　口腔ケア
⇒V-3参照。ここでは器質的口腔ケアを述べている。

▷8　歯間ブラシ
歯と歯の間（歯間部）を磨くために使用する。歯間部の汚れは歯ブラシだけでは落とせないので，歯間ブラシを使用して清掃する。

▷9　スポンジブラシ
舌や頰の粘膜，上あごなどに付着した汚れを除去するために使用する。そのまま使用すると粘膜を傷つける恐れがあるので，水を十分に含ませ，よく絞り，スポンジをやわらかくしてから使用する。

▷10　保湿剤
口腔乾燥がある場合に使用し，唾液の補助的な役割を果たす。ジェル以外にスプレー，洗口液などさまざまな製品がある。

X 難病の人を支える地域包括ケア

地域における難病のための相談窓口

難病患者や家族は，病状の進行に応じて，疾患・治療や医療機関，療養生活全般にわたる情報や利用できる制度の情報を求めています。また支援者に経験がない難病の患者を支援する場合には，専門職も同様に情報を求めています。難病患者や家族とその支援者を支援するために，各都道府県に設置された2つの相談窓口（事業）を紹介します。難病医療連絡協議会と難病相談・支援センターについてまとめたものを表X-2に示します。

1 難病医療連絡協議会の役割

難病特別対策推進事業は難病患者の良質かつ適切な医療の確保を目的とし，患者や家族が地域で安心して暮らせる環境の整備を行っています。事業の一つである難病医療提供体制整備事業では，重症難病患者のための身近な入院施設の確保等を行っています。都道府県ごとに難病医療連絡協議会を設置し，医療拠点病院，難病医療協力病院等で難病医療ネットワークが構築されました。難病医療連絡協議会は拠点病院，協力病院，保健所，関係市区町村等の関係者によって構成されています。また，保健師等の資格を有する難病診療連携コーディネーター等が配置されています。難病診療連携コーディネーター等の8割が保健師や看護師の資格を有する看護職で，社会福祉士や医師が実務を行っている県もあります。

難病医療拠点病院が**難病医療連絡協議会の業務**を行うとともに，連絡窓口を設置して，高度の医療を必要とする難病患者の受け入れ等の機能を担っています。また，難病医療連絡協議会は，難病医療協力病院の資質向上を目的とした，難病医療従事者研修会も行っています。

2 難病相談・支援センターの役割

難病法の療養生活環境整備事業の一つである難病相談・支援センターが，療養生活に身近な相談窓口として設置されています。運営主体は，難病患者の当事者団体，医療機関，保健所などさまざまです。

難病相談・支援センターは，地域で生活する難病患者等の日常生活上における相談に応じ，その人らしく生きるための自己決定を支援しています。また，地域交流会活動の促進に対する支援，ピアサポート支援，**就労支援**など活動内容は多岐にわたります。保健師・看護師・社会福祉士などの難病相談支援員に

▷1 難病医療連絡協議会の業務
医療機関との連絡調整，各種相談応需，拠点・協力病院への入院要請，研修会開催などがある。

▷2 西澤正豊（2015）『すべてがわかる神経難病医療（アクチュアル脳・神経疾患の臨床）』中山書店，254-263。

▷3 就労支援（難病患者の）
難病患者の就労支援に資するため，公共職業安定所等関係機関と連携を図り，必要な相談・支援を行い，情報を提供する。⇨ X-11 参照

X-7 地域における難病のための相談窓口

表X-2 国の難病相談支援体制

	難病医療提供体制整備事業 （難病医療ネットワーク）	難病相談・支援センター事業
根拠となる法／事業	難病特別対策推進事業 （難病医療提供体制整備事業）	難病法 （療養生活環境整備事業）
相談員	難病診療連携コーディネーター等	難病相談支援員
事業内容	①難病医療の確保に関する関係機関との連絡調整 ②患者等からの各種相談に応じるとともに，必要に応じて保健所等の関係機関への適切な紹介や支援要請 ③患者等からの要請に応じて拠点病院及び協力病院へ入院患者の紹介を行うなど，難病医療確保のための連絡調整 ④拠点病院及び協力病院等の医療従事者向けに難病研修会を開催 ⑤手引きを踏まえ，当該都道府県における新たな難病の医療提供体制の構築に向け，検討	①一般事業 ・各種相談支援 ・地域交流会等の（自主）活動に対する支援 ・講演・研修会の開催 ・その他 ②就労支援事業

よる相談と，当事者（ピア・サポーター[4]）によるピアサポートなどがあることが特徴です。

3 福岡県難病相談・支援センターの活動例

福岡県では，難病医療拠点病院である九州大学病院内に，難病医療ネットワークと難病相談・支援センターの窓口を一本化した福岡県難病相談・支援センターを開設しています。「福岡県重症神経難病ネットワーク」「難病相談・支援（就労・ピアカウンセリング・交流会支援）」「小児慢性特定疾病児童等自立支援」の3分野の相談員が相談内容に応じて連携しています。このように窓口を一本化することで，小児から成人まで，医療から福祉まで，切れ目のない対応を行う体制をとっています。

また福岡県重症神経難病ネットワークでは，福岡県在宅重症難病患者レスパイト入院[5]事業を運用しています。在宅療養中の人工呼吸器装着者の介護者の負担軽減を目的とし，福岡県内の協力病院にレスパイト入院できるよう年間延べ約50名の調整をしています。

4 地域の資源の把握

このように事業や活動内容は，各都道府県のニーズと運営主体の実績によって異なっています。地域の相談窓口について，難病情報センターなどのウェブサイトで確認しておくことが必要です。相談者が適切に相談窓口に辿り着くことができるように，地域によってどのような資源があるかを確認しておくことが重要です。

(岩木三保)

▷4 ピア・サポーター
同じ立場の者（この場合は難病を抱えて生きる人）。ピア・サポーターによる支援をピア・サポートという。
⇨ X-3 参照

▷5 レスパイト入院
介護者の休息のための入院を意味する。介護者の健康に配慮することは，患者のケアの質を維持することにもつながる。

（参考文献）
吉良潤一（2011）『難病医療専門員による難病患者のための難病相談ガイドブック（改訂2版）』九州大学出版会。
難病相談に従事する相談員等のガイドラインとしてまとめられた一冊。

169

X 難病の人を支える地域包括ケア

8 医療処置が必要な人の退院支援（在宅生活の構築と連携）

▷1 難病法に規定されている指定難病は2017年4月現在で330疾病である。

▷2 難病特別対策推進事業実施要綱（平成28年4月）では、保健所を中心として、地域の医療機関、市町村の関係機関との連携のもとに難病患者地域支援対策推進事業を行うものとすると定めている。

▷3 難病医療コーディネーター
難病医療提供体制整備事業の一環として、都道府県の難病医療連絡協議会に配置されている。拠点病院および協力病院へ入院患者の紹介を行うなど、難病医療確保のための連絡調整が役割の一つである。

▷4 病床機能報告制度の、慢性期機能の一つに「長期にわたり療養が必要な重度の障害者（重度の意識障害者を含む）、筋ジストロフィー患者又は難病患者等を入院させる機能」を定めている。⇨X-7参照

▷5 クリティカルパス
良質な医療を効率的、かつ安全、適正に提供するための手段として開発された診療計画表。急性期病院から在宅療養生活までの診療計画を作成し、診療にあたる複数の医療機関が、情報を共有する。

1 確定診断からの継続的な支援

医療ソーシャルワーカー（以下「MSW」）による難病患者への支援は、確定診断直後からはじまります。「難病の患者に対する医療等に関する法律」（以下「難病法」）の医療費助成制度の対象となる指定難病の患者には申請方法を説明し、患者の居住地がある保健所の保健師との連携をはじめます。その際、患者や家族の了解を得て、担当保健師と情報を共有します。確定診断を行った病院のMSWが、患者の居住地のサービスをすべて把握しているとは限りません。地域の保健師から、難病患者の支援の経験がある居宅介護支援事業所や訪問看護ステーション、地域のインフォーマルな社会資源などの情報が得られます。

筋委縮性側索硬化症（ALS）患者は人工呼吸器を装着するかどうか、装着後の療養生活をどうするかなどの自己決定が必要です。医療処置の自己決定の支援は、主治医や看護師が中心に行います。MSWは情報を共有しながら自己決定過程に寄り添い、自己決定に即した療養生活ができるように支援します。

人工呼吸器装着後、在宅療養生活が困難な患者へは、難病医療支援ネットワークの**難病医療コーディネーター**と連携し、長期入院が可能な入院施設を確保します。

2 人工呼吸器装着後の退院支援と在宅療養生活の構築

人工呼吸器を装着した場合、24時間の介護体制が必要となります。また、胃瘻等からの栄養管理、喀痰吸引などのさまざまな医療処置や、医療機器の管理が必要となります。家族の介護負担の軽減に配慮し、安全に安心して療養生活が継続できるように、療養体制を構築することが大切です。

病院では、呼吸器や胃瘻等の医療処置を要するALS患者の退院支援の「地域医療連携**クリティカルパス**」を作成しています。東京都立神経病院のクリティカルパスの達成目標は、①家族介護者による在宅療養に必要な看護・介護知識と技術の習得、②地域・支援ネットワークの構築です。

東京都は在宅人工療法（以下「HMV」）の退院支援の手順を作成しています。手順は①療養者の基本情報の収集、②HMVの条件確認、③利用できる制度の確認、④退院調整に向けての打合わせ、⑤在宅療養支援ネットワークの構築（ケアプラン案作成）、⑥病棟看護師による家族への介護技術指導、⑦療養環境の

確認，⑧必要な医療機器や衛生材料の準備，⑨退院カンファレンス，⑩人工呼吸器学習会，⑪退院日に向けての準備，です。

在宅療養生活では日常の療養生活だけではなく，病状が急変したときの対応について，サービス提供者で共有する必要があります。家族や介護職がすぐに対応できるように，急変時の訪問看護師，地域のかかりつけ医，専門病院の役割や対処方法についてプロトコールを作成し，関係者の共通認識を図ります。

停電や災害に対する対応の検討も必要です。停電に備え，日常的に電力が必要な難病患者の情報を電力会社に伝えたり，長時間の停電で医療機関への搬送が必要な場合に備え，消防署に事前に緊急時の対応を依頼しておきます。[18]

❸ 在宅療養生活を支えるための制度

難病患者の医療や療養生活を支えるために利用できる制度は，医療保険，介護保険，障害者総合支援法，難病法です。利用できるサービスは疾患や重症度，年齢等により異なり，申請窓口も異なります。病状の進行により在宅生活の問題は変化します。そのため，それぞれの専門職が得た情報を常に共有します。MSWは患者や家族の自己決定に寄り添いながら，問題解決のために利用できるサービスについて情報提供します。

医療処置が必要な患者が在宅療養生活を送るためには，介護者が医療処置の知識と技術を修得する必要があります。家族には退院前に実際に自宅で使用する医療機器を利用して病棟看護師が指導し，在宅では訪問看護師が家族への指導を継続します。

また，家族の介護負担を軽減するためには，**介護職によるたんの吸引**[9]や胃瘻への栄養剤の注入等が必要になります。[10]医師や看護職との連携は不可欠です。また，訪問看護師と介護職が同行訪問等を行い，[11]介護職に介護方法等の助言を行ったり実施状況を確認したりします。

HMVの患者が安全に在宅療養生活を継続するためには，訪問看護の役割は重要です。医療保険で定められた訪問看護師の利用回数を超えて必要な場合には，難病施策の在宅人工呼吸器使用患者支援事業を利用することができます。[12]

それ以外にもHMVを開始する場合，医療機器の準備と管理，衛生材料の準備が必要となります。医療保険により人工呼吸器や回路，外部バッテリーは医療機関から貸し出されます。吸引機等は障害者総合支援法の在宅療養等支援用具として給付されます。医療処置に伴う衛生材料は，訪問看護ステーションを通じて医療機関から提供されるものと，自費で購入するものがあります。

連携するサービス提供機関同士で，退院準備に向けたカンファレンスを行いどの機関が何を準備するか，家族や介護職への医療処置の指導をどのようにするかなどについて確認します。

（隅田好美）

▷6　東京都立神経病院（2016）「ALS患者が入院から在宅療養に移行する場合の地域医療連携クリティカルパスと『地域医療連携手帳』の作成」．http://www.byouin.metro.tokyo.jp/tmnh/medical/medical/neurology/update/998.html（2017年8月17日閲覧）

▷7　東京都福祉保健局（2013）『難病患者在宅人工呼吸器導入時における退院調整・地域連携ノート』．http://www.fukushihoken.metro.tokyo.jp/joho/soshiki/hoken/shippei/oshirase/taiintyousei_tiikirenkeinoto.files/tiintyouseirenkeinoto250711.pdf（2017年8月17日閲覧）

▷8　災害時の対応については，⇨Ⅱ-9，Ⅵ-5，Ⅹ-9参照

▷9　介護職によるたんの吸引
喀痰吸引等研修を受講し，たんの吸引に関する知識や技術を修得した介護職が実施できる。また，業務として実施するには，登録喀痰吸引等事業者，登録特定行為事業者である必要がある。

▷10　在宅医療処置が必要な人のケアについては，⇨Ⅹ-4参照

▷11　介護保険では，訪問看護ステーションが看護・介護職員連携強化加算を算定する。

▷12　厚生労働省健康局通知「療養生活環境整備事業実施要綱一部改正について」平成28年3月30日。

X 難病の人を支える地域包括ケア

9 難病支援の地域包括ケア体制の構築と緊急時の支援体制

1 新潟市における地域包括ケアシステムの構築への取組み

　椿忠雄（新潟大学神経内科初代教授）の「たとえ原因や治療法が不明でも，医師は患者に少しでも多くの幸せを味わってもらうために最大限の努力をしなければならない」という教えを実現するために，重症神経難病患者の在宅医療を支える地域包括ケアシステムの構築を模索してきました。

　1978年，新潟市の信楽園病院に地域医療部・継続医療室を創りました。老人保健法による訪問看護ステーション▷1が創設される13年前でした。支援が必要な患者へは退院時に，病棟と地域医療部継続医療室が連携して在宅療養体制を計画しました。患者宅へは病院の保健師と地域の保健師▷2と看護師，家庭奉仕員▷3が訪問し，定期的な往診や緊急時の対応はホームドクターと病院の専門医が役割分担しました。病状悪化時には信楽園病院での再入院が可能となる体制をとりました。

　患者と家族が抱える課題を一つの病院で解決するには限界があります。その課題を地域の患者会や保健所の保健師など関係者に投げかけ，必要なときには新潟県や新潟市に陳情し，新潟独自の難病対策を引き出してきました。

　1989年に新潟市難病対策連絡会が，1991年には新潟市難病ケース検討会が発足しました。難病ケース検討会で議論された課題を，難病対策連絡会に提言し，新潟県や新潟市の施策として患者や家族に還元されました。1996年度の厚生白書では，在宅患者に貸与する人工呼吸器の購入の補助や，緊急時のベッドの確保などの新潟県独自の事業や難病連絡会議が紹介され，「地域における保健医療福祉の充実・連携の一つのモデルとして注目される」▷4と評価されています。

　新潟市難病ケース検討会が，地域ケアを構築する有用なシステムと成り得た理由は，①市役所に事務局を設置したこと，②患者のニーズを汲み上げる実務者が自由に参加できたこと，③ケース検討会が支援者の教育の場となり新潟市の支援者の資質が向上したこと，④難病ケース検討会の参加者が難病対策連絡会に直接提言するbottom-upの方式であったことです。この方法論が，他県から「新潟方式」と呼ばれてきました。

　難病ケース検討会は介護保険発足後，個別の担当者会議に移行しました。重症難病患者の担当者会議には，各区の保健センターの担当保健師が今も積極的に参加しています。27年間続いた新潟市難病対策連絡会は，2016年8月1日か

▷1　1991年老人保健法の一部改正で，老人訪問看護制度が創設され，1992年から各地に訪問看護ステーションの設置が始まった。

▷2　新潟県では1983年に一部の保健所で保健師が難病患者の訪問指導を開始し，1989年に新潟県難病対策事業訪問指導実施要項が策定され，全保健所保健師の重要な仕事に位置づけられ今に引き継がれている。

▷3　1963年の老人福祉法制定により，家庭奉仕員が明文化され，身体障害者，ねたきり老人，心身障害児へと対象が拡大された。

▷4　厚生省（1996）『平成8年版厚生白書』ぎょうせい，225。

ら，難病法に基づいた新潟市難病対策地域協議会に発展的に改組されました。

❷ 「新潟方式」による難病支援から，新潟市地域包括ケアシステムへ

新潟市難病ケース検討会での議論を通して1994年に作成した，「ALS 患者の初療からターミナルに至る地域ケアシステムのフローチャート」には，ALS の病状の進行に合わせ，病院や地域の専門職，行政や福祉施設，さらには患者会やボランティアの支援，適応可能な諸制度まで含めた精度の高い地域ケアシステムが提示されています。当時から重症難病患者に対して協働で行ってきた実践が，今の地域包括ケアシステムの構築に生かされています。

厚生労働省の方針に基づき，新潟市も地域包括ケアシステムの構築を進め，新潟市医師会と在宅医療提供体制の整備，人材育成事業に取り組んでいます。10年以上前から，新潟市医師会在宅医療・在宅ネット運営協議会で在宅医療を実践していた医師たちが中核となり，新潟市の8区に作ってきた **"顔の見える" 多職種協働ネットワーク** が，その活動の基盤になっています。在宅医療に携わる医師，病院の医師，歯科医師，ケアマネジャー，訪問看護師，理学療法士・作業療法士，介護職員，薬剤師，行政職と地域の民生委員を含む多職種が集まり，定期的に講演会，事例検討会，職種ごとの研修会などを行っています。新潟市は多職種協働ネットワークの活動を，運営面や経済面で支援しています。

さらに，2017年までに新潟市在宅医療・介護連携の拠点となる「基幹型在宅医療・介護連携支援センター」を新潟市医師会に，「在宅医療・介護連携ステーション」を11か所，多職種協働ネットワークの事務局がある医療機関に委託，整備しています。難病患者のケアも，今後はこの中で考えることになります。

新潟市の近年の地域包括ケアシステムもまた，「新潟方式」と呼ばれた多職種が協働する現場から，ボトムアップで活動の質と量を増しつつ発展しています。

❸ 災害時における支援体制

新潟県では2004年に新潟県中越地震，2007年に中越沖地震を経験し，常に医療が必要な重症難病患者に対しては，行政は平常時から災害時難病患者支援計画を策定しています。その対策には難病の特性に配慮した，個別の具体的な計画が必要です。人工呼吸器使用患者は，停電用の外部バッテリー，アンビューバッグ，吸引器の非常電源の確保に加え，電力会社からの停電の予告と復旧の見通しの電話連絡の確約，緊急時に避難する病院への登録，消防署への事前登録が必要で，新潟市では，緊急用電話番号，入院を決めるタイミング，救急車の呼び方などを印刷した個別のマニュアルを患者に配布しています。

(堀川　楊)

▶5　小倉朗子・小川一枝 (2015)「難病法——今後の保健所・保健師の役割について：当事者の声を反映した難病対策地域協議会に」『JALSA』96, 7-9。

▶6　堀川楊 (2008)「在宅医療を支える地域ケアシステム——信楽園病院継続医療室の実践と追記」『臨床神経』48, 91-99。

▶7　"顔の見える" 多職種協働ネットワーク

新潟市にある北区，東区，中央区，江南区，秋葉区，南区，西区，西蒲区の全8区に構築され，2017年7月現在20団体ある。多職種のメンバーは呼びかけに自発的に集まり，共に学ぶ中で，それぞれが日常的に診療や介護で直面する問題を何でも相談し依頼しあえる関係を築いている。

▶8　西澤正豊編「災害時難病患者支援計画を策定するための指針」災害時難病患者支援計画策定ワーキンググループ。http://www.nannbyou.or.jp/pdf/・saigai/pdf (2017年8月17日閲覧) ⇨ Ⅱ-9 参照

X　難病の人を支える地域包括ケア

10　医療処置が必要な人を支える多職種連携と地域づくり

地域包括ケアの実施は市区町村が主体であり，各地の医師会などとの連携で体制構築が図られつつあります。ここでは，地域包括ケアの連携例も含めて解説します。

1　関係する職種と役割

医療処置が必要な難病患者を支える医療体制は図X-1に示したとおりです。保健師は難病への支援の経験が少ない介護職や福祉職への支援も含め，地域包括ケアにおいて大切な役割を担います。医療職や福祉職の具体的な役割は，本書の「Ⅴ　地域包括ケアを支える専門職」を参照してください。ここでは行政と患者会やボランティアなどのインフォーマルなサポートについて説明します。

市町村は在宅医療サービスと介護サービスを一体的に提供するために，在宅医療・介護連携推進事業を実施しています。個々の難病患者のケアに関して多職種がそれぞれの役割で介入するにあたり，地方自治体の後盾を必要とする場面があります。行政担当者の重要な役割です。

▷1　在宅医療・介護連携推進事業については，⇒Ⅰ-7 参照

患者支援ではボランティアの存在が大きくなります。責任が生じる直接的ケアより，患者とともにレクリエーションに参加したり，近隣住民としての見守り，災害時の手助けなどが適切と思われます。

患者会では疾患によってもたらされる生活上の困難を，同じ疾患をもつ患者同士で共有することや，医療や介護，福祉や行政に関する情報交換がなされることもあります。患者会にはいろいろな性質があり，患者・家族の個別的で緩やかな連携の患者会から，組織立てがはっきりして社会的発言力を有する団体までさまざまです。患者会への参加は強制されるものではないので，医療・介護関係者は紹介にとどめることがよいでしょう。

患者や利用者の個別の状況により関係する職種に変化があることは当然です。疾患によっては臨床心理士や薬剤師が関係する場合があります。難病患者などではかかりつけ医以外に専門医が関係する場合が多く，専門医とかかりつけ医の医療連携も考えておく必要があります。また，人工呼吸器その他を扱う医療機器業者，臨床工学技士，難病相談・支援センターなどが地域包括ケアを取り巻く存在としてあ

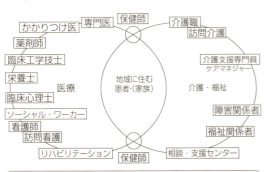

図X-1　認知症・難病などを支えるチーム医療体制

174

げられます。

2 地域包括ケアを構成するために結びつく地域連携の実際

　現在，多くの地域包括支援センターが運用されており，とくに認知症の人の利用を中心としてケアが始まっています。ここでは医療・介護・福祉の連携モデルとして，神奈川県小田原市を中心とした周囲の 3 町にある医療・介護・福祉事業者が保健所や地方自治体とともに開催していた神経難病のネットワーク会議について紹介します。このネットワークは，2016年度をもって終了し，現在は難病法に基づく難病対策地域協議会に移行しました。

　小田原市は神奈川県西部に位置し周辺 3 町を含めて人口約25万人の地域です。ネットワークは，小田原市などの行政，保健所，かかりつけ医として機能するクリニック，病床を含めて支援できる専門病院，訪問看護事業所，介護事業所が年 3 回の会合とともに地域の問題を共有しつつ，患者を巡る日頃の連携を実施するという構造でした。ネットワーク会議では人工呼吸器や吸引器を使用している患者の災害時対策，東北大震災後に遭遇した計画停電への電源対応，疾患受容や在宅療養困難例の検討などが話し合われ，それぞれの問題への対応を行ってきました。また，地域にある医療・介護資源の確認とともに，ネットワークに参加する事業体の連携で，患者家族へのサービスを整える役割も果たしてきました。さらに，ネットワークが対象とした神経難病患者には高齢者が多く認知症を有する人もいることから，地域で生きる患者・家族を，地域包括ケアの中でどのように認知してもらうかということも活動の一つでした。

3 地域に即した地域包括ケア

　上に示したネットワークの対象は神経難病です。そのため，医療的側面が大変強く特殊に感じられるかもしれませんが，ネットワークの構成事業体（プレーヤーともいえる）を置き換えるとさまざまな患者を支える地域連携に変わります。

　地域包括ケアはそれぞれの地域に即した形態となります。しかし，関連する職種や事業体には共通するところがあり，地域における関係者とそれぞれの力量をお互いに図りつつ役割を決めていくことが重要と思われます。

　地域包括ケアは，徐々に完成形に近づいていくと思われます。大切なのは，形式や形態ではなく，関わる人々同士の連携であると考えます。その視点を忘れると実のあるシステムが構築できないことに注意すべきでしょう。

〔小森哲夫〕

X 難病の人を支える地域包括ケア

11 難病の人のための就労支援（行政との連携）

医療の進歩により，多くの難病患者にとって治療を継続しながら地域で暮らすことが普通になっています。しかし，さらに就労と治療を両立させようとすると，患者はさまざまな困難に直面しやすくなります。そのような両立ニーズを，保健医療分野だけでなく，ハローワーク等の就労支援機関や企業を含め，多職種連携で支える制度や支援体制の整備が進められています。

1 なぜ，就労支援機関や企業との連携が必要なのか

難病患者は体調が安定しているときに普通に就職活動をすれば，就職自体は難しくない人が多いのですが，少し無理な仕事に就いたり，職場に病気のことを知らせず必要な通院や休憩もままならない状況で働いたりすると，治療と就労の両立が難しくなります。10年のスパンでみると，仕事に就いた難病患者の約半数は病気に関連して，体調悪化，職場での人間関係やストレス，業務上の課題等で仕事を辞めています。これをきっかけに経済的困窮となったり，就職が困難となったり，就職と退職を繰り返したりする例もあります。

現在，わが国では，狭い意味での「障害者」に限らず，がん患者等，慢性疾患を抱えて治療と職業生活の両立支援のための社会体制が急ピッチで整備されています。難病患者の就労支援のポイントは3点あり，いずれも，患者への医療だけでなく，企業や職場の側面からの専門的支援が不可欠になっています。

①無理なく能力を発揮できる仕事への就職・配置
②通院や体調管理・治療と両立できる業務調整／職場での**合理的配慮**
③患者本人の疾病の自己管理と職業場面での対処スキル

逆にいえば，就労支援によって，難病患者の就労可能性は大きく異なるものなので，保健医療分野だけで問題を抱え込まないことが重要だといえます。

2 治療と就労の両立支援への保健医療機関・専門職の関わり

地域で難病患者の就労支援の取組みを始めるためには，全国に約500カ所あるハローワークの「チーム支援」の枠組みを活用するとよいでしょう。これは，就職・復職前から就業継続までのさまざまな課題に対して，多機関・職種がケースマネジメント方式で継続的に支援するもので，個々の患者の重症度や就労ニーズ等に応じた，多様な制度・サービスの効果的活用にもつなげやすくなります。

▷1 厚生労働省（2016）「事業場における治療と職業生活の両立支援のためのガイドライン」。

▷2 合理的配慮
2016年の障害者雇用促進法の改正による事業主の義務。障害者が職業で能力を発揮する上での支障を，過重な負担でない限り，本人との話し合いにより講じることが求められる。この場合の「障害者」には，障害者手帳の有無にかかわらず難病患者も含まれる。

▷3 ハローワーク
地域就労支援ネットワークの中核として，就職を希望する障害者（難病患者を含む）の求職登録を行い（就職後のアフターケアまで一貫して利用），専門職員や職業相談員がケースワーク方式により障害の種類・程度に応じたきめ細かな職業相談・紹介，職場定着指導等を実施している。

X-11 難病の人のための就労支援（行政との連携）

図X-2 医療と労働の連携と役割分担による，難病患者の就労支援

　難病患者の就労支援は，就職・復職前から就業継続していくことを含めた継続的な取組みです．とくに，治療と就労を両立させるために，医療面での支援と，就労支援・企業側の支援を効果的に連動させていくことが重要です．

　現在，地域の保健医療側のネットワークと，就労支援側のネットワークをつなぐために，ハローワークに難病患者就職サポーターが配置されています（図X-2）．

　難病患者の治療と就労の両立のために，就労支援機関や企業から保健医療分野に期待される役割（就労や職場での留意事項に関する意見書，就職後の体調管理や復職支援等）もあり，難病対策地域協議会等を活用して，各地域に応じた，医療，福祉，雇用等の関係分野の連携体制の整備が望まれます．　（春名由一郎）

参考文献

厚生科学審議会疾病対策部会難病対策委員会（2017）「難病患者を対象とする就労支援・両立支援の仕組み」『難病の医療提供体制の在り方について（報告書）』11．

X 難病の人を支える地域包括ケア

12 ALS（人工呼吸器装着者）への支援事例

1 支援の視点

　筋萎縮性側索硬化症（ALS）では，進行した呼吸筋麻痺に対してマスクによる非侵襲的陽圧換気療法（NIV）や，気管切開による陽圧換気療法（TIV）の使用を選択する場合があります。その支援のためには，在宅支援体制の構築と維持（図X-3），および難病の外来通院患者，在宅療養患者を支える医療連携が必要となります。

　現在当院では，外来，在宅を通じて患者・家族を支える多職種連携は，図X-4となっています。しかし，患者の病状の進行や，家族介護者の健康状態，介護力の変化によって，適宜地域医療連携の再構築を行う必要があります。

2 事例：喉頭気管分離による陽圧換気療法を選択した患者

　ここでは，選択に悩みながらも，ピア・サポートや家族の強い希望に支えられて，喉頭気管分離による陽圧換気療法（TIV）を選択された女性患者に対する支援内容を紹介します。

○症　例

　X年5月頃に，大腿部，足の筋肉がぴくつくことを自覚し，同年8月に，呂律が回りづらいと感じました。9月には左足全体のだるさを感じ，左足を引き

▷1　呼吸筋麻痺が進行する前に胃瘻を造設することを医師は繰り返し説明したが，患者は迷っていた。しかし患者家族会で同じ病気の患者が，胃瘻の効用を話したことで，胃瘻の造設を受けることを決断した。これもピア・サポート支援の効果だと思われる。

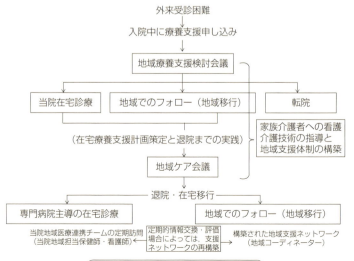

図X-3　在宅支援体制構築と維持

178

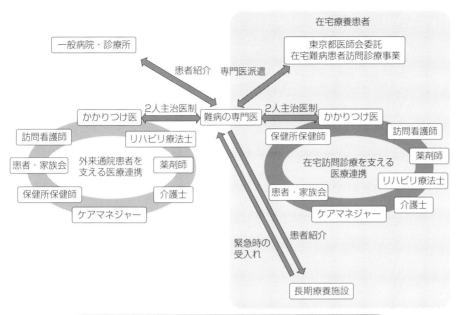

図X-4　難病の外来通院患者，在宅療養患者を支える医療連携

＊外来通院患者では，必要に応じ多職種の支援を導入する。
出所：都立神経病院ホームページ。

ずって歩くようになり，10月に総合病院神経内科を受診し，入院精査を受けた結果，筋萎縮性側索硬化症（ALS）と診断されました。この頃体重が急に4kg減少しました。翌年2月から神経専門病院を紹介され，同院外来に通院し，ALS患者家族会に参加するようになりました。その年の12月，嚥下障害が増強し，内視鏡による胃瘻造設術（PEG）を受けました。◁1

以後，経管栄養とミキサー食の経口摂取を併用しました。発症から翌々年3月にミキサー食を誤嚥し，緊急入院しました。神経耳鼻科と言語療法士の嚥下機能評価では，ミキサー食やヨーグルトを数口食べるのが限度と判断され，以後，経管栄養主体の栄養管理が行われました。NSTで必要エネルギー量を評価したところ，現状では1日あたり1,200～1,400kcal程度と算出されました。◁3

◁2　NSTについては，⇒ Ⅵ-6 参照

◁3　病初期の日本人ALS患者に必要な食事エネルギー量。The measurement and estimation of total energy expeuditure in Japanese patient with ALS : A doubly labelled water method study. Shimizu T. et al. (2017) Amyotrophic Lateral Scler Frontotemporal Degenener, 18(1-2), 37-45.

○病院スタッフと在宅サービスの連携体制の構築

通院が困難と判断された時点で，外来主治医，入院担当医，病棟プライマリーナース，地域療養支援室担当者，リハビリ専門医，リハビリ担当者（PT，OT，ST），患者支援センター長が参加して地域療養支援検討会議が開催されました（図X-3）。ここで，家族の介護力を含めた療養環境，その時点での地域支援体制を検討し，呼吸機能が低下し不安定なことから，訪問診療，訪問看護を提供する病院主導で在宅診療を導入することに決定しました。

退院前の地域ケア会議までに，病棟で，口腔・鼻腔吸引の方法，胃瘻からの経管栄養の注入方法等の看護介護技術について，家族介護者に指導するように退院調整看護師が調整しました。また家人には，ミキサー食の作り方等の食事

X　難病の人を支える地域包括ケア

▶4　地域医療連携クリ
ティカルパス
診療にあたる複数の医療機
関が，役割分担を含め，あ
らかじめ診療内容を患者に
提示・説明することにより，
患者が安心し地域で医療を
受けることができるように
するもの。http://www.by
ouin.metro.tokyo.jp/tmnh/
medical/medical/neurology
/update/998.html（2017年
8月17日閲覧）

▶5　喉頭気管分離手術
気管への唾液の流れ込みを
防止するのが喉頭気管分離
手術である。気管を上下に
分けて，上の気管（口側）
は閉鎖し，下の気管（肺
側）を使って，首の前面に
気管切開孔を作ることに
よって，呼吸できるように
する。これによって口の中
と気管が分離されるので，
誤嚥が防止できる。また，
唾液の落ち込みがないため，
気管切開孔からの吸引回数
が減少し，介護者の負担が
減る。単純気管切開に比べ
て手術侵襲が大きく，経験
のある耳鼻科医の執刀が必
要であるが，上記の利点が
あり，最初からこの手術を
希望する場合もある。

指導，ST から経口摂取の介助の指導，OT からはリフトを使ったベッドと車いす間の移動方法の指導を行いました。さらに地域支援体制の構築のため，地域療養支援室の保健師が，24時間体制で往診してくれるかかりつけ医（地域主治医），訪問看護師，訪問リハビリ担当者を派遣してくれる複数の訪問看護ステーション，訪問介護職（ヘルパー）を派遣してくれる複数の介護施設の選定と依頼を行いました。退院前に，かかりつけ医，介護保険のケアマネジャー，訪問看護師，介護職を病院に呼び，当院の関係者全員が参加し地域ケア会議を開催しました。ここで患者の病状，今後予想される呼吸筋麻痺に対する患者・家族の思い，看護・ケア上の問題点等についての情報を共有し，地域支援者の役割分担を決め，緊急時の連絡体制，対応方法について話し合いをもちました。

　この時点では，患者は気管切開による人工呼吸器使用に対しては，家族へ負担をかけることや，今後の病状の進行に対する不安から否定的でしたが，家族は TIV を導入しても是非生きて欲しいとの強い希望があり，両者の考えに差異がありました。結局，3月末に退院し，在宅療養となりました。

○人工呼吸器装着の意思決定への支援

　しかし，4月には呼吸苦症状が出現し，緊急入院となりました。

　入院時，鼻マスクによる非侵襲的陽圧換気療法（NIV あるいは NPPV という）を行うも，唾液の気道への押し込みを認め，また器械との同調が困難なことが何度もありました。医療者としては NIV の継続は困難と判断し，今後気管切開による侵襲的陽圧換気療法（TIV あるいは TPPV と呼ぶ）を導入するかどうか，入院主治医，外来担当医，地域療養支援室担当者が患者，家族と一緒に何度も話し合いを行いました。その間，TIV 導入で10～20年生存できるが，その間も運動障害は進行すること，高度のコミュニケーション障害をきたす場合があること，介護者の看護・介護負担の内容等を具体的に説明し，長期在宅呼吸療養患者の生活状況も伝えました。最終的には，家族の熱心なサポートがあってTIV の導入を決断されました。この時点から，ALS 患者の「**地域医療連携クリティカルパス**」と「ALS 患者の地域医療連携手帳」を，患者の同意を得て使用しました。そして，5月には，**喉頭気管分離手術**が行われました。入院中，再度図X-3に示す地域療養支援検討会議を開催し，退院までに気管切開孔からのたんの吸引を家族介護者に指導するとともに，地域支援体制を再検討しました。その後症状は安定し，6月に自宅退院となり，退院後は在宅診療となりました。

　退院後は，胃瘻ボタンをバンパータイプからバルーンタイプに変更したため，5カ月ごとの胃瘻ボタン交換のための入院はなくなり，1カ月ごとに，在宅でかかりつけ医によるバルーンタイプの胃瘻ボタンの交換が行われています。6月現在，在宅療養生活は安定し，呼吸苦の訴えはまったくなく笑顔も見られ，複数のヘルパーと家族の力を借りて，在宅用のポータブル人工呼吸器を載せた

リクライニング車いすで外出することもでき，近いうちに小旅行をすることを楽しみにしています。

　現在都立神経病院では，外来，在宅を通じて患者・家族を支える多職種連携は，図Ⅹ-4のようになっています。しかし，患者の病状の進行や，家族介護者の健康状態，介護力の変化によって，適宜地域医療連携の再構築を行う必要があります。

③ 事例の考え方

　神経難病患者が住み慣れた地域で安心して長期在宅療養が可能になるための方策としては，以下のようなものがあります。

・これまでの拠点病院・協力病院や，既存の医療資源を，新・難病医療拠点病院や新・難病医療協力病院等として有効活用していくことが現実的と思われます。

・従来の二次医療圏の境界にこだわらず，患者の動線にあった地域割りや医師会の管轄地域等，地域の実状にあった地域ネットワークの弾力的運用が必要です。

・専門医の不足に対して，今後神経難病が専門ではない地域主治医に難病知識の情報を伝達し，必要時のみ専門医が対応するか，専門医と地域主治医の二人主治医制で診ていく方法も考えられます。

・神経難病患者に対する多職種による地域支援ネットワークの構築を行い，多職種が難病医療・ケアに慣れるためのツールとして，地域連携パスや地域連携手帳・ノートの活用が有用と考えます。

・患者・家族が安心してレスパイトが取れる施設ケアを，ぜひ，可能ならば複数確保することが，在宅療養の継続のためには必須です。

・病状の進行や，介護者の健康問題等で在宅療養継続困難となった場合の長期療養施設の拡充が喫緊の問題といえます。

・災害時の地域での対応方法について日頃から関係者と十分検討し，訓練を行うことが必要です。人工呼吸器の内部・外部バッテリーや電気を使わない器具（足踏み式吸引器，蘇生バッグ等）の準備や使用方法の習熟，適切な量の薬剤の備蓄も重要です。緊急時にどこに搬送されても問題ないように，緊急時の医療情報連絡票に，人工呼吸器の設定等必要事項を記入しておく必要もあります。

・難病患者が，気胸や胆石胆嚢炎，悪性腫瘍等の合併症をきたしたとき，新・難病医療拠点病院（総合型）であれば，受け入れがスムーズにいくかもしれませんが，とくに医療介護度が高い患者の場合，専門医がいない病院では受け入れが困難な場合が多く認められます。こうした場合の連携病院を日頃から確保しておくことも，今後の重要な課題です。　　　　　　　　（川田明広）

XI　がんの人を支える地域包括ケア

 # がんとともに生きるための支援

　日本人の死因の約3割をがんが占めるようになり（⇨XI-3参照），2006年にがん対策基本法が成立し，2007年にがん対策推進基本計画が策定されました（⇨XI-2参照）。目標は「尊厳を持って安心して暮らせる社会の構築」です。がんは，発症した部位や発症した年齢により特有の問題が生じます。それらの問題に配慮した支援が大切です（⇨XI-6参照）。

1　がんの人とその家族を支えるための視点

○予防と早期発見

　胃がんは，日本では早期に発見される率は6割を超えます。しかし，がん検診の受診率は低く，厚生労働省は50％の受診率を目標としています（⇨XI-2，XI-3参照）。また，生活習慣の改善や疾患の治療ががん予防につながることから（⇨XI-3参照），がんに関する教育・普及啓発が大切です。

○早期からの緩和ケア

　緩和ケアは，今まではがん終末期に行われていました。しかし，がんと告知されたときの心理的苦痛や，治療や治療後の障害等に伴う身体的，心理的，社会的苦痛に対する支援が必要です。近年は早期から緩和ケアが行われるようになり，がんに罹患した人や家族への支援が行われています（⇨XI-2，XI-3，XI-4参照）。

○リハビリテーション

　がんの治療には外科手術，放射線療法，化学療法などがあります（⇨XI-3参照）。外科手術では術前からリハビリテーションが始まり，術後も早期に開始します（⇨XI-5参照）。また，がん終末期には，生活の質の向上を目的としたリハビリテーションを行います。

○生活支援

　小児，思春期，若年成人，稼働年齢層，高齢者それぞれに特有のニーズがあります。小児や思春期・若年期では発達段階に応じた支援が必要です。また，就労，結婚，出産などのライフプランに影響する場合もあります（⇨XI-6参照）。稼働年齢層はがんによる離職率が高いことから，治療中や治療後の就労支援が必要です（⇨XI-2，XI-6参照）。高齢者は治療の意思決定や受療のための通院が困難な場合もあります（⇨XI-6参照）。

○エンドオブライフ・ケア

がんの終末期をどのように迎えたいのか，本人と家族の意向に即した支援を行います。病院で最期まで積極的な治療を継続することや，緩和ケア病棟での治療を選択することもあります。また，自宅で最期を迎えることを希望する場合は，医療職や福祉職などのフォーマルサポートとともに，インフォーマルサポートも含めた支援体制を構築します。(⇨ XI-7 参照)。最後までどのように生きるのか，本人と家族の価値感や望みに即した支援を行います。

○家族への支援

患者のがんの診断時や，病状が変化したときなどに家族への支援も大切です。エンドオブ・ライフ期では，とくに大切な人が失われるかもしれないという不安や喪失感を抱いているため，患者と死別する前から家族へのグリーフケアを行います (⇨ XI-4 参照)。

事例 (XI-8) では，独居高齢者を支えた在宅ターミナルケアにおける多職種の連携について考えています。　　　　　　　　　　　　　　　(隅田好美)

XI がんの人を支える地域包括ケア

 がんの人を支えるための政策

がんの統計によると，2016年に日本で新たに診断されたがん（全国がん登録）は99万5,132例（男性56万6,575例，女性42万8,499例）で，国民の2人に1人が生涯のうちにがんに罹患する可能性があると推計されています。近年のがん医療の進歩によりがん治療の生存率は上昇傾向にあります。しかし，がんは一旦治癒した後も再発や転移の可能性があります。1981年より依然としてがんは日本の死因の第1位で総死亡率の約3割を占めており，人口の高齢化もがんによる死亡率に影響しています。

このような日本のがんの現状に対し，政府は1984年「対がん10か年総合戦略」，1994年「がん克服新10か年戦略」，2004年「第3次対がん10か年総合戦略」を策定し，がん罹患率と死亡率の低下に取り組んできました。2006年には，がん対策の一層の充実を図るため「**がん対策基本法**」が成立し，翌年4月に施行されています。

1 第1期がん対策推進基本計画

2007年6月にがん対策の総合的かつ計画的な推進を図るため，がん対策の基本的方向について定められ，都道府県がん対策推進計画の基本となる「がん対策推進基本計画」が策定されました。厚生労働省はがん患者や家族，遺族，医療従事者，有識者などの委員で構成された「がん対策推進協議会」の意見を踏まえて基本計画を策定し，計画は5年ごとに見直しがされることががん対策基本法に定められています。

全体目標として，①がんによる死亡者数の減少（20％減），②すべてのがん患者・家族の苦痛の軽減・療養生活の質の向上が掲げられ，重点的に取り組むべき課題として「放射線療法・外来化学療法の推進ならびに医療従事者の育成」「治療の初期段階からの緩和ケアの実施」「がん登録の推進」が明記されました。また，個別目標として「**がん診療連携拠点病院**等の医療機関の整備」「がん医療に関する相談支援・情報提供」「がんの早期発見（受診率50％）」「がんの予防（未成年者の喫煙率0％）」「がん研究」が掲げられています。

2 第2期がん対策推進基本計画

2011年度までの5年間のがんに関する状況の変化やがん対策の進捗状況を踏まえ，2012年6月に第2期のがん対策推進基本計画が策定され，この内容に基

▷1 がんの統計編集委員会編（2017）「がんの統計（2016年版）」がん研究振興財団。

▷2 がん対策基本法
日本人の死因でもっとも多いがん対策に関する基本理念を定め，国，地方公共団体等の責務を明確にし，がん対策の推進に関する計画の策定とがん対策の基本となる事項を定めたものである。当時の参議院議員であった故山本孝史氏は，自らもがんの闘病中であることを公表し，同法の成立が日本の本格的ながん対策の第一歩になると訴えた。2006年6月に議員立法で成立された。

▷3 がん診療連携拠点病院
専門的ながん医療の提供，地域のがん診療の連携協力体制の整備，患者・住民への相談支援や情報提供などの役割を担う病院として，都道府県知事が推薦したものについて，厚生労働大臣が指定した病院である。「都道府県がん診療連携拠点病院」と，都道府県内の各地域（二次医療圏）で中心的役割を果たす「地域がん診療連携拠点病院」がある。

づいて各都道府県のがん対策推進計画が更新されています。第2期基本計画では，「がんになっても安心して暮らせる社会の構築」が全体目標とされ，重点的に取り組むべき課題に「働く世代や小児へのがん対策の充実」が盛り込まれました。分野別施策においても「小児がん」「がんの教育・普及啓発」「がん患者の就労を含めた社会的な問題」の項目が追加され，各項目についてその成果や達成度を計るための個別目標が定められています。

❸ がん対策加速化プラン

　2015年6月にがん患者，家族，遺族，医療関係者，国会議員，行政担当者等約300人が参加して「がんサミット」が開催され，さまざまな立場から日本のがん対策について議論がなされました。第1期基本計画で掲げられた2007年度から10年間で75歳未満のがん死亡率を20％削減するという目標の達成が難しくなっている要因として，たばこ対策や**がん検診**[4]の受診率向上に向けた対策の遅れ等が指摘され，短期重点的に実行すべき具体的施策を明らかにした「がん対策加速化プラン」が策定されました。

　このプランは①がんの予防：予防や早期発見を進め，避けられるがんを防ぐこと，②がんの治療・研究：治療や研究を推進し，がんによる死亡者数の減少につなげていくこと，③がんとの共生：就労支援や緩和ケアなどを含む包括的な支援により，がんとともに生きることを可能にする社会を構築すること，の3つを柱として策定されました。

❹ 第3期がん対策推進基本計画

　がん対策推進協議会の議論や2016年12月に施行された改正がん対策基本法[5]等を踏まえ，2017〜2022年度までの今後6年間のがん対策の指針となる「第3期がん対策推進基本計画」が作成され，2017年10月に閣議決定されました。

　第3期基本計画では「がん患者を含めた国民が，がんを知り，がんの克服を目指す」というスローガンのもと，①科学的根拠に基づくがん予防・がん検診の充実，②患者本位のがん医療の実現，③尊厳をもって安心して暮らせる社会の構築が全体目標とされています。分野別には，喫煙率の減少と受動喫煙防止対策の強化，がん検診だけではなく精密検査の意義の普及啓発，がん検診の精度管理の向上ががんの早期発見・早期治療に向けた対策として追加されました。また，がんゲノム医療の導入，希少がん・難治性がんへの対策，小児，思春期・若年成人（Adolescent and Young Adult：AYA）世代，高齢者等の各年代の特徴を踏まえたがん医療や支援の充実に焦点が当てられています。さらに，がん患者の治療と就学・就労等の両立を可能にする体制を整え，がんとの共生を図ることのできる社会を創ることも目標に盛り込まれています。　（御牧由子）

▷4　がん検診
がんを早期発見し，適切な治療を行うことでがんによる死亡を減少させることを目的とした検診である。1982年より各自治体が主体となりがん検診を実施しており，一定の年齢の人を対象として胃がん，子宮頸がん，肺がん，乳がん，大腸がんの5種類の検診が行われている。がん検診の費用の多くは公費で負担され，一部の自己負担で受けることができる。

▷5　改正がん対策基本法
第2条の基本理念に「がん患者が尊厳を保持しつつ安心して暮らすことのできる社会の構築を目指し，がん患者が，その置かれている状況に応じ，適切ながん医療のみならず，福祉的支援，教育的支援その他の必要な支援を受けることができるようにするとともに，がん患者に関する国民の理解が深められ，がん患者が円滑な社会生活を営むことができる社会環境の整備が図られること。」という条文が加えられた。

【参考文献】
厚生労働科学研究費補助金「相談支援センターの機能の強化・充実と地域における相談支援センターのあり方に関する研究」班編集・発行（2014）「がん専門相談員のための学習の手引き——実践に役立つエッセンス」。

XI　がんの人を支える地域包括ケア

がんの医学的知識の概要

1　がんの定義

　がん，腫瘍，新生物などの言葉が用いられますが，まず腫瘍（新生物）とは，遺伝子の変異などにより自律的，無秩序に増殖した細胞集団を指します。腫瘍は良性腫瘍と悪性腫瘍に分けられ，良性腫瘍は増殖傾向を示すものの一般に緩徐で，周囲健常組織とははっきりわかれており，生命へ危険性を及ぼす可能性が低いものです。しかし時には腫瘍増大による周囲臓器の圧迫，出血などの問題があり，また悪性へ転化する場合もあります。

　悪性腫瘍は増殖能力が強く，細胞などの**異型度**が高く，**分化度**が低いのが特徴です。周囲正常組織への浸潤，破壊，遠隔臓器への転移を引き起こし，放置すれば生体を死に至らしめる深刻な結果を引き起こすものです（表XI-1）。

2　がんの進展様式と組織型

　がんは周囲の組織への浸潤や血管に入り遠隔臓器への転移によって全身へ進展します。またがん組織型として，皮膚や食道，子宮頸部を覆う扁平上皮から発生する扁平上皮がん，また肺，消化器などで分泌腺をつくる腺組織の上皮から発生する腺がんなどがあります。

3　日本人の死因

　日本人の3大死因はがん，心疾患，脳血管疾患で，近年高齢者の増加に伴い肺炎が3位となりました（図XI-1）。がんは，1981年に死因1位となってからも増加を続け，2016年の癌死亡数推計値は約37万人4,000人であり，死因の約3割を占めます。部位別では，男性では肺（25％），胃（14％），大腸（13％），肝臓（8％），膵臓（8％）の順，女性では，大腸（16％），肺（14％），胃（11％），膵臓（11％），乳房（9％）の順となっています。罹患数は2016年の推計値で約101万人であり，男性では前立腺（16％），胃（16％），肺（16％），大腸（15％），肝臓（5％）の順，女性では，乳房（21％），大腸（14％），胃（10％），肺（10％），子宮（7％）となっています。がんは高齢者で多く

▷1　異型度
正常の細胞からどの程度異なった形態をとっているかの指標。一般にがん細胞では異型度が強いほど悪性度が高いといえる。

▷2　分化度
分化は，もとの細胞から分裂する際に機能や形態の異なる細胞への変化を示す。腫瘍細胞ではもとの細胞形態から大きく離れたものを分化度が低いという。一般に低分化な腫瘍ほど悪性度が高い。

▷3　がん研究振興財団（2017）「がんの統計'16」。http://ganjoho.jp/reg_stat/statistics/brochure/backnumber/2016_jp.html（2017年7月31日閲覧）

▷4　▷3と同じ。

▷5　▷3と同じ。

表XI-1　良性腫瘍と悪性腫瘍の比較

	良性腫瘍	悪性腫瘍
増殖形式	周囲と境界が明瞭で，圧迫性に増殖	周囲と境界が不明瞭で，周囲組織に浸潤性に増殖
増殖速度	遅い	速い
転　移	なし	あり
異型性	軽度	高度
細胞の分化度	高い	低い
全身，生命への影響	低い	高い

みられますが，乳がん，子宮頸がんは30～50歳代からも多く認められ注意が必要です。

4 がんの診断

がんの診断は，何らかの症状があり医療機関を受診する場合，各種検査が行われます。しかし，症状が発現したときには進行していることが多く，重要なのは無症状のうちから早期発見を目的に行われるがん検診です。これには胸部レントゲン検査，消化管バリウム検査，内視鏡検査，便潜血反応，子宮細胞診，マンモグラフィなどがあります。例として，胃がんは日本では早期の段階で発見される率が6割を超えますが，胃がん検診が整っていない欧州では20%以下です。胃がんの5年生存率は，stage Ⅰでは9割を超えますが，stage Ⅳでは10%以下であり，いかに早期発見が重要であるかがわかります。しかし，わが国でのがん検診受診率は，2割から4割程度と依然低く，厚生労働省は50%の受診率を目標としています。

図Ⅺ-1 主要死因別粗死亡率年次推移（1947～2015年）

出所：がん研究振興財団（2016）「がんの統計'16」より筆者作成。
http://ganjoho.jp/reg_stat/statistics/brochure/backnumber/2016_jp.html
（2017年7月31日閲覧）

5 がんの予防

がんの原因は，遺伝的素因，性別，ホルモン等の因子，また環境因子が重要となります。肺がん，咽喉頭がん等における喫煙，胃がんにおける**ヘリコバクターピロリ**菌，肝細胞がんにおけるB型およびC型ウイルス性肝炎などは，がん発生の大きな要因となっており，生活習慣の改善や疾患の治療ががん予防につながります。

6 がんの治療

外科手術また内視鏡による腫瘍切除術，放射線を患部に照射する放射線療法，抗がん剤を用いた化学療法が主な治療法となります。これらを組み合わせた集学的治療ががん治療の基本といわれます。

また，がんによる痛みや精神的な苦痛に対する緩和医療が，近年は早期から行われ，がんに罹患した患者および家族への支援が行われています。

（兒玉雅明）

▶6 ヘリコバクターピロリ
1980年代に発見された胃内に生息する細菌。慢性活動性胃炎を引き起こし，消化性潰瘍や胃がんの原因となる。日本ではより病原性の強い菌株の感染がほとんどである。

XI　がんの人を支える地域包括ケア

4　がんの人へのケア

▶1　国立がん研究センターがん対策情報センター（2015）「がん情報サービス　最新がん統計」。http://ganjoho.jp/reg_stat/statistics/stat/summary.html（2017年10月1日閲覧）

　わが国では，現在3人に1人はがんで亡くなり，生涯のうち2人に1人ががんに罹患すると推計されています▶1。今後，高齢化が進行することによりさらにがん患者が増加することが予測されています。

　がんと診断された患者は，手術や薬物療法，放射線療法などを受けることになります。近年は，治療方法の進歩により，がんとともに長期に生存する患者が増えています。しかし，再発や転移がみられる場合には一般的に治療の効果が期待できなくなり，やがて終末期を経て死に至ります。このような治療経過の中で患者は，がんの病態や治療に伴う有害事象や合併症などによる身体的な苦痛や，症状の進行や再発・転移に対する不安や抑うつ，死への恐怖や絶望感などさまざまな苦痛を体験します。がん患者が体験する苦痛は，身体的苦痛，精神的苦痛，社会的苦痛，スピリチュアルな苦痛（霊的苦痛）をあわせた全人的苦痛（トータルペイン）（図XI-2）と表現され，4つの苦痛は互いに影響をし合います。とくに，身体的な苦痛が緩和されない場合，患者は日常生活における自立性が低下し，死に対する恐怖や不安により無力感を感じるといったスピリチュアルな苦痛や精神的苦痛が強くなり，患者のQOLは著しく低下します。医療者は，がんと診断された早期から患者の身体的苦痛の緩和を徹底するとともに，すべての苦痛を緩和する必要があります。

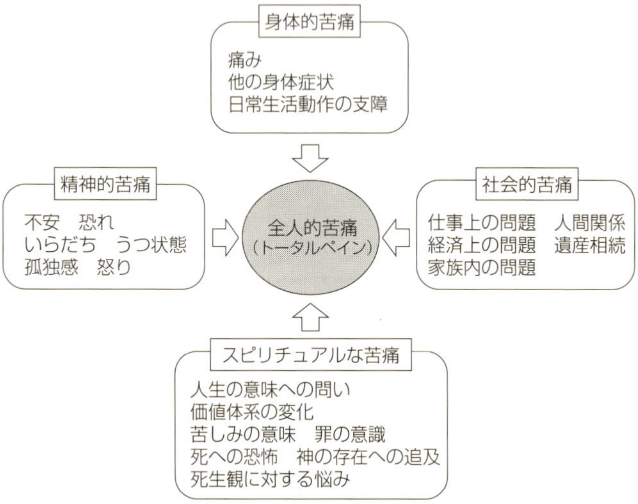

1　緩和ケアとは

　世界保健機関（以下，WHO）の2002年の緩和ケアの定義では，「生命を脅かす疾患による問題に直面している患者とその家族」に対してのケアと改訂され，がんの治療による効果が望めなくなった終末期に限らず，診断時から治療と並行して提供されるケアであることが強調されています（表XI-2）。また，WHOによる緩和ケアの基本概念には，患者のQOLを高め，その人らしく最期まで生活することを支えることや患者のニーズ

図XI-2　がん患者の全人的苦痛（トータルペイン）

身体的苦痛
- 痛み
- 他の身体症状
- 日常生活動作の支障

精神的苦痛
- 不安　恐れ
- いらだち　うつ状態
- 孤独感　怒り

社会的苦痛
- 仕事上の問題　人間関係
- 経済上の問題　遺産相続
- 家族内の問題

スピリチュアルな苦痛
- 人生の意味への問い
- 価値体系の変化
- 苦しみの意味　罪の意識
- 死への恐怖　神の存在への追及
- 死生観に対する悩み

出所：淀川キリスト教病院編（2007）『緩和ケアマニュアル（第5版）』最新医学社，39より筆者一部改変。

にチームアプローチで対応すること，家族に対してもケアを行い死別後の生活に適応できるように支えることが明記されています。緩和ケアは，がんの診断時から早期に提供され，治療期には有害事象や合併症などの苦痛の緩和が中心となり，終末期に至るにつれて占める割合が大きくなります。さらに，死別した家族への悲嘆ケアを含めたケアです。早期から緩和ケアを受けた患者は，生活の質を高め，生存期間が延長する可能性があることが示されています。[2]

表XI-2　WHOの緩和ケアの定義（2002年）

緩和ケアとは，生命を脅かす疾患による諸問題に直面している患者と家族に対して，痛み，その他の身体的，心理社会的，スピリチュアルな諸問題の早期かつ確実な診断，早期治療によって苦しみを予防し，苦しみから解放することを目標とする。

〔基本概念〕
緩和ケアは，
1．痛みのマネジメントと同時に，痛み以外の諸症状のマネジメントを行う。
2．生きることを尊重し，「死にゆくこと」を誰にでも例外なく訪れる過程と捉える。
3．死を早めることも遅らせることも意図しない。
4．精神面のケアやスピリチュアル・ケアを組み入れた患者ケアを行う。
5．死が訪れるとしたら，そのときまで積極的に生きてゆけるように患者を支援する。
6．患者が病気で苦しんでいる間も，患者と死別した後も家族の苦難への対処を支援する。
7．患者と家族のニーズに応えるチームアプローチを重視し，適応がある時には遺族に対するカウンセリングも行う。
8．QOLを向上させ，疾患の経過に良い影響を及ぼすよう努める。
9．疾患の早い時期にも応用可能であり，生存の延長を目的とした化学療法，放射線療法，臨床的な不快な合併症の理解とその対応の推進に必要な諸研究との併用も可能である。

出所：志真泰夫「がん対策基本法とホスピス緩和ケア——包括的がん医療と地域における緩和ケア提供体制」日本ホスピス・緩和ケア研究振興財団「ホスピス緩和ケア白書」編集委員会編（2011）『ホスピス緩和ケア白書2011』を参考に筆者一部改変。

がん患者の全人的苦痛は，治療経過の流れの中で起こるさまざまな状況によって変化します。そのため緩和ケアは，患者の苦痛やニーズに合わせて，多職種医療チームによるサポート体制が不可欠です。

② 家族・遺族へのケア

がん患者の家族は，患者のもっとも身近な援助者であるとともに，患者と同様にさまざまな苦悩や不安などのストレスを抱えるケアの対象です。家族は，患者のがんの診断や，病状が変化したときなどに，大切な人が失われるかもしれないという不安や喪失感を抱き，予期悲嘆を体験しています。患者と死別する前から家族が悲嘆反応に対処することによって，患者と死別した後の悲嘆を軽くするといわれています。死別後の家族は，日常生活の中で心身の悲嘆反応に対処していかなければなりません。

大切な人を失った家族の多くは，悲嘆の反応に対処しながら自然に乗り越えていきます。しかし，悲嘆への対処が困難である場合は，支援が必要です。ウォーデンは，死別に適応するためには，①喪失の事実を受容する，②悲嘆の苦痛を乗り越える，③死者のいない環境に適応する，④故人を情緒的に再配置し，生活を続ける，という4つの課題（グリーフワーク）を完成しなければならないとしています。[3]これらの課題を達成できるように遺族ケア（グリーフケア）を行います。遺族ケアとして，電話や手紙，個別的な面談，遺族会などを行っている施設があります。最近では，地域の中で遺族を支える自助グループやサポートグループの取組みや，遺族外来をもつ病院などもみられています。

（加藤亜妃子）

▷2　Temel, J. S. et al. (2010) Early palliative care for patients with metastatic non-small-cell lung cancer, *The New England Journal of Medicine*, 363, 733-742.

▷3　J. W. ウォーデン／鳴澤實監訳（1993）『グリーフカウンセリング——悲しみを癒すためのハンドブック』川島書店，13-26。

XI　がんの人を支える地域包括ケア

5　がんの人へのリハビリテーション

　がん患者に対するリハビリテーションは，がんの部位，病期，選択される治療法，合併症の有無，患者の状態によって決定されます。がんの病期別リハビリテーションの目的を図XI-3に示します。

　リハビリテーションを開始する前にはADL（日常生活動作）の評価が欠かせません。がん患者のADL評価に多く用いられるパフォーマンスステータス（PS）を表XI-3に示します。

がん治療とリハビリテーション

　手術療法を行う患者に対するリハビリテーションでは，術前のADLを維持すること，術後のさまざまな合併症予防に努めることが介入の目的となります。術前のリハビリテーションでは，術後に実施する呼吸練習（深呼吸）や痰を喀出する手段といったリハビリテーションの説明に加え，これらを実際に経験してもらいます。術後のリハビリテーションでは，全身状態を観察しながら術後早期より深呼吸や痰の喀出の援助や積極的な離床・歩行，自転車エルゴメータなどの機器を使用しての運動を実施します。

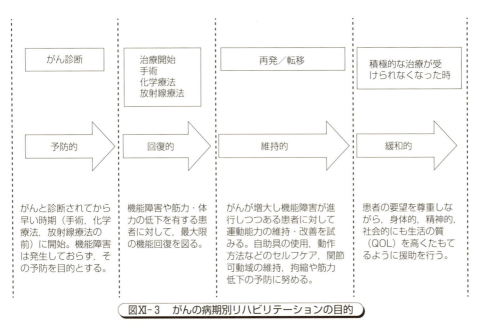

図XI-3　がんの病期別リハビリテーションの目的

出所：国立がん研究センターがん対策情報センター「がんの療養とリハビリテーション」より引用，筆者一部修正。
http://ganjoho.jp/public/dia_tre/rehabilitation/reha01.html（2017年10月17日閲覧）

XI-5　がんの人へのリハビリテーション

表XI-3　パフォーマンスステータス（Performance Status：PS）

グレード	パフォーマンスステータス
0	まったく問題なく活動できる。発症前と同じ日常生活が制限なく行える。
1	肉体的に激しい活動は制限されるが，歩行可能で，軽作業や座っての作業は行うことができる。例：軽い家事，事務作業
2	歩行可能で，自分の身のまわりのことはすべて可能だが，作業はできない。日中の50％以上はベッド外で過ごす。
3	限られた自分の身のまわりのことしかできない。日中の50％以上をベッドか椅子で過ごす。
4	まったく動けない。自分の身のまわりのことはまったくできない。完全にベッドか椅子で過ごす。

注1：米国ECOGが決定した「全身状態の指標（患者の日常生活の制限の程度を表す）」。（日本臨床腫瘍研究グループ（JCOG）による日本語訳）

注2：この規準は全身状態の指標であり，病気による局所症状で活動性が制限されている場合には，臨床的に判断する。

出所：http://ganjoho.jp/public/qa_links/dictionary/dic01/Performance_Status.html（2017年10月17日閲覧）

　化学療法（抗がん剤投与）を行う場合や，放射線療法を実施する場合には，治療が長期間に及び臥床傾向となりやすいため，四肢・体幹の筋力，全身の持久力の低下を予防する目的で，筋力トレーニングや歩行などの運動を実施します。化学療法や放射線療法を行っている患者にリハビリテーションを実施する際には，治療によって生じる身体機能の変化や**副作用**について理解し，これらの症状がないか確認することが重要です。リハビリテーションの実施によって患者に悪影響を及ぼすことにつながらないよう十分に注意する必要があります。

▷1　副作用
薬物によって治療を行う際に，目的とする作用以外に起こる医学的に好ましくない事象。

② ターミナル期のリハビリテーション

　ターミナル期の患者に対するリハビリテーションの目的は，機能回復ではなく，**生活の質（QOL）**の向上，症状の改善が主たる目的となります。実際，がんの患者に多くみられる「全身のだるさ」について，運動を行うことで症状の改善が得られることが明らかとなっています。実際の介入では，患者自身に対しては，歩行練習等の持久力練習や残された機能を使ってできる寝返りや立ち上がりなどの動作法の指導，家族に対しては，患者を起き上がらせる際の介助の方法や患者の病態を考えた上でのマッサージの指導などを行います。その他にも福祉用具の導入や住宅改修を実施することで，患者自身が望む生活が送れて，介護者も介護しやすい環境を整えます。　　　　　　　　（朝井政治）

▷2　生活の質（QOL）
患者自身が自分らしく納得のいく生活を送ることで，患者自身の人間性や主体性を取り戻そうとする考え方。

参考文献
　国立がん研究センターがん情報サービスホームページ http://ganjoho.jp/public/index.html（2017年10月17日閲覧）

XI がんの人を支える地域包括ケア

6 がん治療と生活支援

1 小児のがん治療と支援

　成人のがんに比べると全体の1%にも満たない発症率ですが、15歳未満の子どもが悪性腫瘍（がん）に罹患することもあります。小児がんの治療にかかる医療費は、本人の状態や親の所得に応じて小児慢性特定疾病医療費助成制度の対象となっています。がんの治療に伴い、本人への告知、治療中の教育の機会の保障、進学・就労支援、心理的支援、成長発達期に化学療法や放射線治療を行うことに伴う晩期合併症への対応、きょうだいや親などの家族への支援、友人など他者との関係構築への支援など、本人、家族への包括的かつ継続的な医療・支援体制が求められています。

　国の第2期がん対策推進基本計画では、小児がん対策の充実が重点的に取り組むべき課題の一つとして位置づけられました。2013年小児がん診療の中核的医療機関として指定された全国15の**小児がん拠点病院**が中心となり、各地域で関係機関のネットワーク形成に向けた取組みがなされています。

2 AYA世代のがん患者の課題と支援

　小児期と成人期の間にあたる15〜30歳前後の思春期・若年成人（Adolescent and Young Adult：AYA）世代にがんを発症した患者は全国に一定の割合で存在しますが、成人のがんに比べると頻度は少なく、治療法がまだ確立されていない現状があります。

　この世代は就学、就労、結婚、出産、育児などのライフイベントを経験し、精神的・社会的・経済的に自立していく時期にあたります。このような人生の節目の時期にがんに罹患すると、がんの治療が生活や人生に大きく影響し、ライフプランの変更を余儀なくされることや他者との関係性に苦悩を抱えることもあります。とくに、**がん治療による生殖機能や妊孕性の低下**は身体のみならず心理社会的な喪失につながります。また、子育て中にがんに罹患した場合、親のがんを子どもにどう伝えるか、がんの治療を柱として家族全体の生活をいかに再構築していくかなどの課題に直面することも考えられます。

3 働く世代のがん患者の現状と支援

　国立がん研究センターがん対策情報センターの統計によると、3人に1人は

▷1　**小児がん拠点病院**
小児がんの医療および支援を提供し、小児がん患者の長期フォローアップ体制を構築する地域（近隣都道府県を含む）の中心施設として、厚生労働大臣が指定した病院である。小児がん中央機関として、国立成育医療研究センターと国立がん研究センターが指定され（2014年2月）、小児がん拠点病院は2017年現在、全国15カ所の医療機関が指定されている。

▷2　**がん治療による生殖機能や妊孕性の低下**
「若年患者に対するがん医療は、性腺機能不全、妊孕性の消失そして早期閉経などを引き起こすこととなる。妊孕性温存とは、若年のがんや免疫疾患患者などに対する治療によって将来妊娠の可能性が消失しないように生殖機能を温存する考え方である」。特定非営利活動法人日本がん・生殖医療学会ホームページ http://www.j-sfp.org/about/index.html（2018年2月1日閲覧）

▷3　「がんの社会学」に関する研究グループ、研究代表者：静岡県立静岡がんセンター山口建総長（2016）「2013がん体験者の悩みや負担等に関する実態調査報告書，がんと向き合った4,054人の声」。

就労可能年齢でがんに罹患しています。また，「がんの社会学」に関する研究班の調査では，がんの診断後，勤務者の34％が依願退職するか，解雇されており，自営業者等の13％が廃業しているという実態が明らかにされています。

2014年度より長期療養者就職支援事業のモデル事業として，全国5カ所（東京，神奈川，静岡，兵庫，愛媛）の都道府県がん診療連携拠点病院の**がん相談支援センター**において，拠点病院の最寄りのハローワークの就職支援ナビゲーターが出張相談を行い，がん専門相談員と協働し就労支援を実施しました。現在ではがん診療連携拠点病院を中心として，労働局，ハローワーク，産業保健推進センター，両立支援促進員，社会保険労務士，企業等の地域の関連機関が協働し，各地で就労支援の取組みが展開されています。また，厚生労働省労働基準局が作成した「事業場における治療と職業生活のための両立支援のためのガイドライン」では，がん，脳卒中などの疾病を抱える人が治療と就労を両立できるようにするために，事業者が配慮すべき事項が示されています。

❹ 高齢者のがん治療と療養生活の支援

わが国では人口の高齢化に伴い，がん患者における高齢者の割合も増加しています。高齢者はがんを発症する前に他の疾患の既往をもっている割合が高く，がんの治療による副作用や合併症が発生するリスクも推測されます。認知症などを発症している場合に医療機関の受診までに時間がかかり，がんが進行してから発見されることもあります。また，本人が自分で治療に関する意思決定を行うことが難しい場合に，誰が代理意思決定をすべきかなど，倫理的な課題も生じています。

がんの化学療法や放射線治療は外来通院で行うことが多いので，その交通手段や家族の付添いなど通院の継続に苦慮することもあります。

本人が最期の時期を自宅で過ごすことを望む場合，これまでがん治療を担ってきた医療機関のスタッフ，在宅往診医，訪問看護師，ケアマネジャー，介護保険サービスの関連機関などが協働し**緩和ケアネットワーク**を構築します。今後さらに独居高齢者や高齢者のみの世帯が増加する中，高齢がん患者を各世帯で支えていくことは難しく，地域包括ケアが目指す地域のつながりを基盤としながら，家族も含めいかに地域全体で，人生の最期までその方の生を支えていくことができるかが問われています。

（御牧由子）

▶4　がん相談支援センター

全国のがん診療連携拠点病院などに設置されているがん相談支援センターは，その医療機関の受診の有無にかかわらず，地域の患者，家族，一般市民の方々，保健・医療・福祉・教育等のさまざまな機関の関係者など誰でも利用することができ，がん医療に関する情報提供と相談支援を行っている。がん専門相談員としての研修を受けたソーシャルワーカー，看護師，心理士，薬剤師などが対応している。

▶5　緩和ケアネットワーク

がん対策推進基本計画に治療の初期段階からの緩和ケアの実施が明記され，がん診療連携拠点病院を中心として各地域で緩和ケアの普及が推進されてきた。がん患者の在宅療養を支援していくためには，各地域の特性に応じて地域の関係機関が連携を強化していけるような機会を設けることが必要とされている。
平成23年度厚生労働科学研究費補助金（第3次対がん総合戦略研究事業）「緩和ケアプログラムによる地域介入研究」班（2012）『OPTIM Report 2011地域での実践　緩和ケア普及のための地域プロジェクト報告書』青海社。

（ 参考文献 ）

国立がん研究センター編（2017）『がんと就労白書』。
日本医療社会福祉協会編（2015）『保健医療ソーシャルワークの基礎——実践力の構築』相川書房。

XI　がんの人を支える地域包括ケア

在宅エンドオブライフ・ケアを支える地域連携体制の構築

1　在宅死の希望をかなえるために

　がんは，1981年以降に死因順位第1位になってから一貫して増加し続け，2016年死因の第1位（37万4,000人）であり，全死亡者に占める割合が28.9％となった。おおよそ3.5人に1人ががんで亡くなっています。[1]

　1960年代頃は，自宅で最期の時を迎える人が約80％でしたが，現在は医療の進歩や家族構成の変化等により，医療機関での死亡が約80％を占め，2016年の自宅での死亡は16万人（12.7％）です。内閣府「高齢者の健康に関する意識調査」（2012年）によると最期を迎えたい場所の54.6％が「自宅」であり，住み慣れた家での「在宅死」を希望しながらも，医療機関や施設において最期を迎えている現状があります。[2]さらに，人口構造の変化と同時に家族形態も変化し，2016年には65歳以上の者のいる世帯数は2,372万4,000世帯と30年前の2倍以上に増加し，世帯構成割合では，単身世帯が全世帯の約四分の1を占めています。[3]

　2025年には，団塊の世代が75歳以上となり，医療機関から在宅に約33万人が移行すると推察されており，[4]高齢者の自立生活の支援と尊厳の保持を目的に，可能な限り住みなれた地域で，人生の最期まで自分らしい暮らしを続けることができるよう，地域の包括的な支援・サービス提供体制として**地域包括ケアシステム**を推進しています。[5][6]

　住民一人ひとりが，老いて亡くなっていくことを自然のこととして受け止め，いつかは来る死について考え，自分らしく生きるという「望み」を叶え，最善の生を生きることを支えるために，地域包括ケアシステムが必要なのです。[7]

2　地域連携の体制

　在宅エンドオブライフ・ケアを支える地域連携の体制を支えるため，医師，歯科医師，薬剤師，訪問看護師（看護師），保健師，管理栄養士，社会福祉士，ケアマネジャー（介護支援専門員），理学療法士，作業療法士，言語聴覚士，介護福祉士，ホームヘルパー（訪問介護員），民生委員はフォーマルサービスを提供します。インフォーマルサービスは，家族，親族，友人，近隣住民，ボランティアなどからなります。

　エンドオブライフ・ケアは，[8]「チームアプローチと組織的アプローチを用いて機能的に連動することによって，患者と家族の価値観や選好に気づき，患者

▷1　厚生労働省（2016）「平成28年（2016）人口動態統計の年間推計」。http://www.mhlw.go.jp/toukei/saikin/hw/jinkou/suikei16/dl/2016suikei.pdf（2017年7月15日閲覧）

▷2　内閣府（2016）『平成28年高齢者白書』30。

▷3　厚生労働省「平成28年版厚生労働白書」。http://www.mhlw.go.jp/wp/hakusyo/kousei/16/（2017年6月27日閲覧）

▷4　内閣官房内閣広報室社会保障制度改革推進本部（2015）「医療・介護情報の活用による改革の推進に関する専門調査会第1次報告――医療機能別病床数の推計及び地域医療構想の策定に当たって」。http://www.kantei.go.jp/jp/singi/shakaihoshoukaikaku/houkokusyo1.pdf（2017年7月15日閲覧）

▷5　地域包括ケアシステム
「医療，介護，介護予防，住まい，生活支援を地域で包括的に提供できる支援体制を作る」ということである。地域包括ケアシステムの土台は，「本人の選択と本人・家族の心構え」とされ，意思決定者としての本人の選択と心構えを重視すること，療養者を支える家族の心構えも重要としている。

とその家族の意思表明を支援し，関係者と共有するための明確なコミュニケーションを通して到達する高度に個別化されたケアを提供する[9]」と述べています。さらに，「年齢や疾患，病気を特定せず，差し迫った死やいつか来る死について考える人が最期までどう生きたいかについて表明し，それを支えていくプロセス」であると長江弘子は述べています[10]。

　この過程の中で，在宅ケアチームとして，療養者とその家族の価値観や望みを叶えるためにチームアプローチを行うことは，尊厳を保つケアにつながります。

　在宅ケアチームは，療養者と家族を支えるすべての人々がメンバーであり，さまざまな職種，立場からなります。がん事例では，疾患からみられ得る症状コントロールや精神的ケアや家族ケアのため，医師や訪問看護師等の医療従事者が中心となることが多いですが，事例の状態や希望により，療養者と家族が実現したい生活，意向に応じて関わるチームメンバーはケースによりさまざまに変化します。

　この変化するチームメンバーの役割と活動を関わるメンバーが理解することは，チームでアプローチを実施する上では，重要なポイントとなります。しかし，療養者・家族が日々生活する場で常に在宅ケアチームが活動しているわけではないため，実際の活動から理解することが難しいのが現状ではありますが，多職種による地域連携のため，関わるメンバーがケースについての情報提供を行い，常にコミュニケーションを図り，チームアプローチを実施することが重要です。

　今後は，多くの人が在宅で人生の最後を迎えることになります。そのときには，住み慣れた在宅あるいは地域で安楽に過ごすため，在宅ケアチームは，療養者とその家族の望みをかなえるために，地域連携の体制を構築が重要となります。

（福田由紀子）

三菱 UFJ リサーチ＆コンサルティング（2016）「〈地域包括ケア研究会〉地域包括ケアシステムと地域マネジメント」（地域包括ケアシステム構築に向けた制度及びサービスのあり方に関する研究事業），平成27年度厚生労働省老人保健健康増進等事業，15-16。
▷6　厚生労働省（2008）「地域包括ケアシステム」。http://www.mhlw.go.jp/stf/seisakunitsuite/bunya/hukushi_kaigo/kaigo_koureisha/chiiki-houkatsu/（2017年7月17日閲覧）
▷7　日本在宅ケア学会（2015）『エンド・オブ・ライフと在宅ケア』ワールドプランニング，134-140。
▷8　エンドオブライフ・ケアについては，⇨ Ⅵ-7 参照
▷9　長江弘子編（2014）『看護実践にいかすエンドオブライフケア』日本看護協会出版会，88。
▷10　▷7と同じ。

（参考文献）
　島内節・内田陽子編著（2015）『在宅におけるエンドオブライフ・ケア』ミネルヴァ書房。
在宅でのエンドオブライフ・ケアを支える理論と技術について，在宅死を支えるさまざまな専門職のうち，重要な職種の一つである看護師が知っておくべきことを，わかりやすく説明している。

XI　がんの人を支える地域包括ケア

8　がん終末期の支援事例

1　支援の支点

　人生の最期にうける支援は，ターミナルケア，終末期ケアなどと呼ばれ，範囲や内容もさまざまです。ここでは，エンドオブライフ・ケアという考え方を事例を交えて紹介していきます。

　長江は，エンドオブライフ・ケアを「診断名，健康状態，年齢にかかわらず，差し迫った死，あるいはいつかはくる死について考える人が，生が終わるときまで最善の生を生きることができるように支援すること」と定義しました。そして地域社会でエンドオブライフ・ケアを推進していくためには，「病気としてではなく，自分の生の一部としてエンドオブライフについて考え，周囲の人，大切な人と語り合う文化を創り出すことが重要である」と強調しています。

　在宅では，エンドオブライフ・ケアの経過は，開始期，小康期，臨死期の4期に区分されます。

開始期：在宅へ移行してから約1～2週間。在宅の態勢を作る時期。

小康期：開始期を過ぎ，ケア体制・生活・介護のパターンがある程度整い安定する。しかし疾患や障害の進行は食い止められず徐々に悪化は進んでいく。

臨死期：死亡前1～2週間であり，死が近づき家庭内の緊張も高まる時期である。症状や精神ケアとともにデスマネージメント等，死の直前ケア準備が必要である。

2　事例：在宅でのエンドオブライフ・ケア

　ここではA病院地域医療連携室退院支援看護師が，独居のがん患者に地域の社会資源を利用して支援することで，本人の望みどおり「在宅死」ができた事例を紹介します。

　70歳代後半の男性。大腸がんの肝臓への転移で余命1カ月と診断。痛みがあり，腹水も貯留していたため，痛みのコントロール，腹水穿刺のため入院しましたが症状も安定し1週間で退院することになりました。社会的背景は，ひとり暮らしで息子が一人いるが遠距離で別居しており，近所に住む妹が本人の面倒を時々見ていました。介護保険では要介護1と認定され，今回の退院にあたり区分変更の申請を行いました。

▷1　島内節・内田陽子（2015）『在宅におけるエンドオブライフ・ケア』ミネルヴァ書房，3-5。

▷2　デスマネージメント
死にゆく人と家族が死を受容できるプロセスを成し遂げられるような支援。

住居は戸建てで住宅改修済み。ADL は，食事・排泄は自立していますが，歩行時などふらつきがみられます。経済的な問題はなく，預金の出し入れは息子が行うが，日常のお金の管理は本人が行います。家事は，調理はまったくできず配食弁当で，掃除，洗濯，買い物もヘルパーが行っています。

意思表示と意思決定は，重要な決定事項は息子に相談するが，日常のことは自分の意思をサービス担当者に伝え，決定することはできます。

❸ 事例の考え方

A 氏の「最後は，病院でなく家で死にたい」という希望をかなえるために退院調整を開始しました。

退院前カンファレンスでは，在宅でのサービス提供者である在宅支援診療所の医師，薬剤師，訪問看護師（24時間体制）２カ所，ホームヘルパー（24時間），福祉用具相談員，介護支援専門員，訪問リハビリ（理学療法士），訪問入浴職員，宅配弁当職員，デイサービス職員，行政としては，地域包括支援センター相談員，民生委員，隣人，友人，息子，妹が集合し，病院スタッフとの情報交換を行いました。また，在宅での病状変化に伴い，今後病気とどのように向き合えばいいのか，本人，家族，サービス提供者，すなわちその A 氏に関わる人たち全員で，「その人の最善」についてゴールを決め支援することを目標にしました。退院前カンファレンス時に重要なことは，主治医から今後の身体的症状の悪化，変化の予測を，本人，家族，在宅サービス担当者にわかりやすく説明してもらい病状を理解することです。身体症状に変化が出た場合，だれがどのように対処するのかがわかれば，本人・家族は安心して在宅で過ごすことができ，スタッフとも早期に信頼関係を築くきっかけになります。

エンドオブライフ・ケア実践の６つの構成要素である，①疼痛・症状マネジメント，②意思決定支援，③治療の選択，④家族ケア，⑤人生の QOL の焦点化，⑥人間尊重，であることを確認しました。このゴールは症状とともに変化していき，「本人の最善」のプロセスを関係者全員で共有し合意形成することで，在宅でのエンドライフ・ケアが開始されます。

在宅療養生活を開始するにあたり，ひとり暮らしであるがゆえに，本人・家族が一番不安に思っていることが緊急ニーズ発生時の対処方法です。そのためにも，本人が安心できるように，退院時には在宅支援診療所の医師，薬剤師，訪問看護師，訪問ヘルパー，福祉用具相談員，介護支援専門員が自宅で出迎えるように，カンファレンス時に打ち合わせをします。退院時には，在宅かかりつけ医から病状説明を，訪問看護師からは，緊急ニーズ時の連絡，対処方法を説明し，ホームヘルパーで対応できることについても説明しました。この一連の行為を退院時にみることで，遠くに住んでいる息子，頻回には訪問できない妹も安心でき，スタッフとの信頼関係が保たれるのです。また，在宅での限界

時の受け入れ場所（病院など）が確実に決まっていれば，本人・家族・在宅
サービス提供者も安心できます。

④ 支援の実践

○アセスメント

　退院時などの在宅ケア開始期には，基本的生活行動はできる人も多いです。
しかし，病状が進行すると，疼痛，全身倦怠感，呼吸苦から，その基本的動作
が行えなくなります。病気や加齢という不可逆性の意図しない衰弱，筋肉低下，
活動性の低下，認知機能の低下，精神活動の低下も含め，それを受け入れアセ
スメントしていきます。

　①医療者によるアセスメント

・痛みのマネジメント

　ペインコントロール，痛みの対処，副作用症状，薬に対する不安・抵抗感

・痛み以外のマネジメント

　身体症状の悪化・変化（呼吸困難・消化器症状・嚥下障害・感染症状・脱水・排便
　コントロール）

・心理状態（本人の精神的負担：生活，治療に対しての不安・抑うつ症状）

　②リハビリテーション専門職としてのアセスメント

・最後まで自分らしく生きるために

　身体的には日常生活自立度（基本的生活ニーズ）

　生活リズムの把握

　精神面・スピリチュアル面の把握

　③福祉職からの（生活を支えるための）アセスメント

・身体面

　一日の生活リズムを整えるために本人の生活リズムを知る

　セルフケア能力（どこまでできるか）

　生活援助（排泄・清潔・食事・口腔ケア）を知る

　睡眠パターンを知る

・家事

・経済力：年金，その他の収入など

・現在受けている介護保険のサービス内容

・介護力（協力者）の把握

○生活を支えるための支援の全体像

　全体の目標

　　・その人のライフ（いのち・生活・人生）に焦点を当てる。

　　・利用者・家族（友人）・専門職が死を意識する。

　　・利用者・家族（友人）・専門職がともに治療の選択に関わる。

・利用者・家族（友人）・専門職が多様な療養・見取りの場所の選択を考える。

・QOL を終期まで最大限に保ち，その人が良い死を迎えられるようにすることを家族との目標にする。

・現状がエンドオブライフ期の「開始期」「小康期」「臨死期」のいずれであるか，支援する者が把握する。症状変化時は支援者（医療・リハビリ・福祉職・家族〔友人〕）が情報共有し支援内容を確認する。

　①医療職が担う支援

・疼痛マネジメント

・排泄コントロール

・嚥下障害については嚥下評価・食事形態の選択・口腔ケア

　②リハビリスタッフが担う支援

・安楽な体位の工夫

・転倒転落の予防

・下肢腫脹については足浴，マッサージ

　③福祉職が担う支援

・「一日の生活リズムを整える」ことが重要になる。

　利用者の生活習慣や着用した衣類などの意見を聞いて生活リズムを整える。

・セルフケア能力を活かすケア

・清潔ケア

・インフォーマルサービス（妹・隣人・会社の同僚）との情報交換

5　事例のまとめ

　「住み慣れた我が家でひとり住み，そこで死にたい」という本人の希望と，家族，友人の「できる限り支えたい」という意思を尊重して，在宅生活が無理なく過ごせるように支援を行いました。退院当初は，緊急装置の使い方を間違え，救急隊が駆けつけるなどのアクシデントがありました。しかし，A氏は「誰かは来てくれる。こんなうれしいことはない」と亡くなるまで口癖のように言っていました。退院後１カ月半で亡くなりましたが，退院直後は，地域包括支援センターの保健師，隣人などが積極的に訪問して安否確認をしていました。亡くなるまでには病態変化時には適時，訪問看護師が中心となり，在宅医，薬剤師，訪問ヘルパー，介護支援専門員が集まりカンファレンスが行われていました。最後は息子，妹，甥・姪や友人に見守られ安らかに昇天されました。

（福田由紀子・楪田恵子）

さくいん

・ページの**太字**は用語解説があることを示す。

あ行

アソシエーション型コミュニティ
27
新しい総合事業　22
新しい地域支援事業　22
アミロイドPET　**130**
アルツハイマー型認知症　120,
161
アルブミン（Alb）　**96**
医師　72
医師法　72
胃食道逆流　147
委託型センター　46
一次予防　38, 113, 130
一次予防事業　104
一般介護予防事業　40
遺伝診療部　161
糸賀一雄　**69**
居場所機能　33
居場所づくり　33, 35
異型度　**186**
易疲労感　108
医療介護総合確保推進法　39, 92
医療計画　6, 14
医療圏域　8
医療行為　163
医療支援ネットワーク　158
医療施設機能　8
医療情報連携基盤（EHR）　101
医療ソーシャルワーカー　88
医療費助成　159
医療費助成制度　170
医療法　8
医療連携体制　131
胃瘻　145
インクルージョン　61
インテグレーション　61
インフォーマル　4
インフォームド・コンセント
160
ウェアラブル生体センサー　**130**
栄養管理　**161**
栄養サポートチーム　→NST
栄養士　84

エスポワール出雲クリニック
117
嚥下機能　96
嚥下障害　142, 161
エンゼルケア　99
エンドオブライフ・ケア　98, 182,
194, 196
エンパワメント　17, 32, 62
エンパワメント・アプローチ　63
オーラルフレイル　110, 111
「小山のおうち」117
オレンジリング　**118**

か行

介護給付　48
介護給付等費用適正化事業　44
介護支援専門員　82
介護支援専門員（ケアマネジャー）
12, 49, 82
介護職員実務者研修修了者　81
介護職員初任者研修修了者　80
介護職によるたんの吸引　171
介護付き有料老人ホーム　55
介護福祉士　80
介護保険　6, 10-12, 17, 20, 48
介護保険制度　49
介護予防　104
介護予防事業　7, 38
介護予防・生活支援サービス事業
40
介護予防・日常生活支援総合事業
11, 22, 38-40, 105, 112
介護予防福祉用具　50
改正がん対策基本法　185
階段モデル　53
改訂版長谷川式簡易認知評価ス
ケール　**121**
回復期リハビリテーション　138
回復期リハビリテーション病棟
138
顔の見える関係　13
"顔の見える"多職種協働ネット
ワーク　**173**
化学療法　187, 191

かかりつけ医　87
鹿塩の家　35
家族介護支援事業　44
片麻痺　107, **140**
家庭奉仕員　172
環境移行　53
がん検診　**185**
看護師　73
看護小規模多機能型居宅介護　91
間主観性　66
がん診療連携拠点病院　**184**
間接訓練　145
がん相談支援センター　193
がん対策加速化プラン　185
がん対策基本法　182, 184
がん対策推進基本計画　184, 192
がん治療による生殖機能や妊孕性
の低下　192
管理栄養士　84, 89
緩和ケア　182, 188
緩和ケアネットワーク　193
緩和療法　187
基幹型センター　46
危機的移行　53
キットウッド，トム　116
機能強化型センター　46
機能訓練事業（リハビリ教室）
143
基本チェックリスト　40, 105
客観的栄養評価（ODA）　**96**
協議体　23, 42
共生型サービス　35
居住継続モデル　53
居宅サービス　48
居宅療養管理指導料　84
緊急時の対応　157
緊急訪問看護　95
くも膜下出血　141
グリーフケア　99, 189
クリティカルパス　170
ケア・パートナー　117
ケアプラン　12, **82**, 83
ケアマネジャー　→介護支援専門

員
経腸栄養　145
軽度認知障害（MCI）　114, 116
契約締結判定ガイドライン　57
外科手術　187
血管性認知症　121
血栓溶解療法　141
健康型有料老人ホーム　52
健康寿命　112, 113
健康増進法　112
言語聴覚士　77
見当識障害　123, 128
権利擁護　56
権利擁護事業　47
誤飲　166
構音障害　77
口腔・咽頭部の微生物（細菌）　166
口腔衛生管理　110
口腔機能　75
　——向上　111
　——低下　75
口腔機能低下症　111
口腔ケア　75, 111, 167
高次脳機能障害　143, 148, 150
　——への支援体制　143
喉頭気管分離手術　180
喉頭挙上　147
行動心理症状　133
合理的配慮　176
高齢者虐待　47, 58
高齢者虐待防止法　58
高齢者保健福祉推進10か年戦略　10
誤嚥　75
誤嚥性肺炎　96, 110, 142, 144, 166
コーディネーター　158
ゴールドプラン　10
呼吸ケアサポートチーム（RST）　96
呼吸障害　161
呼吸リハビリテーション　156
国民医療費　5
国民生活基礎調査　4
個人識別符号　102
個人情報　102
個人情報データベース　103
個人情報保護委員会　102

骨粗しょう症　106, 110
「このゆびとーまれ」　34
コミュニケーション支援　165
コミュニケーション障害　161
コミュニティオーガニゼーション　26
コミュニティケア　20, 31
コミュニティソーシャルワーク　25
コミュニティワーカー　25, 29
コミュニティワーク　26, 27
「今後の認知症施策の方向性について」　118
コンパクトシティ　18

さ行

サービス担当者会議　71, 83, 87, 148, 153
サービス付き高齢者向け住宅　7, 52
サービス提供責任者　81
災害救助法　36
災害時難病患者支援計画　173
災害対策　161
災害対策基本法　36
在宅医療　14, 86
在宅医療・介護連携推進事業　13, 42, 70, 174
在宅人工療法　170
在宅療養管理指導料　85
在宅療養支援診療所　72
作業療法士　76
サポーター養成講座　137
サラマンカ声明　61
サルコペニア　108
三次予防　130
酸素療法　163, 164
ジェネラリスト・アプローチ　67
歯科医師　74
歯科衛生士　74
歯科診療補助　74
歯科保健指導　74
歯科予防処置　74
歯間ブラシ　167
支給限度基準額　50
自己決定　64, 66, 68
自己決定（へ）の支援　170, 180
施設サービス　48
失語症　77
湿性嗄声　167

実務経験　84
指定難病　158, 160, 170
指定訪問リハビリテーション事業所　89
社会参加　28
社会資源　3, 7, 28, 143
社会資源開発　28
社会的孤立　23
社会的入院　10
社会的排除　30
社会的包摂　17
社会福祉基礎構造改革　56, 68
社会福祉協議会　24
社会福祉士　78
住宅改修　50
住宅改修サービス　49
住宅型有料老人ホーム　52
重度のALS患者の入院におけるコミュニケーション支援事業　45
周辺症状　→BPSD
終末期医療　16
終末期緩和医療・ケア　161
住民主体　26, 41, 113
就労支援（難病患者の）　168
就労支援　157, 176
就労準備性　150
主観的包括的栄養評価（SGA）　96
手術療法　190
主体性　66
手段的日常生活動作　→IADL
主任介護支援専門員　82
主任ケアマネジャー　82
腫瘍（新生物）　186
償還払い　51
小規模多機能型居宅介護　34, 91, 126
小地域福祉活動　26, 27, 29, 31
小児がん拠点病院　192
小児慢性特定疾病児童　159
初期集中支援チーム・認知症地域支援推進員　118
助産師　73
自立支援　17, 64
自立生活運動　64
シルバー人材センター　7
シルバーハウジング　52
新オレンジプラン　129, 132, 158

——の7つの柱 **118**
人工呼吸器 170
人工呼吸療法 163, 164
震災関連死 36
身上監護 57
心理教育 **124**
ストレングス 63
スポンジブラシ **167**
生活機能障害 **134**
生活困窮者自立支援制度 **30**
生活支援 66, 127, 163, 182
生活支援コーディネーター 7,
　23, 27, 41, 42
生活支援サービス 7, 39, 42
生活支援体制整備事業 22, 23,
　42
生活習慣病 **106**
生活相談員 7
生活の質（QOL）89, **191**
生活モデル **63**
精神保健福祉士 78
成年後見制度 44, 56, 59
成年後見制度利用支援事業 44,
　57
摂食嚥下障害 138, 144, 146, 166
摂食嚥下リハビリテーション
　145, 156, 164
全国災害ボランティア支援団体
　ネットワーク 37
全人的苦痛（トータルペイン）
　188
前頭葉側頭葉変性症 121
早期診断・早期介入 133
総リンパ球数（TLC）96
ソーシャルアクション **28**, 32
　——機能 32
ソーシャルワーカー 78, 79
ソーシャルワーク 67, 78
ソーシャルワーク専門職のグロー
　バル定義 78
措置 **56**
ソロモン, B. 62

た行

退院支援 93, 150
退院調整 93, 197
退院調整会議 12, **71**
退院調整看護師 12, 88
退院前カンファレンス 148
宅老所 **34**

多職種事例検討会 **131**
多職種連携 70
立入調査 59
脱力系・失調系・緊張系 **164**
短期入所生活介護 91
短期入所療養介護 91
タンパク質 **108**
地域医療構想 9
地域医療支援病院 93
地域医療連携 14
地域医療連携クリティカルパス
　156, 170, **180**
地域医療連携室 12, 71
地域型コミュニティ 27
地域共生ケア 34, 35
地域共生社会 19, 21, 79, **137**
地域ケア会議 12, 29, 42, 47, 179
地域支え合い推進員 23
地域支援事業 11, 22, 38, 49
地域支援事業創設時の事業内容
　38
地域自立生活支援事業 45
地域生活課題 29
地域組織化活動 20, 21
地域づくり 22
地域における医療及び介護の総合
　的な確保を推進するための関
　連法律の整備等に関する法律
　92
地域の福祉力 26
地域福祉 20
地域福祉活動計画 **29**
地域福祉計画 20, 31, 37
地域福祉としての重層的なネット
　ワーク **28**
地域包括ケア 49, 86
　——の構成要素 6
地域包括ケアシステム 2, 30,
　113, 194
地域包括支援センター 2, 12, 22,
　24, 42, 46, 49, 58, 73, 143
地域包括支援センター運営マニュ
　アル 3
地域保健活動 112
地域保健法 **112**
地域密着型サービス 22, 34, 48
地域密着型特定施設入居者生活介
　護 54
地域連携室 92

——での多職種連携 93
地域連携パス 93
中核症状 114, 120
腸管免疫機能 **145**
直営型センター 46
直接訓練 145, 146
賃貸借契約 55
通所介護 90
通所リハビリテーション 90
低栄養 84, 89, 96, 110
デスマネージメント **196**
テレナーシング 101
当事者組織づくり 32
特定給食施設 **84**
特定行為業務従事者 163
特定施設 52, 54
特定施設入居者生活介護 54
特定疾病 48
特別養護老人ホーム 52, 55

な行

難病 160
難病医療コーディネーター 168,
　170
難病医療支援ネットワーク 170
難病医療提供体制整備事業 168
難病医療ネットワーク 157, 168
難病医療連絡協議会 157, 168
　——の業務 **168**
難病患者就職支援サポーター
　177
難病相談・支援センター
　157-159, 168
難病対策地域協議会 158, 159,
　175
難病対策要綱 160
難病特別対策推進事業 168
難病の患者に対する医療等に関す
　る法律（難病法）157, 158,
　160, 170, 175
ニィリエ，ベンクト 60
二次医療圏 8
24時間支援体制 94
24時間対応体制加算 95
24時間連絡体制加算 95
二次予防 38, 130
日常生活圏域 9, 15, **22**, 25, 42,
　86
日常生活自立支援事業 56, 57
日常生活動作 →ADL

任意後見制度　45, 56
任意事業　38, 44
認知機能　**134**
認知機能障害　**125**
認知症　107, 120
認知症カフェ　**127**, 129
認知症ケアパス　**127**, 129
認知症啓発活動　131
認知症サポーター　115, 118
認知症サポーター等養成事業　45
認知症サポーター養成講座　131
認知症施策　118
認知症施策推進5か年計画（オレンジプラン）　118
認知症施策推進総合戦略（新オレンジプラン）　43, 45, 118
認知症疾患医療センター　115, **118**
認知症初期集中支援推進事業　43
認知症初期集中支援チーム　43, 115, 119, 136
認知症総合支援事業　43
認知症地域支援推進員　43, 119, 129
認知症のステージ　**127**
認知症予防　130
認知症予防プログラム　**132**
認知症ライフサポートモデル　118, **127**
認知症を知り地域をつくる10ヵ年　118
ネットワーク　28
ネットワーク会議　29
脳血管障害　107, 140
脳梗塞　141
脳出血　140
脳卒中　138, 140
脳卒中後うつ病　139, 143
脳卒中地域連携クリティカルパス　150
ノーマライゼーション　17, **56**, 60, 158

は行

パーソンセンタードケア　114, 116
廃用症候群　**38**, 107, 142
ハイリスクアプローチ　105
8050問題　**30**
8020運動　110, 113

バリデーション　117
ハローワーク　**176**
半側空間無視　**147**
ピア・サポーター　**169**
ピア・サポート　**160**
非経口的栄養摂取　96
被災者生活再建支援法　**36**
非薬物療法　121, 122, 133
病棟薬剤業務実施加算　**85**
フォーマル　4
普及・啓発の推進　132
副作用　**191**
福祉コミュニティ　**21**
福祉避難所　37
福祉用具　**50**
福祉用具・住宅改修支援事業　44
福祉用具専門相談員　50
福祉用具貸与　49
不顕性誤嚥　144
ふれあいいきいきサロン　33
分化度　**186**
フレイル　**84**, 108, 110
ヘリコバクターピロリ　**187**
包括的支援事業　38, 42
放射線療法　187, 191
法定後見制度　44, 56
訪問栄養食事指導　89
訪問介護　90
訪問看護　88, 90, 94
訪問看護ステーション　94, 172
訪問入浴介護　90
訪問リハビリテーション　88, **90**, 153
ボーデン，クリスティーン　117
保健師　**73**
保健師助産師看護師法　**72**
保健所　73, 113
保健所　73
保健センター　**73**, 113
保健福祉地区組織活動　**26**
保湿剤　**167**
保有個人データの開示　103

ま行

マイボイス　**161**, 165
ミケルセン，バンク　60
見守りネットワーク　119, 128
民生委員　**136**
物忘れ相談プログラム　**133**

や行

夜間対応型訪問介護　91
薬剤師　**85**
薬物療法　121, **133**
有料老人ホーム　54
ユマニチュード　117
養介護施設従事者　**58**
要介護状態区分　38
要介護（要支援）認定者　**38**
要配慮個人情報　102
予期悲嘆　**189**
予防給付　**48**
予防重視型システム　104, 112
予防的社会福祉　20, 21

ら行

ライフサポートアドバイザー　7
理学療法士　76
リクライニング位　**146**
リスクマネジメント　**163**
利用権　**55**
利用権契約　55
利用者主体　**69**
利用者本位　**68**
療養型病床群　6
レスパイト　**126**
レスパイト入院　**169**
レビー小体型認知症　121, 161
老化　**106**
老人医療費支給制度　10
老人病院　6
老人保健制度　10
ロコモティブシンドローム　108
ロバーツ，エド　64

わ行

我が事・丸ごと　19, 30
ワンストップサービス　46

欧文

ADL（日常生活動作）　**8**, 66, 148, 153
ALS（筋萎縮性側索硬化症）　**44**
　　——のコミュニケーション障害の進行のステージ分類　165
BPSD　**114**, 116, 120, 123, 137
DCAT（もしくはDWAT）　**37**
EHR　→医療情報連携基盤
FDG-PET　**130**
IADL（日常生活関連動作）　41, 76, **148**, 153
ICF（国際生活機能分類）　**135**, 150

ICT **100**

ICT化 100

Mini-Mental State Examination
121

NST（栄養サポートチーム） 96,
179

PDCAサイクル **31**

QOL →生活の質

RTP（rapid tumover protein）
96

SOSネットワーク 128, 131

執筆者紹介 （氏名／よみがな／生年／現職／読者へのメッセージ）　　*は編著者，執筆担当は本文末に明記

朝井政治 （あさい・まさはる）

1971年／大分大学福祉健康科学部教授
地域包括ケアを担うリーダーとなれるよう，本書でしっかり勉強
してください。

井上誠 （いのうえ・まこと）

1963年／新潟大学大学院医歯学総合研究科教授
口から食べること，咀嚼することの大切さを歯科や生理学の立場
から発信しています。

岩木三保 （いわき・みほ）

1968年／九州大学大学院 医学研究院保健学部門看護学分野 講師，
博士（看護学）
神経難病の入転院確保や医療・療養相談などを行う福岡県難病医
療コーディネーターとして，1998年から従事。

楳田恵子 （うめだ・けいこ）

岐阜保健大学看護学部助教
療養者の意思を受け止め，家族・近隣・友人たちと多職種で支え
あうことが地域包括ケアであると考えます。

小原眞知子 （おはら・まちこ）

日本社会事業大学社会福祉学部教授
各専門職がその共通性を確認しつつ，各々の独自性・専門性を地
域ケアの中で発揮できることを期待しています。

加藤亜妃子 （かとう・あきこ）

1974年／人間環境大学看護学部准教授
すべての人が望んだとおりにその人らしく最期まで生きることが
できるように，病院や地域の医療・介護・福祉専門職が力を合わ
せてできることはたくさんあります。

川井太加子 （かわい・たかこ）

桃山学院大学社会学部教授

川田明広 （かわた・あきひろ）

1956年／東京都立神経病院副院長
高齢者や難病患者が，社会や人間との繋がりを回復し，生きてい
く意味を見いだせるような支援が必要です。

衣笠一茂 （きぬがさ・かずしげ）

1966年／臨床ソーシャルワーク研究所（CSWRI）Kinugasa &
Associates. 代表
対人援助の価値を具象化する，多職種連携のありかたを考えてみ
てください。

木村有子 （きむら・なおこ）

1972年／昭和大学大学院保健医療学研究科講師
安全に口から食べることを多職種で支援し，最後まで口から食べ
る楽しみ・大切さを広めていくことは患者や家族のQOLの向上に
貢献できると考えます。

木村成志 （きむら・のりゆき）

1970年／大分大学医学部准教授
医療・介護・福祉・行政の連携体制を構築して，地域における認知
症予防を実践することが重要です。

＊黒田研二 （くろだ・けんじ）

1950年／西九州大学健康福祉学部教授・学部長
地域包括ケアシステムは，保健・医療・福祉の専門職と市民・住民
が，行政（市町村）と協働して作り出していくものであることを
学んでください。

兒玉雅明 （こだま・まさあき）

1963年／大分大学福祉健康科学部教授・同医学部内視鏡診療部診
療教授。
地域包括ケアに必要ながんと脳卒中について執筆しました。病気
の基礎知識は大変必要となりますので，他の病気などについても
調べてみてください。

後藤至功 （ごとう・ゆきのり）

1973年／佛教大学福祉教育開発センター専任講師
日常と災害は連動します。災害にも対応できる日常からの地域包
括ケアシステムの構築が求められます。

小森哲夫 （こもり・てつお）

1953年／国立病院機構箱根病院神経筋難病医療センター院長
神経難病患者がその人らしく地域で療養できる地域包括ケアが，
醸成されることを望んでいます。

佐瀬美惠子 （させ・みえこ）

1952年／桃山学院大学社会学部非常勤講師
認知症になっても障害があっても自分らしく最期まで暮らせる地
域づくりのためにできることを考えてみてください。

佐藤寿一 （さとう・ひさかず）

1956年／元・宝塚市社会福祉協議会常務理事
生活の主体者である住民が中心にいる地域包括ケアの仕組みで
あってほしいと思っています。

佐藤美穂子 （さとう・みほこ）

公益財団法人日本訪問看護財団常務理事
訪問看護は看護の原点です。本人の力を見つけ引き出し発揮して
いただくこと。本人の希望や思いを病気や障害とどう折り合いを
つけるかが看護のやりがいです。

柴田由美 （しばた・ゆみ）

1975年／昭和大学大学院保健医療学研究科講師
在宅・地域には口の中に問題を抱えた方がたくさんいらっしゃい
ます。口腔の健康を支援することにも目を向けてほしいと思いま
す。

島内節 （しまのうち・せつ）

一般社団法人日本在宅ケア教育研究センター顧問
在宅ケアの中で特にエンドオブライフ・ケアに関心があり，アウ
トカム評価についても取り組んでいます。

＊隅田好美 （すみだ・よしみ）

1960年／大阪公立大学大学院現代システム科学研究科教授
「病いとともにその人らしく生きるための支援」には，医療の視点
と福祉の視点のどちらも不可欠です。

執筆者紹介 (氏名／よみがな／生年／現職／読者へのメッセージ)

*は編著者，執筆担当は本文末に明記

中尾正俊 (なかお・まさとし)

1952年／中尾医院院長
少子高齢化を迎え，社会福祉の充実に努めなければなりません。地域包括ケアを推進するためには，われわれ医療・介護・福祉専門職は，熱き思いで取り組むことが必要です。

中山優季 (なかやま・ゆき)

1974年／東京都医学総合研究所難病ケア看護プロジェクトプロジェクトリーダー
難病は誰もがかかる可能性があります。誰がかかっても難なく暮らせる社会が求められています。

西澤正豊 (にしざわ・まさとよ)

1950年／新潟医療福祉大学学長，新潟大学名誉教授
なぜ地域包括ケアシステムで難病の患者さんと家族を支援する必要があるのか，その基本理念を理解してください。

針山大輔 (はりやま・だいすけ)

1972年／芦屋ハートフル福祉公社芦屋市精道地域包括支援センター基幹的業務担当主査

春名由一郎 (はるな・ゆいちろう)

高齢・障害・求職者雇用支援機構障害者職業総合センター 副統括研究員

福島正義 (ふくしま・まさよし)

1954年／昭和村国民健康保険診療所・歯科長
「美味しく食べ，楽しく語る，心豊かな老後」には口腔の機能が大きく関わっていることがおわかりと思います。

福田由紀子 (ふくた・ゆきこ)

椙山女学園大学看護学部教授
多くの方が人生の最期を在宅・地域で迎えることになります。自分らしく生活を送るためには多くの支援が必要です。

＊藤井博志 (ふじい・ひろし)

関西学院大学人間福祉学部教授
地域包括ケアと地域福祉の連携は重要です。とくに当事者・住民参画は生活を基盤とした地域包括ケアが展開するためには大切です。

藤井由記代 (ふじい・ゆきよ)

1973年／森之宮病院医療診療部社会事業課副部長
実践20年を経た今も学びの連続です。所属組織や地域，出会う患者さんすべてのめぐり合わせに感謝の日々です。

藤本直規 (ふじもと・なおき)

医療法人藤本クリニック認知症疾患医療センター連携型理事長，滋賀医科大学精神医学教室客員教授
診断直後の最初期から始められる認知症ケアは，本人の気持ちに真正面から向き合って生活の不具合を聴き，その時々の認知機能障害に適切に対応することで本人の生活と気持ちを支えることができます。認知症の地域包括ケアは，それを点から面へ広げることです。

堀川楊 (ほりかわ・よう)

1940年／医療法人朋有会堀川内科・神経内科医院理事長
呼吸器をつけて家で暮らしたい，風呂に入りたいという患者の願いを叶えようと，ゼロから出発した地域ケアシステムづくりです。どこでも始められます。

本間武蔵 (ほんま・むさし)

1962年／都立神経病院リハビリテーション科リハビリテーション主任技術員
神経難病領域は「あきらめないこと」が重要です。さまざまな技術や工夫で，生活の質はかなり維持向上できます。

松下啓子 (まつした・けいこ)

1960年／大阪キリスト教短期大学幼児教育学科非常勤講師
権利擁護に関心をもったきっかけは，最初に勤めた施設で「身寄りのない認知症の人の代弁者は誰なのか」と疑問をもったことでした。なんでも当然と思わずに素朴な疑問をもつことが大切です。

水上然 (みずがみ・つづる)

1973年／神戸学院大学総合リハビリテーション学部准教授
高齢者虐待防止には，地域のつながりや見守りが大切です。地域ネットワークの構築を目指していきたいですね。

御牧由子 (みまき・よしこ)

1973年／静岡県立静岡がんセンター疾病管理センターよろず相談主査
日々の実践において人との出逢いを大切にしながら，人と人との絆を紡いでいくことが，地域包括ケアの土台になると思います。

室谷牧子 (むろや・まきこ)

1961年／関西医療大学保健看護学部講師
いろんな人と知恵を絞って認知症の人と家族を支えてほしいです。そのときは，認知症のご本人に話を聞いて，みんなが笑顔になるより良い方法を考えてほしいと思います。

森岡朋子 (もりおか・ともこ)

和ねっとDSD研究所所長・明治国際医療大学看護学部准教授
質の高い実践現場の取り組みは，たくさんの人の生命を守り，健幸をもたらします。

山口健太郎 (やまぐち・けんたろう)

1977年／近畿大学建築学部教授
地域包括ケアは地域格差が表れやすい仕組みです。自分たちのまちの福祉のあり方を一人ひとりが考えていくことで，地域包括ケアは醸成されていきます。

山﨑恭子 (やまさき・きょうこ)

帝京大学医療技術学部教授
どのような疾患をもっていても，その人らしい生活を支援していくことが，医療職，介護職に求められていると思います。

吉野亮子 (よしの・りょうこ)

関西大学人間健康研究科博士課程後期課程
健康のためには，まずは自分の身体に興味をもち，ちょっとした努力をすることが大切だと思います。

やわらかアカデミズム・〈わかる〉シリーズ
よくわかる地域包括ケア

2018年 4 月30日　初　版第 1 刷発行　　　　〈検印省略〉
2022年10月30日　初　版第 4 刷発行

定価はカバーに
表示しています

編著者　　隅　田　好　美
　　　　　藤　井　博　志
　　　　　黒　田　研　二

発行者　　杉　田　啓　三
印刷者　　藤　森　英　夫

発行所　株式会社　ミネルヴァ書房
607-8494　京都市山科区日ノ岡堤谷町 1
電話代表（075）581-5191
振替口座 01020-0-8076

Ⓒ隅田・藤井・黒田ほか，2018　　　亜細亜印刷・新生製本

ISBN978-4-623-08293-3

Printed in Japan

やわらかアカデミズム・〈わかる〉シリーズ

よくわかる社会福祉 ［第11版］	山縣文治・岡田忠克編	本 体 2500円
新版 よくわかる子ども家庭福祉	吉田幸恵・山縣文治編著	本 体 2400円
新版 よくわかる地域福祉	上野谷加代子・松端克文・永田裕編著	本 体 2400円
よくわかる障害者福祉 ［第7版］	小澤　温編	本 体 2200円
よくわかる社会福祉の歴史	清水教惠・朴　光駿編著	本 体 2600円
よくわかる医療福祉	小西加保留・田中千枝子編	本 体 2500円
よくわかる社会福祉運営管理	小松理佐子編	本 体 2500円
よくわかる司法福祉	村尾泰弘・廣井亮一編	本 体 2500円
よくわかる女性と福祉	森田明美編著	本 体 2600円
よくわかる社会福祉と法	西村健一郎・品田充儀編著	本 体 2600円
よくわかる発達障害 ［第2版］	小野次朗・上野一彦・藤田継道編	本 体 2200円
よくわかる社会政策 ［第3版］	石畑良太郎・牧野富夫・伍賀一道編著	本 体 2600円
よくわかる更生保護	藤本哲也・生島　浩・辰野文理編著	本 体 2500円
よくわかる権利擁護と成年後見制度 ［改訂版］	永田　祐・堀　善昭・生田一朗・松宮良典編著	本 体 2600円

―――― ミネルヴァ書房 ――――

https://www.minervashobo.co.jp/